beck Is(
       re

b sr

Sind die Deutschen ein Volk der Pflichtbewussten, Pünktlichen und Fleißigen oder eher, wie viele unserer Nachbarn glauben, ein irrationales Volk zwischen Angst und Sehnsucht? Hans-Dieter Gelfert geht in diesem Buch den Formkräften der deutschen Mentalität nach, die sich in der deutschen Sprache und der kulturellen Überlieferung über lange Zeiträume hinweg niedergeschlagen haben, so dass man sie weder als zufällige Erscheinungen noch als Ausdruck übernationaler, allgemein menschlicher Einstellungen abtun kann. «Gemütlichkeit», «Weltschmerz», «Schutz und Trutz», aber auch «Staat», «Wald», und «Weihnacht» sind solche Urworte, an denen der Autor überraschende Einsichten darüber gewinnt, was an den Deutschen als «typisch deutsch» gelten kann.

Hans-Dieter Gelfert war Professor für Anglistik an der FU Berlin; er lebt jetzt als freier Schriftsteller und Übersetzer in Berlin. Bei C. H. Beck ist von ihm lieferbar: *Kleine Geschichte der englischen Literatur* (²2005); *Typisch englisch* (⁵2005); *Kleine Kulturgeschichte Großbritanniens* (1999); *Typisch Amerikansich* (²2003); *Shakespeare* (2000); *Englisch mit Aha!* (2003); *Was ist gute Literatur?* (2004).

Hans-Dieter Gelfert

Was ist deutsch?

Wie die Deutschen wurden,
was sie sind

Verlag C. H. Beck

Originalausgabe

© Verlag C. H. Beck oHG, München 2005
Gesamtherstellung: Druckerei C. H. Beck, Nördlingen
Umschlagentwurf: + malsy, Bremen
Umschlagabbildung: + malsy, Bremen
Printed in Germany
ISBN 3 406 52831 7

www.beck.de

Inhalt

Vorwort 7

Das Bild der Deutschen –
von außen und von innen gesehen 9

6mal Deutschland:
modern – böse – romantisch – folkloristisch –
kulturell – liberal 19

Urworte, deutsch 22

Heimat 23 Gemütlichkeit 26 Geborgenheit 28
Feierabend 30 Verein 32 Ordnung 33
Pünktlichkeit 35 Sauberkeit 36 Sparsamkeit 38
Tüchtigkeit 40 Fleiß 42 Ernsthaftigkeit 44
Gründlichkeit 46 Pflicht 47 Treu' und Redlichkeit 49
Schutz und Trutz 51 Innigkeit 52 Einfalt 55
Weltschmerz 57 Sehnsucht 58 Tiefe 61
Ursprung 63 Wesen 65 Ehrfurcht 66
Tragik 67 Totalität 70 Das Absolute 72
Staat 73 Wald 76 Weihnacht 79

Deutsche Mythen 82

Deutsche Helden 89

Deutsche Frauen 98

Formkräfte der deutschen Mentalität 104
Geographische Bedingungen 104
Späte Horizontalisierung 107 Kleinstaaterei 110
Religiöses Patt 114 Legalismus 117

Das Deutsche in der deutschen Kultur 120
Weltbürgertum und Provinzialismus 121
Geist und Gemüt 123   Kultur der Innerlichkeit 125
Ästhetik des Erhabenen 129

Deutsche Philosophie 133

Deutsche Kunst 137
Architektur 138   Malerei 143   Bildhauerei 151

Deutsche Musik 153

Deutsche Literatur 157

Deutscher Stil 162

Deutscher Film 165

Deutscher Kitsch 167

Deutscher Humor 169

Deutsche Flüche 172

Deutscher Ungeist 174

Die deutsche Gretchenfrage 178

Zwischen Angst und Sehnsucht –
Das Grundgefühl der Deutschen 184

Ausblick 190

Quellen 193

Literatur 198

Vorwort

Jede Aussage über die Mentalität eines Volkes steht auf schwankendem Boden; denn für nahezu alles, was als nationaltypisch gilt, lassen sich Gegenbeispiele anführen. Selbst wenn man alle Bürger des betreffenden Volkes einzeln befragte und ihre Selbstcharakteristik statistisch auswertete, wäre man noch immer nicht sicher, ob sie wirklich so sind, wie sie sich einschätzen. Und doch ist beinahe jeder überzeugt, dass es nationale Eigentümlichkeiten des Verhaltens und der Wertsetzung gibt. Vermutlich bilden sich solche Stereotypen auf ähnliche Weise heraus, wie Psychologen durch das Übereinanderkopieren von Fotos männlicher und weiblicher Gesichter die geschlechtstypischen Gesichtsformen ermitteln. Wiederholte Erfahrungen, die sich übereinander lagern und zudem noch durch die Erfahrungen vieler anderer bestätigt werden, ergeben schließlich Bilder, die für verschiedene Nationen unterschiedlich ausfallen, so dass man sich berechtigt fühlt, die Unterschiede als nationaltypisch anzusehen.

Während die Beschreibung von typischen Merkmalen immerhin eine empirische Basis hat, haftet jedem Versuch zu erklären, weshalb ein Volk so wurde, wie es ist, etwas Spekulatives an. Friedrich Schlegel nannte den Historiker «einen rückwärts gekehrten Propheten», was vor allem auf denjenigen zutrifft, der erklären will, warum etwas geschah. Geschichte ist die Resultante eines Kräfteparallelogramms aus Zufall und Notwendigkeit. Dabei lassen sich die Kräfte der historischen Notwendigkeit mit einer gewissen Zuverlässigkeit benennen, doch die des Zufalls entziehen sich jeder Vorhersage. Also lässt sich auch die Resultante nicht vorhersagen. Bei den Deutschen kommt ein besonderes Problem hinzu; denn sie haben sich von ihrer Geschichte vor 1945 entschiedener getrennt als die übrigen europäischen Völker. Für Engländer reicht die Identifizierung mit der Nation bis zur Magna Charta zurück, für Amerikaner bis zur Gründung der Vereinigten Staaten und für Frankreich mindestens bis zur Revolution. Den heutigen Deutschen hingegen ist Kaiser Wilhelm so fremd wie Karl der Große. Deshalb wird der Leser bei vielem, was auf den folgenden Seiten ausgeführt wird, kopfschüttelnd sagen: «Naja, so mögen die Deutschen ja mal gewesen sein, aber so sind sie schon lange nicht mehr.» Ziel des Buches ist es zu zeigen, dass Reste einer jahrhundertelangen Prägung auch heute noch das deutsche Denken und Fühlen beeinflussen. Schon dreimal hat der Verfasser sich in dieser Buchreihe an der Erklärung von Nationaltypischem versucht. Seine Untersuchungen galten den Engländern, den Amerikanern und dem englischen und deutschen Humor. Lange Zeit war er entschlossen, sich am typisch Deutschen nicht zu versuchen, da er überzeugt war, dass sich das Typische eines Volkes nur von außen erkennen lässt. Da er aber als Anglist gewohnt ist, die deutsche Kultur durch eine englische Brille wahrzunehmen, scheint ihm dies einer Außensicht gleichzukommen, so dass er nun das Wagnis unternimmt, auch aus der eigenen Nation das Typische herauszufiltern und Erklärungsmöglichkeiten für sein Zustandekommen vorzuschlagen. Dabei wird das Hauptgewicht auf Letzterem liegen; denn mit dem typisch Deutschen in der Gegenwart hat sich in dieser Reihe bereits Hermann Bausinger in seinem Buch *Typisch deutsch. Wie deutsch sind die Deutschen?* befasst und auf die selbstgestellte Frage wohltuend nüchterne, unspekulative Antworten gegeben. Ganz so unspekulativ kann es beim Zurückführen typischer Züge auf historische Formkräfte wegen besagter Prophetie nicht abgehen. Der Verfasser vertraut aber auf die Evidenz von Sachverhalten, die sich in der deutschen Sprache und der kulturellen Überlieferung über lange Zeiträume hinweg mit so auffälliger Konstanz niedergeschlagen haben, dass man sie weder als zufällige Erscheinungen noch als Ausdruck übernationaler, allgemein menschlicher Einstellungen abtun kann. Um falschen Erwartungen vorzubeugen, sei vorab betont, dass es in dem Buch nicht um nationale *Identität*, sondern um *Mentalität* geht. Die Frage nach der deutschen Nation braucht deshalb gar nicht gestellt zu werden. Identität ist ein Gefühl der Zugehörigkeit; Mentalität hingegen umfasst alle nationaltypischen Verhaltensmerkmale, die sich empirisch nachweisen lassen.

Das Bild der Deutschen –
von außen und von innen gesehen

Die Deutschen sind humorlose Arbeitstiere und autoritätshörige Militaristen, die aus nationaler Überheblichkeit danach trachten, den Rest der Welt unter ihre Fuchtel zu bringen, was ihnen zum Glück durch die cleveren Briten bisher stets verwehrt wurde. So sieht in groben Zügen das Bild der Deutschen aus, das dem britischen Fernsehpublikum noch heute in unzähligen Filmen präsentiert wird, in denen nicht nur der Sieg über Hitler, sondern auch der über den Kaiser immer von neuem errungen und als nationaler Triumph gefeiert wird. Während für die Deutschen der Erste Weltkrieg durch den Zweiten fast gänzlich verdeckt wird, blieb er für die Briten der *Great War*, dessen Ende noch heute am 11. November im ganzen Commonwealth mit militärischem Zeremoniell gefeiert wird. Das bedeutet, dass der Erste Weltkrieg durch den Zweiten hindurchscheint und die Erinnerung an beide verstärkt, so dass die Briten eine historisch tiefere Kriegserinnerung haben als die Deutschen, die als die Verlierer unter beiden Kriegen viel mehr gelitten haben. Die historische Tiefe mag zwar die tief sitzenden Vorurteile der Briten erklären, doch entschuldigen lassen sich diese dadurch kaum; denn ein unbefangener Blick auf die heutigen Deutschen genügt, um die Unhaltbarkeit der alten Klischees offenkundig zu machen.

Von den fünf Hauptelementen des Stereotyps – Fleiß, Autoritätshörigkeit, Militarismus, Nationalismus und Humorlosigkeit – sind vier so gut wie vollständig verschwunden. Gemessen an der jährlichen Arbeitszeit sind die Deutschen heute das faulste Volk der Welt. Sie haben den längsten Urlaub, machen die häufigsten Auslandsreisen und gehen früher als die meisten anderen Völker in Rente. An die Stelle der einstmals fast sprichwörtlichen deutschen Arbeitswut ist eher eine Frühverrentungsmentalität getreten. Auch von Autoritätshörigkeit ist kaum noch etwas zu spüren. Ausländer mokieren sich zwar, wenn deutsche Fußgänger vor einer roten Ampel warten, doch das ist, wenn überhaupt, nur ein schwacher Nachklang des einstigen Respekts vor Verboten; denn andere Vorschriften wie zum Beispiel Geschwindigkeitsbegrenzungen werden von Deutschen bedenkenloser übertreten als von Engländern und Amerikanern, und die Graffiti-Schmiererereien in den Städten deuten eher auf Respektlosigkeit gegenüber der Obrigkeit hin. Vollständig verschwunden ist der deutsche Militarismus. Heute gelten die Urheber zweier Weltkriege nicht nur als anti-militaristisch, sondern geradezu als feige, zumindest in den Augen der Amerikaner, die es den Deutschen übel nahmen, dass sie sich am Irak-Krieg nicht beteiligen wollten. Nicht nur vor kriegerischen Unternehmungen schrecken die heutigen Deutschen zurück; schon die bloße Ausbildung an der Waffe, die einst für deutsche Männer Ehrensache war, ist ihnen so zuwider, dass viele den Dienst verweigern. Genauso verschwunden ist der übersteigerte Nationalismus. Heute sind die Deutschen nur noch bei Fußballweltmeisterschaften und Olympiaden Patrioten, ansonsten verschwenden sie wenig Gefühl auf ihr Vaterland. Der Kult, den Amerikaner mit nationalen Symbolen treiben, ist den Deutschen nicht nur fremd, sondern peinlich. Wer am Tag der Einheit die Flagge aufzieht, setzt sich dem Spott der Nachbarn aus und muss befürchten, dem rechtsradikalen Lager zugerechnet zu werden. In diesem Teil des politischen Spektrums ist das alte Stereotyp des Deutschen zwar noch erkennbar. Doch der Prozentsatz der Bürger, die sich dazu bekennen, ist nicht größer als der rechtsextreme Saum in anderen Demokratien; und es gibt keine Anzeichen dafür, dass die extreme Rechte dauerhaft über die Fünfprozenthürde kommt, es sei denn, es käme zu einer Krise, die ihr die Unzufriedenen in die Arme treibt. So bleibt zuletzt nur das fünfte Element des Stereotyps, die Humorlosigkeit. Dass die Engländer, deren Humor weltweit als Markenartikel gilt und die ihn als Nationaleigenschaft für sich reklamieren, von der Qualität des deutschen Humors nicht viel halten, ist verständlich; doch die Quantität müsste eigentlich auch für sie erkennbar sein. Der Karneval, die Love Parade, die zahllosen Volksfeste und die stetig anschwellende Blödelkultur in den Medien mögen aus englischer Sicht nicht von hohem Niveau sein, doch zu behaupten, dass es keinen deutschen Humor gebe, wird durch die Realität klar widerlegt.

Wenn das Deutschlandbild der Briten so offensichtlich falsch ist, stellen sich zwei Fragen: Erstens, warum existiert es dann überhaupt, und zweitens, was ist das richtige? Die genannten Vorurteile finden sich nicht nur in den britischen Massenmedien, sondern ebenso bei Politikern und in der Bildungsschicht. Auch wenn man über die Gründe ihres Entstehens nur spekulieren kann, lässt sich ihr Aufkommen an Hand von Dokumenten zeigen. Wir wollen nur eines davon herausgreifen, das eine besonders nachhaltige Wirkung hatte. Unmittelbar nach Ende des Zweiten Weltkriegs erschien in England das Buch *The Course of German History* aus der Feder des renommierten Historikers A. J. P. Taylor, das noch heute an Schulen und Universitäten gelesen wird und das das Deutschlandbild der englischen Nachkriegspolitiker wesentlich geprägt hat. Taylor schrieb es, wie er im Vorwort zur Ausgabe von 1961 sagt, «in den letzten Kriegstagen, [...] um den Eroberern zu erklären, was für ein Land sie da gerade eroberten.» Das Bild der Deutschen, das er entwirft, ist das eines wilden, unzivilisierten und expansionssüchtigen Volkes, das sich wie ein unzähmbares Tier gebärdet und deshalb an die Kette gelegt werden muss. Das Buch beginnt so:

Die Geschichte der Deutschen ist eine Geschichte der Extreme. Sie enthält alles außer Mäßigung, und im Lauf von tausend Jahren haben die Deutschen alles erfahren außer Normalität. Sie haben Europa beherrscht und sie waren hilflose Opfer der Herrschaft anderer; sie haben Freiheiten genossen, die in Europa nicht ihresgleichen hatten, und sie sind Opfer von Despotismen geworden, die ebensowenig ihresgleichen hatten. Sie haben die transzendentalsten Philosophen hervorgebracht, die vergeistigsten Musiker und die brutalsten und gewissenlosesten Politiker. ‹Deutsch› bezeichnete zu einer Zeit ein Wesen so sentimental, vertrauensvoll und fromm, dass es zu gut für die Welt zu sein schien, zu einer anderen Zeit ein Wesen zu brutal, prinzipienlos und verkommen, um fit fürs Leben zu sein. Beide Beschreibungen sind wahr: Beide Typen des Deutschen haben existiert, nicht nur in derselben Epoche, sondern in derselben Person. Nur der normale Mensch, der weder besonders gut noch besonders schlecht, sondern gesund, bei klarem Verstand und maßvoll ist – er hat der deutschen Geschichte nie seinen Stempel aufgedrückt.

Dem ersten Satz wird man zustimmen müssen, erst recht, wenn man ihn mit den Augen eines Briten liest; denn wenn man die unvergleichlich geradlinige Geschichte Großbritanniens von der normannischen Eroberung bis heute als das Normale ansieht, muss die deutsche Geschichte wie eine Achterbahn anmuten, bei der von Normalität keine Rede sein kann. Allein in der Neuzeit gab es mit dem Dreißigjährigen Krieg, der Niederlage gegen Napoleon und den beiden Weltkriegen vier Tiefpunkte, von denen sich die Nation jedes Mal mit großer Anstrengung erholte. Ein solcher Kurs von Krise zu Krise mit kurzen Phasen der Konsolidierung dazwischen hat in der Tat nichts Normales an sich. Doch alles, was Taylor danach über die Deutschen sagt, stellt eine so unzulässige Verallgemeinerung dar, dass man sich fragt, wie ein angesehener Historiker seine Seriosität so aufs Spiel setzen konnte. Wenn er behauptet, dass die deutsche Geschichte nur durch maßlose Menschen geprägt wurde, während «die Figur des normalen Menschen» gänzlich fehle, mag man ihm zugute halten, dass er 1945 die Politik Adenauers noch nicht kennen konnte, der im Taylorschen Sinn gewiss einer der «normalsten», weil maßvollsten Politiker der Weltgeschichte war. Aber zumindest Bismarck hätte er von seinem Verdikt ausnehmen müssen; denn der war gewiss nicht maßlos und eher maßvoller, als die Parlamentarier der Paulskirche gewesen wären, wenn die 1848er Revolution sich durchgesetzt hätte. In deren Reihen gab es Vertreter eines expansionistischen Chauvinismus, den Bismarck lange in Schach halten konnte. Geht man historisch hinter Bismarck zurück, so fällt es schwer, überhaupt von deutscher Geschichte zu reden. Wenn Taylor die deutsche Geschichte vor allem als eine tausend Jahre andauernde Expansion nach Osten sieht, wobei er immer wieder von Ausrottung der slawischen Völker spricht, muss man den Vorwurf der Maßlosigkeit gegen ihn selber kehren. Die Deutschen mögen sich für sehr lange Zeit im Vergleich mit den Franzosen und Briten als ein politikunfähiges Volk erwiesen haben, doch dass sie allen Widrigkeiten zum Trotz immer wieder die Kraft zu einem Neuanfang fanden, sollte einem Historiker eigentlich Respekt abnötigen.

Ein ganz anderes Bild der Deutschen zeichnet der Franzose Bernard Nuss in seinem Buch *Das Faust-Syndrom. Ein Versuch über die Mentalität der Deutschen* (1992). Hier wird mit erstaunlicher Einfühlung die deutsche Innenwelt ausgeleuchtet, so wie es fast zwei Jahrhunderte früher Madame de Staël in ihrem Buch *De l'Allemagne* (1810) tat. Taylor schrieb sein Buch als Engländer unter dem Eindruck zweier Kriege gegen Deutschland, Nuss schrieb das seine unter dem Eindruck der vollständigen Aussöhnung zwischen Deutschland und Frankreich und der zwei Jahre zuvor vollzogenen deutschen Vereinigung. Dabei hält er uns Deutschen ein Bild unserer «Seele» vor, das die meisten wohl erst einmal als antiquiert empfinden.

Versucht man dann aber, durch die moderne Oberfläche des heutigen Deutschland hindurchzuschauen, wird man sehen, dass vieles von dem, was Nuss beschreibt und was lange Zeit als typisch deutsch galt, noch immer in deutschen Köpfen spukt, deutsches Verhalten prägt und der deutschen Kultur ihr charakteristisches Aroma gibt. Taylor und Nuss repräsentieren zwei entgegengesetzte Sichtweisen auf Deutschland und die Deutschen. Der Brite schaut voll Unverständnis und Verachtung auf das Barbarische in den Deutschen, der Franzose hingegen sieht darin etwas Fremdartiges und Faszinierendes. Dieser Unterschied ist charakteristisch für die Intellektuellen der beiden Länder. Die Engländer haben nach Thomas Carlyle kaum noch einen Literaten gehabt, der mit Bewunderung und Faszination auf Deutschland schaute, während die Franzosen ein bis heute anhaltendes Interesse zeigen. Für sie sind Kleist, Hölderlin, Richard Wagner und selbst umstrittene, für faschistoid gehaltene Autoren wie Ernst Jünger Repräsentanten einer Welt, die aus der rationalen Zivilisation Frankreichs verdrängt wurde, sich in Deutschland aber wie in einem Wildreservat gehalten hat.

Wenn es in unserem Buch nur darum ginge, die typischen Züge der Deutschen freizulegen, brauchten wir nichts weiter zu tun, als unablässig Nuss zu zitieren und seine oft allzu dezidierten Verallgemeinerungen zu relativieren. In der Tat wird der Leser zu den meisten der im Folgenden betrachteten deutschen «Urworte» ein kurzes Kapitel bei Nuss finden. Das Ziel des Buches ist aber nicht nur zu zeigen, wie die Deutschen sind, sondern wie sie wurden, was sie sind. Darüber hinaus geht es darum, die Seiten auszuleuchten, die von Taylor und Nuss übersehen oder bewusst ignoriert wurden. Bei ersterem fehlt die deutsche Innenwelt ganz, während letzterer sich ausschließlich dieser widmet. Dabei geht ihm aber der Blick für die Tatsache verloren, dass alles das, was sich im Laufe von Jahrhunderten an typisch Deutschem herausgebildet hat, Ergebnis widerstreitender Tendenzen ist. Bei Nuss zeigt schon der Titel an, dass er sich auf das «Faustsyndrom» konzentriert, was bedeutet, dass er den deutschen Michel aus dem Blick verlieren muss.

Faust und Michel sind zwei typisierende Bilder, die oft auf die Deutschen bezogen werden. Trotzdem haben sie nicht die feste Form angenommen, die z. B. für England der Idealtypus des Gentleman und sein Gegenbild, der ruppige John Bull, aufweisen. Ausländer stellen sich unter einem Deutschen die unterschiedlichsten

Figuren vor. Engländer denken vielleicht an Soldaten mit Stahlhelm oder Pickelhaube, an pedantische Beamte, arrogante Herrenmenschen und bäurische Typen mit Lederhose und Gamsbart. In intellektuellen Kreisen wird man sich eher einen ernsten Professor oder einen grüblerischen Künstler vorstellen. Der Michel mit der Schlafmütze auf dem Kopf ist im Ausland so gut wie unbekannt. In Deutschland hingegen war der hinterm Ofen hockende weltfremde und autoritätsgläubige Träumer das kritische Selbstbild, das fortschrittliche Intellektuelle ihren zögernden Landsleuten vorhielten, um sie für den nationalen Aufbruch zu gewinnen. Unsere Abbildung zeigt den deutschen Michel so, wie der überzeugte Republikaner Adolf Glaßbrenner ihn im Revolutionsjahr 1848 popularisierte (Abb. 1).

Fragt man aber heutige Deutsche, was sie von den beiden Stereotypen halten, wird man auf Unverständnis stoßen. Im deutschen Michel erkennt sich niemand wieder, und Faust ist zu einer reinen Bildungsfigur geworden. Fausts Wissensdrang ist in so rationalisierter Form in den heutigen Wissenschaftsbetrieb eingegangen, dass niemand mehr daran denkt, einen Pakt mit dem Teufel zu schließen, nur um zu erkennen, «was die Welt / im Innersten zusammenhält». Die heutigen Deutschen halten sich für ganz normale Westeuropäer, die in Frieden leben, Geld verdienen und ihr Leben genießen wollen. Sie träumen nicht wie Michel mit der Zipfelmütze hinterm Ofen, sie streben nicht wie Faust «zu den Müttern» und erst recht nicht nach Weltherrschaft, sie identifizieren sich auch nicht mit dem tatenlosen Melancholiker Hamlet, der dritten Figur, die im 19. Jahrhundert zu einem selbstkritischen deutschen Stereotyp wurde. Freiligraths Gedicht von 1844, das mit der Zeile «Deutschland ist Hamlet» beginnt, hat heute jeden Sinn verloren. Und doch gibt es in den Deutschen eine sonderbare Tendenz zur Mutlosigkeit, zum Schwanken zwischen hochgespannten Erwartungen und Schwarzseherei, und es gibt noch immer typisch deutsche Wertvorstellungen, selbst wenn sie in der Realität nicht befolgt werden.

Sucht man in der Ikonographie des 19. Jahrhunderts nach Bildern, in denen sich die Deutschen idealtypisch dargestellt sahen, dann ist es, verständlicherweise, weder Michel noch Hamlet. Es ist aber auch nicht Faust. Von ihm gibt es überhaupt kein festes Bild, sondern nur die abstrakte Vorstellung eines Strebenden, der zwei Seelen in seiner Brust hat. Stattdessen glaubten die Deutschen in

Freie Blätter,

herausgegeben von

Adolf Glaßbrenner.

Illustrirte politisch-humoristische Zeitung.

Diese illustrirte Zeitung erscheint wöchentlich. Preis
für das Vierteljahr: 1 Thlr.
Einzelne Nummern: 3 Sgr.
Alle Postämter und Buch-
handlungen nehmen Bestel-
lungen an.

Beiträge werden frankirt
unter der Adresse der Ver-
lagshandlung, M. Simion
in Berlin, erbeten. —
Inserate werden mit 2 Sgr.
für die Petit-Zeile oder deren
Raum berechnet.

Motto: Der Staat sind Wir.

№ 4.   Berlin, 27. Mai.   **1848.**

Der Tod des deutschen Michels.

(Leierkasten.)

Mel. Sieh' ich in finstrer Mitternacht ꝛc.
oder:
Ich hab' ein kleines Hüttchen nur ꝛc.

Der deutsche Michel war ein Mann,
Kein Fürst ihn besser wünschen kann;
Bei Polizei und bei Gensd'arm
Fühlt' er sich sicher, wohl und warm.

Der Michel las die Zeitung auch
Des Morgens bei dem Tabacksrauch;
Er las, was in der Königsstadt
Man gnädiglichst verboten hatt'.

Nun war es grade dieses Jahr
Im schönen Monat Februar,
Da ging es in Europa her,
Als ob man nicht zufrieden wär'.

In Frankreich hat man es gewagt
Und Ludwig Philipp fortgejagt;
Wie das der deutsche Michel las,
Da sagte er: das ist kein Spaß!

Abb. 1: Der deutsche Michel, wie Adolf Glaßbrenner ihn 1848 sah.

Ikonen wie dem Bamberger Reiter, der Uta im Naumburger Dom und dem Ritter in Dürers Kupferstich *Ritter, Tod und Teufel* etwas spezifisch Deutsches zu erkennen. Was in diesen Figuren zum Ausdruck kommt, sind einzelne Charaktermerkmale, die die Deutschen für sich in Anspruch nahmen. Beim Bamberger Reiter und den Naumburger Stifterfiguren ist es eine aristokratische Würde, die sich nicht mit Herrschergeste nach außen kehrt, sondern gleichsam von innen heraus strahlt. Bei Dürers Ritter ist es dagegen eine Haltung, die wir später unter dem Urwort ‹Trutz› noch genauer betrachten wollen. Die charakteristischen Züge dieses nationalen Selbstidols sind das Aristokratische, das dem egalitären Empfinden der westlichen Bürgerwelt entgegenstand, der nach innen gerichtete sinnende Blick und die tragisch-heroische Haltung. Aus diesen drei Elementen formte sich später unter dem Einfluss des Rassenwahns das nationalsozialistische Ideal des auserwählten Deutschen, an dessen Wesen die Welt genesen sollte. Die drei genannten Bildwerke erlangten in der Zeit des aufkommenden Nationalsozialismus eine enorme Popularität. Um Uta und den Bamberger Reiter wurde ein regelrechter Kult betrieben, der sich in den 1920er Jahren zu mystischer Verehrung auswuchs; und auch Dürers Stich fehlte in keinem Schullesebuch. Dass die beiden Skulpturen zu den großartigsten Leistungen europäischer Bildhauerei im Mittelalter zählen, wird heute kein Kunsthistoriker bestreiten. Trotzdem fanden sie im 19. Jahrhundert als Kunstwerke wenig Beachtung. Erst mit dem Aufkommen des deutschtümelnden Rassenwahns sah man in ihnen Idealtypen nordischer Schönheit und Verkörperungen des deutschen Charakters (Abb. 2a und 2b).

Es gab aber noch einen anderen deutschen Typus, der keinem der bisher genannten Bilder, sondern eher dem englischen John Bull entsprach. Er bildete sich vor allem in den Städten aus. Da die Städte jedoch nach dem Dreißigjährigen Krieg erst einmal zerstört waren, dauerte es lange, bis er aufkommen konnte. In Berlin ließ der kritische Humorist Adolf Glaßbrenner den Typus unter Namen wie der Guckkästner oder Eckensteher Nante zu Wort kommen. Nante ist ein respektloser Realist, der mit seiner Meinung nicht hinterm Berg hält und sich durch nichts und niemanden einschüchtern lässt. Diesen nüchternen Deutschen, der mit beiden Füßen auf der Erde steht, gab es nicht nur in der Form des Großstadtproletariers. Er ist auch in der deutschen Kultur durch große Beispiele vertreten. Das leuch-

Abb. 2a und 2b: Deutsche Selbstideale: Der Bamberger Reiter (um 1237) und Uta von Naumburg (um 1250).

tendste ist Gotthold Ephraim Lessing, der das Banner der Aufklärung hochhielt und sich dabei weder zum Faustischen verstieg noch in weltfremde Innerlichkeit flüchtete. Bezeichnenderweise gab er den Plan, ein Faust-Drama zu schreiben, nach mehrfachen Anläufen wieder auf. Dass er im allgemeinen Bewusstsein der Deutschen lange Zeit weniger hoch rangierte als der pathetische Idealist Schiller, der prophetische Dichter Hölderlin und der romantische Sänger des deutschen Waldes Eichendorff, ist allerdings ein deutliches Indiz dafür, dass dieser Typus des Aufklärers sich zwischen faustischem Drang und romantischer Innerlichkeit ebenso schlecht behaupten konnte wie der nüchterne Bürger zwischen Verblendung und Duckmäusertum. Hätte es aber solche Menschen in Deutschland nicht gegeben, dann wären in der Nazizeit keine Juden von Deutschen versteckt worden. Nur leider war der Geist der faustischen Deutschen zu verwirrt und die duckmäuserischen Michel zu sehr in der Überzahl, als dass sich Nante und seinesgleichen hätten durchsetzen können. Heute wird man aber ohne Übertreibung sagen dürfen, dass die Deutschen eines der nüchternsten Völker der westlichen Welt sind. Zeremonieller Patriotismus, wie er in England, Frankreich und Amerika gang und gäbe ist, glänzt bei ihnen

Abb. 3a und b: Zwei Köpfe aus der Lutherzeit.
Kohlezeichnung eines jungen Mannes (signiert B. B.; 1512)
und Pinselzeichnung einer jungen Frau von Albrech Dürer (1506)

durch Abwesenheit. Das gesamte deutsche Alltagslebens ist geprägt
von der nüchternen Beschränkung auf das Zweckmäßige und Le-
bensnotwendige sowie durch das weitgehende Fehlen von Konventionen und Ritualen. Das lässt die Deutschen in den Augen von
Ausländern, zumal von Briten, oft geradezu als ruppig erscheinen.
Sie reden unverblümt, ohne Höflichkeitsfloskeln und ohne große
Beachtung von Förmlichkeiten. Dieser Typus ist nicht erst jetzt entstanden. Es hat ihn schon zu Luthers Zeiten gegeben und Luther
hat ihn teilweise selbst verkörpert, auch wenn in ihm die geistige
Leidenschaft und die religiöse Inbrunst die beherrschenden Züge
waren. Auf der Suche nach bildhaftem Ausdruck für den nüchternen Deutschen erschienen dem Verfasser die beiden Portraits auf
dieser Seite besonders geeignet. Der Kopf der jungen Frau stammt
von Dürer, der des jungen Mannes von einem Künstler, der nur unter seinem Monogramm B.B. bekannt ist und vermutlich wie der be-
kanntere B.B., Bertolt Brecht, aus Augsburg stammt. Auch Brecht
verkörpert, trotz seiner Parteinahme für die Ideologie des Kommu-
nismus, unpathetische deutsche Nüchternheit.

6mal Deutschland:
modern – böse – romantisch – folkloristisch
kulturell – liberal

Während sich das Bild von den Deutschen aus einer Reihe höchst widersprüchlicher Facetten zusammensetzt, fallen diese Widersprüche beim Bild von Deutschland so sehr auseinander, dass man von mindestens sechs getrennten Bildern sprechen kann, die bei Ausländern anzutreffen sind. Würde man jemanden, der noch nie in Deutschland war und auch nicht die Absicht hat dorthin zu reisen, fragen, was er oder sie mit dem heutigen Deutschland assoziiert, bekäme man in den meisten Fällen wohl eine Reihe von Produktnamen zu hören, von denen Porsche, Mercedes, BMW und Audi mit besonderer Anerkennung genannt würden. Aber auch VW, Beck's Bier und Löwenbräu wären dabei. Offensichtlich präsentiert sich das moderne Deutschland im Ausland vor allem durch die Qualität seiner Exportgüter. Auf diesem Gebiet überwiegt die positive Einschätzung. Sobald man aber nach historischen Assoziationen fragt, kommt in der westlichen Welt das Bild vom bösen Deutschland hoch, das dem Weltgedächtnis durch Hitler unauslöschlich eingeprägt wurde. Es gibt zwar in vielen Gegenden der Welt, sogar in Ländern mit demokratischer Tradition, Menschen, die mit offener oder nur schwach verhohlener Bewunderung von Hitler und seinen Verbrechen sprechen, doch ist das Bild vom bösen Deutschland eine allgegenwärtige und jederzeit abrufbare Vorstellung, die erstaunlicherweise das Bild vom modernen Deutschland kaum beeinträchtigt. Ein drittes Deutschlandbild trifft man bei denen an, die das Land entweder schon bereist haben oder eine Reise dorthin beabsichtigen. Sie werden nicht die Porschewerke aufsuchen und auch die KZ-Gedenkstätten nur dann besichtigen, wenn sie auf dem Wege liegen. Für die große Mehrheit der ausländischen Touristen ist Deutschland ein romantisches Land, das durch Orte wie Heidelberg, Neuschwanstein, Rothenburg ob der Tauber und das Rheintal repräsentiert wird. Mit der Zeit wird wohl auch Dresden seine frühere Attraktivität zurückgewinnen. Dieses romantische Deutschlandbild existiert neben den beiden zuvor genannten, und es scheint niemanden zu verwundern, dass eine der größten Industrienationen vor allem wegen ihrer romantischen Orte von Ausländern besucht wird. Eng verbunden mit dem romantischen Bild ist das folkloristische, mit dem Vorstellungen von Lederhosen, Sauerkraut, Biergärten und Kuckucksuhren assoziiert werden. Während das romantische Deutschland durchaus positiv gesehen wird, weil damit die Erinnerung an Glanzzeiten der deutschen Kultur verbunden ist, ruft das folkloristische eher ironische Kommentare und herablassenden Spott hervor. Das hindert ausländische Touristen aber nicht, als Souvenir eine Kuckucksuhr oder einen Gartenzwerg mitzunehmen. Auch der übrige deutsche Gemütlichkeitskitsch findet in den Tourismuszentren regen Absatz. Bei einer gebildeten Minderheit kommt zu den vier genannten Bildern noch das kulturelle Deutschland hinzu. Von Bach bis Stockhausen, von Dürer bis Anselm Kiefer und von Goethe bis Günter Grass reicht ein Spektrum von Kulturleistungen, das in der internationalen Wertschätzung glücklicherweise durch das Bild des bösen Deutschland nicht verdeckt und durch die drei anderen nicht an den Rand gedrängt wurde. Als Deutscher lernt man den kulturellen Reichtum des eigenen Landes oft erst richtig schätzen, wenn man erfährt, weshalb Ausländer hierher kommen. So ist Deutschland beispielsweise für Opernfans ein Eldorado. Hier gibt es mehr Opernhäuser als im Rest der Welt, so dass zum Beispiel ein Fan aus Neuseeland während einer vierwöchigen Deutschlandreise mehr Opernaufführungen besuchen kann, als er im eigenen Land in zwanzig Jahren geboten bekommt.

Der Realität am nächsten kommt das Deutschlandbild derjenigen Ausländer, die sich entschlossen haben, für einige Zeit oder für immer hier zu leben. Aus ihrem Munde hört man überwiegend Schmeichelhaftes. So loben sie die unkomplizierte Offenheit der Deutschen, die Verlässlichkeit von Fahrplänen und sonstigen terminlichen Vereinbarungen, das Funktionieren technischer Anlagen, die allgemeine Sauberkeit, vor allem aber die Toleranz. Während die Deutschen selber auf die regelmäßigen Berichte über ausländerfeindliche Vorfälle mit Besorgnis reagieren, muss es überraschen, wenn Ausländer gerade die Ausländerfreundlichkeit hervorheben. In Großstädten wie Berlin betonen Ausländer immer wieder, dass es in Deutschland leichter sei integriert zu werden als anderswo. 2004 war auf der Website des *Guardian Unlimited* ein Text des deutsch-irischen Autors Hugo Hamilton zu lesen, worin dieser die Deutschen als ein Volk beschreibt, dass das Bewusstsein seiner nationalen Identität verloren habe und deshalb eine romantische Sehnsucht nach Ländern wie Irland empfinde, wo die Identität ungebrochen sei. Der ganze Text las sich wie die Klage über einen großen Verlust, was man aus der Sicht eines zwischen zwei Nationalitäten schwankenden Autors verstehen kann. Hamilton deutet in dem Text an, dass die Deutschen möglicherweise bereits einen Zustand von Entnationalisierung erreicht haben, der den anderen Nationen historisch voraus ist. Am Schluss berichtet er von Gesprächen mit Schülern anlässlich einer Lesereise, wo aus den Schülerantworten das Bild einer ungewöhnlich toleranten, kosmopolitischen Gesellschaft hervorgeht. Dem Tenor des Textes ist zu entnehmen, dass der Autor das Fehlen eines nationalen Identitätsbewusstseins einerseits beklagt, es andererseits aber für die Ursache der auffallenden Toleranz ansieht. Dieser scheinbare Widerspruch trifft einen nicht zu leugnenden Sachverhalt. Deutschland ist heute eine der freiesten, gerechtesten und modernsten Demokratien der Welt. In England, das nie gesetzlich fixierte Grundrechte kannte, kann die Freizügigkeit der Bürger durch die Regierung in beträchtlichem Umfang eingeschränkt werden, was zur Zeit zum Zwecke der Verbrechensbekämpfung tatsächlich geschieht. In den USA, die sich für das freieste Land der Welt halten, sind seit Inkrafttreten des *Patriot Act* nach dem Terrorakt vom 11. September massive Eingriffe in die Freiheitsrechte der Bürger erlaubt. Alles dies wäre in Deutschland undenkbar; die Grundrechte sind unantastbar. Auch auf anderen Gebieten ist Deutschland demokratischer als fast alle anderen Nationen der Welt. Bei uns haben Arbeitnehmer und Studierende in den Betrieben bzw. Universitäten mehr Mitspracherechte als überall sonst in der Welt. Die Maschen des sozialen Netzes sind so dicht, das keiner wirklich hindurchfallen kann; und die Rechtsprechung bietet bis hinauf zum Bundesverfassungsgericht so viele Berufungsmöglichkeiten, dass es schwer ist ein Land zu finden, in dem die Rechte der Bürger besser gesichert sind. Trotzdem wird bei jeder politischen oder ökonomischen Erschütterung sogleich ängstlich gefragt, ob die Demokratie in Gefahr sei. Den Gründen für diese Ängstlichkeit will dieses Buch nachspüren.

Urworte, deutsch

In vermutlich jeder Nation gibt es Wörter, mit denen besondere Wertvorstellungen verbunden sind. Manche davon werden als so typisch empfunden, dass ihnen das nationale Etikett mit einem Adjektiv aufgedrückt wird. So pflegt man von ‹deutscher Gründlichkeit› zu sprechen, während die Briten *English humour* für sich reklamieren. Darüber hinaus gibt es Wertbegriffe, die für eine Nation typisch sind, ohne dass sich deren Angehörige dessen bewusst sind. Im Folgenden werden wir eine Reihe von deutschen Wörtern betrachten, von denen manche als nationaltypisch gelten, während bei anderen der typische Charakter erst erkennbar wird, wenn man sieht, dass der Begriff bei unseren Nachbarvölkern entweder überhaupt kein Äquivalent hat oder eine viel geringere Rolle spielt. Manche solcher ‹Urworte›, die im Schrifttum des 19. Jahrhunderts wie Leitfossilien wiederkehren, sind inzwischen so gut wie ausgestorben, auch wenn sie noch im Duden stehen. So wird wohl jeder Deutsche das Gefühl haben im falschen Jahrhundert zu sein, wenn er die Wörter ‹hold›, ‹traut› und ‹traulich› hört, die einstmals das deutsche Gemüt tief berührten. Erst recht zusammenzucken wird man bei dem Wort ‹völkisch›, das durch die Nazis zum Unwort wurde; und auch das Wort ‹schneidig›, mit dem man noch vor dem Zweiten Weltkrieg einem energisch auftretenden jungen Mann höchstes Lob zollte, würde heute eher als abwertend empfunden. Selbst ‹Vaterland› ruft bei vielen ein gewisses Unbehagen hervor, während ‹Heimat› unverfänglich ist; und wer vom ‹Genius› des deutschen Volkes spricht, wird ein mokantes Lächeln ernten. Sogar das bis 1968 noch übliche ‹Fräulein› für eine unverheiratete Frau, das mit der Nebenbedeutung Jungfräulichkeit positiv besetzt war, wird inzwischen negativ wahrgenommen. Die folgende Auswahl deutscher Urworte erhebt keinen Anspruch auf Vollständigkeit, geht aber davon aus, dass es sich um Begriffe handelt, die für Deutsche ein besonderes Gewicht haben und somit Facetten der deutschen Mentalität widerspiegeln. Versteht man sie als Symptome eines nationalen Charakterbildes, so lässt ihre Anordnung bereits eine

Diagnose ahnen, die aber erst am Schluss des Buches explizit ausgesprochen werden soll, nachdem – um im medizinischen Bilde zu bleiben – die Anamnese abgeschlossen ist.

Heimat

Dass Heimat ein deutsches Urwort ist, wird niemand ernsthaft bestreiten. Selbst nach dem Abklingen der Welle von Heimatfilmen, die gleich nach dem Krieg Balsam auf die Wunden der deutschen Seele träufelten, nimmt der damit verbundene Gefühlskomplex in der deutschen Kultur noch immer großen Raum ein. So brachte der Regisseur Edgar Reitz 1984 eine 11-teilige Fernsehserie mit dem Titel *Heimat* heraus, der er 1992 eine 13-teilige unter dem Titel *Die zweite Heimat* folgen ließ. Eine dritte Folge kam 2004 heraus. Dass Menschen eine emotionale Bindung an den Ort ihrer Kindheit haben, ist nichts typisch Deutsches. Typisch ist aber, dass diese Bindung bei Deutschen ein so starkes Gewicht hat. Engländer, Franzosen und Amerikaner fühlen sich zuerst einmal ihrer Nation zugehörig und erst danach einer bestimmten Region. Zwar fühlen Texaner sich zuallererst als Texaner, doch dann ist Texas für sie ein Staat und nicht das, was wir Deutschen als Heimat empfinden. Heimat hat nichts mit Bürgerschaft und politischer Zugehörigkeit zu tun, es bezeichnet vielmehr einen engen Lebensraum, zu dem in früheren Zeiten der vertraute Kirchturm, der Bach hinterm Vaterhaus oder die Linde vor dem Dorfkrug gehörten und heute die Stammkneipe, der Kegelklub und der Schützenverein zählen. Selbst in Industriestädten findet man eine romantisch anmutende Gefühlsbindung an so unromantische Gegenstände wie den Schlackenberg am Ortsrand oder den Förderturm der benachbarten Kohlenzeche.

Nach den Gründen für die starke Heimatbindung der Deutschen braucht man nicht lange zu suchen. Über viele Jahrhunderte hinweg war der unmittelbare Lebensraum das Einzige, was eine stabile Identifikation erlaubte; denn die politische Zugehörigkeit der betreffenden Region war unvorhersehbaren Schwankungen unterworfen. Durch Heirat des Landesherrn oder durch Erbteilung konnte man über Nacht zu einer anderen politischen Einheit gehören. Da es bis weit ins 19. Jahrhundert hinein wenig Möglichkeiten der politischen Mitbestimmung gab, bestand für eine Identifikation

mit der größeren Einheit kein Anlass. In seinem Heimatort hingegen gehörte man der Kirchengemeinde, einer Zunft, einem Schützenverein oder dem Rat der Stadt an. In den Jahrhunderten der
deutschen Kleinstaaterei war die unmittelbare Heimat der einzige
Ort, in den man voll integriert war, sofern man sich nicht selber zum
Außenseiter machte. Wenn Handwerksburschen nach Abschluss
ihrer Lehre auf Wanderschaft gingen, um bei fremden Meistern
neue Handwerkstechniken zu erlernen, trugen sie ihre Heimat im
Herzen. Oft kehrten sie zurück, um die Tochter des Meisters zu hei-
raten und die Werkstatt zu übernehmen. Wenn dies nicht möglich
war, heirateten sie in eine andere, genauso geprägte Region ein, die
dann ihre neue Heimat wurde. Es ist bezeichnend, dass das Heimat-
motiv im deutschen Volksliedgut so sehr mit den Wanderliedern der
Handwerksburschen verbunden ist; denn fühlbar war die Heimat
am stärksten, wenn man sie verlassen musste. Und am schönsten war
sie, wenn man in sie zurückkehrte. In Volksliedern wie «Innsbruck,
ich muss dich lassen» oder «Muss i denn, muss i denn zum Städtele
hinaus» spürt man noch heute das sentimentale Heimatgefühl, aus
dem heraus sie entstanden sind. Wirtschaftshistoriker nehmen an,
dass der frühe Beginn der industriellen Revolution in England nicht
unwesentlich durch die frühe Auflösung des Zunftzwangs befördert
wurde, während in Deutschland dieser Zwang der Industrialisierung
entgegenstand. Als dann aber mit großer Verspätung die Industrialisierung auch hier einsetzte, mussten viele Menschen ihre Heimat
verlassen, um anderswo Arbeit zu finden, was mit großem Tren-
nungsschmerz verbunden war. Die ständige Klage über die man-
gelnde Mobilität der deutschen Arbeitnehmer zeigt an, dass die
Heimatbindung noch immer sehr stark ist. Während es für Amerikaner selbstverständlich ist, je nach Arbeitsangebot den Wohnort zu
wechseln, fällt dies den Deutschen viel schwerer. Noch fester als die
soziale Heimatbindung sitzt im kollektiven Gemüt der Deutschen
der emotionale Komplex, der mit dem Wort ‹Heimat› assoziiert
wird. Noch heute genießt ein Millionenpublikum Fernsehsendun-
gen, die unter Titeln wie «Kein schöner Land» heimatliche Gefühle
mobilisieren, obgleich darin Regionen vorgeführt werden, die mit
der eigenen nichts zu tun haben. Das beweist, dass Mentalitäten dau-
erhaftere Gebilde sind als die aktuelle Lebenswirklichkeit.

Dass Heimat im deutschen Bewusstsein nicht nur eine geographische Realität, sondern ein Symbol für Geborgenheit, verklärte

Kindheit, kurz, für das unbeschädigte Leben ist, erkennt man daran, dass das Wort in vielfältiger Weise als Metapher verwendet wird. So spricht man von politischer, religiöser, ideologischer oder akademischer Heimat. Solche Zugehörigkeitsgefühle gibt es natürlich auch anderswo. Amerikanische Akademiker fühlen sich sogar viel stärker und dauerhafter mit ihrer Alma Mater verbunden, zu der sie auch noch als Alumni Kontakt halten. Doch scheint bei ihnen das Zugehörigkeitsgefühl vor allem aus Dankbarkeit, Verantwortung und Lokalpatriotismus zu bestehen, während wir Deutschen von einer Gruppenzugehörigkeit ein Gefühl von Geborgenheit und Aufgehobensein erwarten. Da deutsche Universitäten ihren Absolventen dieses Gefühl nicht vermitteln, ist es ihnen bisher auch nicht gelungen, ihre Alumni so an sich zu binden, wie das amerikanische Universitäten schaffen, die nicht an das Geborgenheitsverlangen, sondern an den Stolz der Absolventen appellieren.

Kulturhistorisch wurde der deutsche Heimatbegriff vor allem durch die Romantik geprägt, und noch heute sind es vor allem romantische Landschaften, die mit dem Wort assoziiert werden. Da deutsche Landschaften keine reinen Naturphänomene, sondern über Jahrhunderte hinweg gewachsene Kulturräume sind, in denen sich eine regionale Stammesidentität ausgebildet hat, bedeutet Heimat über das Geographische hinaus eine kleine Welt mit einer eigenen unverlierbaren Geschichte. Nur so erklärt sich das Festhalten der Heimatvertriebenen an dem, was sie de facto für immer verloren haben. Wenn die Vertriebenenverbände den Slogan vom «unverlierbaren», ja sogar «erblichen» Heimatrecht verbreiten, drückt sich darin weniger ein revanchistischer Nationalismus – den es natürlich auch gibt – als vielmehr die deutsche Heimatobsession aus, die über die persönliche Sentimentalität hinaus eine kollektive Sehnsucht ausdrückt. Die Saite dieses fast schon metaphysischen Heimatbegriffs klingt selbst in den bekannten Versen des ansonsten sehr unpatriotischen Friedrich Nietzsche an:

> Die Krähen schrein
> Und ziehen schwirren Flugs zur Stadt:
> Bald wird es schnein,
> Wohl dem, der jetzt noch – Heimat hat!

Gemütlichkeit

Das Wort lässt sich so schwer in andere Sprachen übersetzen, dass es im Englischen und anderswo oft als deutsches Fremdwort verwendet wird. Englische Wörterbücher trennen die Bedeutung meist in eine personenbezogene und eine sachbezogene. Ein ‹gemütlicher› Mensch wird als *sociable, genial, jovial* und *jolly* bezeichnet, ein gemütlicher Raum als *cozy, comfortable* und *snug*. Eine ähnliche Trennung findet man in französischen und italienischen Wörterbüchern. Das Spezifische am deutschen Gemütlichkeitsbegriff ist aber, dass er Mensch und Raum zusammenfasst. Gemütlich ist gerade die Einheit eines entspannten Menschen mit einem spannungsfreien Innenraum. Diese Einheit herzustellen ist das Ziel einer deutschen Unterhaltungsform, die man geradezu als Gemütlichkeitsindustrie bezeichnen kann. Familiensendungen mit viel Volksmusik bringen das Produkt heute per Fernsehen ins Haus. Aber auch schon im 19. Jahrhundert war die Gemütlichkeit im Familienkreis, im Dorfkrug und unter der Dorflinde eine typisch deutsche Form von Geselligkeit, die nirgendwo anschaulicher dokumentiert ist als auf den Stichen von Ludwig Richter, der deshalb einer der beliebtesten deutschen Künstler seines Jahrhunderts war. Noch heute spüren ausländische Besucher, dass deutsche Geselligkeit in einem engeren Kreis und mit mehr Wärme als anderswo gepflegt oder zumindest angestrebt wird.

Dass die Privatsphäre bei uns stärker von der öffentlichen abgegrenzt ist, zeigt sich schon sprachlich in der Unterscheidung zwischen ‹du› und ‹Sie›. In englischsprachigen Ländern reden sich alle mit *you* an, was dem früher auch in Deutschland üblichen ‹Ihr› entspricht, wobei nur zwischen der förmlichen Anrede mit *Sir/ madam* bzw. *Mister/ mistress* und der zwanglosen mit dem Vornamen unterschieden wird. Größere Intimität gibt es nur in der Zwiesprache mit Gott, den man mit *thou* (du) anredet. Das deutsche ‹Du› schlägt um den Sprecher einen sprachlichen Kreis, der jenen Gemütlichkeitsraum eingrenzt, von dem oben die Rede war. Auch wenn sich die deutsche Gemütlichkeit bei Massenveranstaltungen wie dem Münchner Oktoberfest nicht immer von der besten Seite zeigt, hat sie im allgemeinen für Ausländer einen eigentümlichen Charme. Zwar hat die Sangesfreude der Deutschen nachgelassen; doch ist das gemeinschaftliche Singen bei Familienfesten und im Freundeskreis immer noch weit verbreitet, und eines der Lieder, die dann angestimmt werden, hat den Text «Ein Prosit, ein Prosit der Gemütlichkeit».

Zum Bedeutungsfeld von ‹gemütlich› gehören auch die Wörter ‹behaglich› und ‹beschaulich›, die man ebensogut zu den deutschen Urworten zählen könnte. Beide liegen stilistisch auf höherem Niveau, wofür zum Beispiel die Tatsache spricht, dass Goethe das Wort ‹Behagen› gern als Bezeichnung für einen ungetrübt positiven Gemütszustand verwendet. Die erste Zeile seines «Tischliedes» ist noch immer ein geflügeltes Wort:

> «Mich ergreift, ich weiß nicht wie / Himmlisches Behagen.»

Auch das Wort ‹beschaulich› stand bei Goethe und seinen Zeitgenossen hoch im Kurs. In dem auf Seite 125 zitierten Text nennt Eichendorff die Deutschen nicht nur «die gründlichste», sondern auch «die beschaulichste unter den europäischen Nationen». Die gesamte Epoche zwischen 1815 und 1848, die mit dem Namen einer Witzblattfigur als Biedermeier bezeichnet wird, war eine Behaglichkeits- und Beschaulichkeitskultur. Nach der 1848er Revolution trennte sich dann die kleinbürgerliche Gemütlichkeitskultur, die in der *Gartenlaube* ihr publizistisches Sprachrohr fand, von der großbürgerlichen Erhabenheitskultur, die sich mehr für die zweite Hälfte unserer Urworte begeisterte. So blieb es bis in die Mitte des 20. Jahrhunderts. Während die große Masse der Deutschen sich nach der gemütlichen Idylle sehnte, berauschten sich die Gebildeten an Richard Wagners Musik, an Nietzsches Philosophie und an der tragikumwölkten Größe des deutschen Geistes. Mit dem Erhabenheitsrausch war es nach dem Zweiten Weltkrieg vorbei, doch die Sehnsucht nach der Idylle ist geblieben. Man mag sich über das Spießige der deutschen Gemütlichkeit lustig machen, doch für das friedliche Zusammenleben der Deutschen miteinander und mit den europäischen Nachbarn ist sie keine schlechte Mitgift. Nach dem geflügelten Satz, den der rheinische Bankier David Hansemann 1847 vor dem ersten Vereinigten Preußischen Landtag sprach, «hört in Geldsachen die Gemütlichkeit auf». Dass es sie immer noch gibt, spricht für die Deutschen.

Geborgenheit

«Weshalb liebt der deutsche Mensch Adolf Hitler so unsagbar?», fragt Robert Ley und antwortet: «Weil er sich bei Adolf Hitler geborgen fühlt. Das ist es, das Gefühl des Geborgenseins, das ist es. Geborgen!»

Mit diesem Zitat aus dem Munde des Reichsarbeitsführers markiert Hermann Glaser im Vorwort zur 1985 erschienenen Neuausgabe seines Buches *Spießer-Ideologie. Von der Zerstörung des deutschen Geistes im 19. und 20. Jahrhundert und dem Aufstieg des Nationalsozialismus* das Zentrum jener deutschen Mentalität, auf die er in seiner polemischen Schrift mit unverhohlenem Zorn eindrischt. Es ist das irrationale Verlangen der Deutschen, sich in ein bergendes Ganzes wie in den Schoß einer Großen Urmutter zu flüchten. Noch heute gelten die Deutschen als das sicherheitssüchtigste Volk der Welt. Angeblich werden nirgendwo sonst so viele Versicherungspolicen abgeschlossen. Falls das statistisch gesichert ist, muss es nicht zwangsläufig etwas über unsere Mentalität aussagen; es könnte auch mit der Organisation des Versicherungswesens insgesamt zu tun haben. Dennoch spricht vieles dafür, dass das Streben nach Sicherheit in Deutschland besonders stark ist. Für Sicherheit zu sorgen ist an sich kein Makel. Selbst übertriebene Sicherheitsvorkehrungen sind im Allgemeinen besser als sorglose Unbekümmertheit. Auch Amerikaner sind sehr sicherheitsbewusst, da in ihrem Rechtssystem jeder Verkäufer einer Ware oder einer Dienstleistung damit rechnen muss, für alle Folgekosten eventueller Mängel haftbar gemacht zu werden. Geradezu neurotisch wirkt das Sicherheitsdenken von Diktaturen, wo gigantisch aufgeblähte Überwachungsorgane für die Staatssicherheit sorgen. Von anderer Art ist das Sicherheitsstreben der Deutschen, was sich schon sprachlich in charakteristischen Begriffen ausdrückt. ‹Sicherheit› lässt sich problemlos in andere Sprachen übersetzen, doch die Deutschen wollen mehr, sie verlangen nach ‹Geborgenheit›. Für dieses Wort ein fremdsprachliches Äquivalent zu finden ist viel schwerer. Auch andere Wörter, die der Wurzel ‹bergen› entstammen, haben eine deutsche Aura. Nicht ohne Grund spielen Begriffe wie ‹Verbergen› und ‹Entbergen› in Heideggers Philosophie eine wichtige Rolle. Die Sehnsucht nach Geborgenheit ist seit der Reformation ein charakteristisches Element der deutschen Kultur; denn damals verloren die Deutschen die Geborgenheit im Schoß der Kirche, ohne dafür als Ersatz die Geborgenheit in einem Nationalstaat zu bekommen. Dominant wird die Sehnsucht in der Romantik, als alle Dichter und Denker darauf aus waren, sich in einer Welt der Innerlichkeit wie in einem spirituellen Uterus einzurichten. Von da an blieb die deutsche Gesellschaft und ihre Kultur geprägt von dem Verlangen nach Geborgenheit im Staat, im Volk, in der Gemeinschaft, in der Familie, in Gott, in der Natur oder einem metaphysischen System.

Mit der Bedeutung von ‹Geborgenheit› hängt ein anderes Wort eng zusammen, das oben bereits erwähnt wurde: ‹Schoß›. Im Schoß der Familie zu sein bedeutet ein hohes Maß an Geborgenheit. Spirituelle Geborgenheit finden Katholiken im Schoß der Kirche. Um das Nonplusultra an Geborgenheit auszudrücken, sagen wir «so sicher wie in Abrahams Schoß». Schoß bedeutet im Deutschen nicht nur das, was auf Englisch *lap* heißt, also das, worauf ein Kind bei der Mutter sitzen darf. Es bedeutet zugleich Mutterleib, Ursprung, das Bergende schlechthin. Bei der Betrachtung deutscher Kunst wird deutlich werden, wie sehr diese Vorstellung das Raumgefühl der deutschen Architektur und die Lichtführung in der Malerei geprägt hat. Die Sehnsucht nach Geborgenheit drückt sich auch in unzähligen Gedichten über die Nacht aus, die darin nicht als etwas Düsteres und Unheimliches, sondern im Gegenteil als ein bergender Mantel erscheint. Friedrich Hebbels *Nachtlied* ist typisch dafür. Hier die erste und letzte Strophe:

> Quellende, schwellende Nacht,
> Voll von Lichtern und Sternen:
> In den ewigen Fernen,
> Sage, was ist da erwacht!
> […]
> Schlaf, da nahst du dich leis
> Wie dem Kinde die Amme,
> Und um die dürftige Flamme
> Ziehst du den schützenden Kreis.

Feierabend

Wenige Wörter haben für deutsche Ohren einen so uneingeschränkt positiven Klang wie Feierabend. Heimat und Gemütlichkeit wecken bei Gebildeten den Kitschverdacht, doch den Feierabend schätzen alle. Dabei hängt der Begriff mit den beiden anderen eng zusammen; denn für die meisten Deutschen bedeutet das Ende ihres Arbeitstages die Rückkehr in ihr Heim. Briten neigen eher dazu, den Dienstschluss mit einem Glas Bier im Pub zu feiern. Japaner pflegen nach der Arbeit das gemeinsame Essen mit den Kollegen im Restaurant. Doch die meisten Deutschen zieht es nach Hause, wo sie im Kreis der Familie ausspannen dürfen. Schon im 19. Jahrhundert hatte der Feierabend diese Aura, wie der Holzschnitt von Ludwig Richter (Abb. 4) zeigt. Die Wertschätzung des Feierabends relativiert die These von der Arbeitswut der Deutschen. Gewiss arbeiten sie hart, doch mit der Feierabendglocke lassen sie das Werkzeug fallen und wollen die Muße des Nichtstuns genießen. Die scharfe Trennung zwischen der Arbeitswelt und dem heimischen Herd war lange Zeit charakteristisch für das deutsche Alltagsleben. Noch heute werden Schillers Verse zitiert: «Der Mann muss hinaus / ins feindliche Leben / muss wirken und streben». Dem steht die Innenwelt der Frau gegenüber – «drinnen waltet / die züchtige Hausfrau» –, zu der der Mann nach des Tages Mühen zurückkehrt. Kein anderes deutsches Gedicht hat die Wertvorstellungen, die im 19. und in der ersten Hälfte des 20. Jahrhunderts den deutschen Alltag regulierten, so vollständig katalogisiert wie *Das Lied von der Glocke*, aus dem die Verse stammen. Hier ist alles beisammen: das Arbeitsethos, die Gemütlichkeit, das Verlangen nach Geborgenheit und der Drang zum Erhabenen. Wie tief der Feierabend als Wertvorstellung im Bewusstsein der Deutschen verankert ist, zeigt sich an vielen Dingen, unter anderem am Widerstand gegen eine Freigabe der Ladenöffnungszeiten und gegen die Flexibilisierung der Arbeitszeiten. In innerbetrieblichen Vereinbarungen wird gegen die sakrosankte Institution zwar längst verstoßen, doch eine allgemeine Schleifung des Heiligtums rührt an Wertvorstellungen, die mit mehr Irrationalität verteidigt werden als persönliche Bequemlichkeiten.

Abb. 4: Deutsche Feierabendidylle.
Holzschnitt von Ludwig Richter (1855).

Verein

Das Vereinswesen ist so typisch deutsch, dass die Deutschen sich über ihre «Vereinsmeierei» selber lustig machen. In seinem Buch *Typisch deutsch. Wie deutsch sind die Deutschen?* widmet Hermann Bausinger diesem Gegenstand ein ganzes Kapitel, das mit dem selbstironischen deutschen Sprichwort überschrieben ist: «Drei Deutsche – ein Verein». Darin führt er aus, wie das Vereinswesen im 19. Jahrhundert mit der Gründung von Männergesangvereinen begann, denen bald die Turnvereine folgten. Danach vermehrten sich die Vereine wie die sprichwörtlichen Kaninchen, wobei die Kaninchenzüchtervereine ihrerseits zum Inbegriff der Vereinsmeierei wurden. In manchen Fällen hat die Organisation als Verein rechtliche Gründe, da bei nachgewiesener Gemeinnützigkeit der Mitgliedsbeitrag von der Steuer abgesetzt werden kann. Doch in den meisten Fällen dient die Vereinsgründung ausschließlich der sozialen Bindung von Gleichgesinnten. Insofern gehört der Verein in das gleiche Bedeutungsfeld wie die Begriffe ‹Heimat› und ‹Geborgenheit›. Ein Verein unterscheidet sich von einer politischen Partei oder anderen überregionalen Zusammenschlüssen wie ‹Gemeinschaft› von ‹Gesellschaft›, die der Soziologe Ferdinand Tönnies 1887 in seinem Buch *Gemeinschaft und Gesellschaft* gegeneinander stellte, womit er unfreiwillig den Nazi-Ideologen Munition gegen das Westlich-Gesellschaftliche und für das Deutsch-Völkische lieferte. Die Nazis selber begnügten sich bei ihrer Gleichschaltung nicht mit einer einzigen Partei, der NSDAP, sondern schufen Dutzende von Unterorganisationen, in denen die Mitglieder ein ähnliches Gefühl der Zugehörigkeit entwickeln konnten, wie sie es in ihren Vereinen hatten. Das schwach entwickelte Gefühl der Deutschen für überregionale Zusammengehörigkeit war sicher ein wesentlicher Grund für das Bedürfnis nach Gemeinschaft in Vereinen, von denen viele wie zum Beispiel die dörflichen Schützenvereine feste Bestandteile des kommunalen Lebens sind. Eine ähnliche Rolle spielen die Fußballvereine. Sie werden zwar national durch den Deutschen Fußballbund vertreten, doch zugehörig fühlen sich die Mitglieder nicht zum DFB, sondern zu ihrem Verein.

Ordnung

Heilge Ordnung, segenreiche
Himmelstochter, die das Gleiche
Frei und leicht und freudig bindet,
Die der Städte Bau gegründet,
Die herein von den Gefilden
Rief den ungesellgen Wilden,
Eintrat in der Menschen Hütten,
Sie gewöhnt zu sanften Sitten
Und das teuerste der Bande
Wob, den Trieb zum Vaterlande!

Auch wenn heute niemand mehr Schillers *Lied von der Glocke* liest,
kennt doch fast jeder aus frühester Kindheit die erste Zeile dieses Zi-
tats. Allerdings meinte eine Mutter, die damit ihr Kind zurechtwies,
etwas anderes als Schiller. Bei ihm bedeutet Ordnung das Vereinba-
ren sinnvoller Regeln, durch die Zivilisation erst möglich wird. Im
deutschen Alltag versteht man dagegen unter Ordnung das strikte
Einhalten der einmal festgesetzten Regeln, die sich auf so banale
Dinge wie die Anordnung der Gegenstände auf einem Schreibtisch
oder in einem Regal beziehen können. Vor allem die Ordnungswut
in Bereichen, in denen Ordnung weder besseren Überblick schafft
noch sonstwie das Leben erleichtert, sondern in der Einhaltung
eines Prinzips besteht, hat die Deutschen in den Ruf gebracht, zur
Pedanterie zu neigen, was Jacob Grimm so ausdrückt:

Das Pedantische aber, glaube ich, wenn es früher noch gar nicht vorhanden
gewesen wäre, würden die Deutschen zuerst erfunden haben. Man versetze
sich in einen Kreis von Diplomaten, denen es obliegt, in verwickelter Lage
die Geschicke der Länder zu wägen, und forsche, von welcher Seite aus in
Kleinigkeiten hundert Anstände und Schwierigkeiten erhoben werden, in
der Hauptsache der Verhandlung leichtestes Nachgeben und Ablassen ein-
trete; es kann keine andere als die der deutschen Gesandten sein, und unsere
Nachbarn haben ihren Vorteil daraus zu ziehn lange schon verstanden. Eben
das ist Pedanterie, im Geringfügigen eigensinnig zu widerstreben und nicht
zu gewahren, daß uns daneben ein großer Gewinn entschlüpft.

Was Jacob Grimm hier beschreibt, scheint auf fast alle politischen Verhandlungen zu passen, über die in der Presse berichtet wird. In der Hauptsache hat man sich verständigt, doch dann fängt das Suchen nach dem Haar in der Suppe an und der inzwischen zur Routine gewordene Schrei nach «Nachbesserungen» wird laut. Kompromissfähigkeit scheint bei Deutschen Mangelware zu sein. Sie neigen zu einer Prinzipienreiterei, die den gesunden Menschenverstand außer Kraft setzt. Psychoanalytiker haben den deutschen Nationalcharakter oft als einen anal geprägten beschrieben. Menschen mit solcher Prägung wird eine Neigung zu Pedanterie und übermäßiger Sparsamkeit zugeschrieben. Sie gelten als typische Schreibtischtäter, die im Extremfall zu Zwangsneurosen und sadomasochistischen Deformationen tendieren. Ein solches Psychogramm passt sehr gut auf die willfährigen Handlanger der Nazis. Doch nach Freudscher Lehre entsteht eine anale Fixierung durch eine falsch gelaufene frühkindliche Entwicklung. Weshalb sollte aber bei den Deutschen ausgerechnet in dieser Phase etwas schief laufen? Plausibler ist es da schon anzunehmen, dass für ein Volk, das über viele Jahrhunderte hinweg keine stabile staatliche Ordnung kannte, die eine verlässliche Lebensplanung gestattete, nichts wichtiger ist als eben die «heilge Ordnung», die Schiller beschwört. Da heute die Ordnung auch für die Deutschen nichts Ersehntes mehr ist, sondern ein lästiger Zwang, breitet sich nun auch bei ihnen immer mehr Unordnung aus. So muss beispielsweise das Studium an deutschen Universitäten in den Augen von Ausländern als heillose Unordnung erscheinen, die sich unter anderem darin äußert, dass die in der Studienordnung festgelegten Regelstudienzeiten weit überschritten werden. Hatten die Deutschen früher nur die Karnevalszeit, um aus dem Korsett der Ordnung auszubrechen, so nutzen sie jetzt das ganze Jahr hindurch solche Ventile, seien es Demonstrationen, das Sprühen von Graffiti oder die Love Parade. Insgesamt sind die Deutschen zwar immer noch sehr auf Ordnung bedacht. Doch sie halten sich für ordentlicher, als sie tatsächlich sind.

Pünktlichkeit

Wie sehr wir Deutsche das pünktliche Einhalten von Terminen für selbstverständlich halten, merken wir in der Regel erst, wenn wir in einem Land sind, in dem man sich nicht auf Fahrpläne und sonstige Zeitangaben verlassen kann. Es handelt sich hier um eine der so genannten Sekundärtugenden, die nach Meinung linksliberaler Kritiker in Deutschland eine zu hohe Wertschätzung genießen. Doch auf Pünktlichkeit wollen auch sie nicht verzichten. Die Gründe für die Wertschätzung dürften die gleichen sein, deretwegen Ordnung für Deutsche sprichwörtlich «das halbe Leben» ist. Das Sprichwort hat eine gewisse Berechtigung, denn Ordnung spart Arbeit und damit Lebenszeit. Pünktlichkeit hilft noch weit mehr beim Zeitsparen. Im ökonomischen Wettbewerb sind die Sekundärtugenden wahrscheinlich wichtiger als eine gute Fachausbildung. Auf dem Gebiet der manuellen, technischen und wissenschaftlichen Kompetenz haben die miteinander konkurrierenden Nationen weitgehend gleichgezogen, zumindest ist es hier leicht, von den Vorreitern zu lernen. Anders verhält es sich mit den Sekundärtugenden, die aus der kulturellen Tradition aufgenommen und verinnerlicht werden. Hier hat Deutschland eine Trumpfkarte, die die hohen Löhne zum Teil kompensiert; denn die Mehrkosten, die den Betrieben durch die Löhne entstehen, werden durch effiziente Arbeitsorganisation zum Teil wieder wettgemacht. Wenn man eine Belegschaft hat, die pünktlich am Arbeitsort erscheint, und Zulieferer, die pünktlich die Bauteile liefern, kann man auch mit hohen Löhnen auf dem Weltmarkt mithalten. Die Ausbildung der Sekundärtugenden ist deshalb wohl kaum als Grundzug des deutschen Nationalcharakters anzusehen, sondern als das Ergebnis des Wettbewerbsdrucks. Einem Land ohne Bodenschätze und von mäßiger Fruchtbarkeit, das zudem noch verspätet in den industriellen Wettbewerb eingestiegen ist und sich deshalb nicht auf den Lorbeeren gesicherter Monopole ausruhen konnte, blieb gar nichts anderes übrig, als die genannten Handicaps durch Effizienz wettzumachen. Zu effizienter Arbeit gehört neben Gewissenhaftigkeit und Einsatzfreude, die beide weniger leicht zu kontrollieren sind, zuerst Pünktlichkeit. Sie lässt sich mit der Stechuhr messen.

Sauberkeit

Die Deutschen gelten als Sauberkeitsfetischisten. Dabei ist nicht einmal erwiesen, dass sie sauberer sind als andere Völker. Auf dem Gebiet der Körperhygiene werden sie von den Amerikanern weit übertroffen; und wer von Holland oder der Schweiz kommend die deutsche Grenze überquert, wird eher das Gefühl haben, aus einem sauberen in ein weniger sauberes Land zu kommen. Andererseits beklagen sich ausländische Touristen selten über Unsauberkeit, so dass man annehmen darf, dass Deutschland in puncto Sauberkeit wenn schon nicht Spitzenreiter ist, so doch zur Spitzengruppe gehört. Diese Einschränkung gilt aber nur für die Realität; im ideellen Wertekanon rangiert Sauberkeit bei den Deutschen weit oben, und das so sehr, dass ihnen das Wort ‹sauber› bei der Waschmittelreklame nicht genügt und zu ‹rein› gesteigert werden muss. Während Sauberkeit noch nahe am Materiellen ist, hat Reinheit eine spirituelle Aura, die sich auf große Bereiche des gesellschaftlichen Lebens erstreckt.

Wertschätzung von Reinheit ist kein spezifisch deutsches Phänomen. Moralische, sexuelle und religiöse Reinheitsvorstellungen gibt es überall, und bei Juden und Muslimen nehmen Reinigungsvorschriften weit größeren Raum ein als bei uns. Andererseits gibt es bei uns Reinheitsgebote, die im Ausland als typisch deutsch empfunden werden, so zum Beispiel das seit 500 Jahren bestehende Reinheitsgebot für Bier. Hier mag man noch an ein eher zufälliges Kulturphänomen denken, doch wenn man liest, wie die Deutschen zum Reinhalten ihrer Rasse bekehrt wurden, kommt einem der Verdacht, dass es sich um einen tiefer sitzenden Komplex handelt. Das deutsche Reinheitsverlangen, das sich in den Rassegesetzen zum Reinheitswahn steigerte, hat offenbar weniger mit der Entfernung von Schmutz als mit der Eliminierung des Fremden und Störenden zu tun. Das zeigt sich schon darin, dass der Entfernung von sichtbarem Schmutz im Haushalt mehr Bedeutung beigemessen wird als der von unsichtbarem am Körper. Zwar soll auch solcher Schmutz entfernt werden, doch zuerst und vor allem geht es um die Reinheit einer Sache im Sinne der Abwesenheit von allem Artfremden. Das zeigt sich zum Beispiel bei den deutschen Bemühungen um Sprachreinheit. Fremdwörter wird man wohl kaum als Schmutz ansehen, doch sie stören das Reinheitsempfinden deutscher Sprachschützer, die deshalb im Laufe der Jahrhunderte immer wieder versucht haben, ihre Sprache von solchen Eindringlingen zu reinigen. Die Angst vor Überfremdung durch das ‹Welsche›, wie man das Romanische, das heißt das Französische und Italienische nannte, und neuerdings auf sprachlichem Gebiet durch das Englische und auf kulturellem durch Amerika ist etwas, das sich durch die Kulturgeschichte Deutschlands wie ein roter Faden zieht. Wenn man sieht, wie die englische Sprache aus der Verschmelzung des Französischen mit dem Angelsächsischen hervorging und wie ungeniert sie heute noch fremde Elemente in sich einschmilzt, wirkt Sprachpurismus eher kontraproduktiv. Allerdings haben die Deutschen an dieser Reinhaltungsfront inzwischen die Waffen gestreckt und frönen nun umgekehrt einer regelrechten Anglisierungssucht. In allen übrigen Bereichen ist die Angst vor dem Fremden aber weiterhin stark.

Schaut man zum Vergleich auf England, so spielt dort Sauberkeit eine viel geringere Rolle. Deutsche Touristen klagen oft über die Unsauberkeit in Hotels und Privatunterkünften. Statt Sauberkeit hatte England im 19. Jahrhundert den moralischen Wert von *decency* auf den Schild gehoben, der sich vor allem auf die sexuelle Sphäre bezog. Über die Gründe für diesen eigentümlichen Unterschied kann man nur spekulieren, doch liegt die Vermutung nahe, dass die Deutschen die Reinheit im Sinne von Abwesenheit des Fremden deshalb so hoch schätzten, weil dadurch die innere Sicherheit des Gemeinwesens gestärkt wird. In England, wo Sicherheit wegen der geschützten Insellage kein Problem war, kam es vor allem darauf an, das Zusammenleben der Menschen zu regulieren. Dafür war *decency*, das heißt der Respekt vor der Intimsphäre der anderen, wichtiger. Beweisen lässt sich diese Erklärung nicht, eine gewisse Plausibilität spricht aber dafür. Wie viele unserer Urworte hat auch die Reinheitsvorstellung in der deutschen Dichtung oft eine poetische Überhöhung und Mystifizierung gefunden. Eine der bekanntesten Zeilen dürfte die folgende von Hölderlin sein: «Ein Rätsel ist Reinentsprungenes». Die besondere Finesse ist hier der Gleichklang mit ‹Rhein›, dem Namen des vaterländischsten deutschen Flusses, von dem das Gedicht handelt.

Dass die Deutschen ein sparsames Volk sind, hat sich in jüngster Zeit als ökonomisches Problem erwiesen. Da sie ihr Geld nicht ausgeben wollen, stagniert der Binnenmarkt, während der Export boomt. Immerhin hat sich an den Deutschen nicht wie an den Schotten der Vorwurf des Geizes festgesetzt. Geizig sind sie offensichtlich nicht. Die Statistik weist aus, dass sie bei internationalen Spendenaktionen zu den großzügigsten Gebern zählen. Trotzdem halten sie ihr Geld mehr beisammen als andere Völker. Einige Gründe dafür liegen auf der Hand. Die meisten heutigen Deutschen haben direkt oder indirekt die Nachkriegsnot und den weitgehenden Verlust ihrer Ersparnisse durch die Währungsreform erlebt, und sie kennen aus Erzählungen die plötzliche Verarmung, die nach dem Ersten Weltkrieg durch die Inflation verursacht wurde. Außerdem hatte Deutschland ökonomisch erst spät den Anschluss an die Industrielle Revolution in Westeuropa gefunden, so dass das gesamte Volk über Jahrhunderte hinweg gewohnt war Mangel zu leiden. Ein weiterer Grund für Sparsamkeit liegt darin, dass die Deutschen weniger als die romanischen Völker und die Amerikaner das betreiben, was der amerikanische Soziologe Thorsten Veblen *conspicuous consumption* nannte. Er verstand darunter einen unnötigen Konsum, der nur betrieben wird, um mit den Nachbarn mitzuhalten und sie zu beeindrucken. In Amerika stellt dies ein eigentümliches Paradox dar; denn einerseits verbietet die puritanische Ethik das Schwelgen in Luxus, andererseits kann man dadurch aber nach außen zeigen, dass man zu den von Gott Erwählten gehört. Aus diesem Zwiespalt ergab sich in Amerika eine Ethik, die auf der einen Seite zwar das Erwerbsstreben anspornte, auf der anderen Seite aber auch asketischen Verzicht forderte. Nach der bekannten These Max Webers war das Gebot zur «innerweltlichen Askese» ein wesentliches Motiv für die Ausbildung einer «protestantischen Wirtschaftsethik», die ihrerseits die kapitalistische Wirtschaftsform begünstigte; denn da der Profit nicht konsumiert werden durfte, wurde er reinvestiert, wodurch er sich weiter vermehrte. Das ließ riesige Vermögen entstehen, die anschließend oft in gemeinnützige Stiftungen übergingen. Im überwiegend lutherisch geprägten Deutschland war das Erwerbsstreben weniger stark ausgeprägt, und die Mildtätigkeit beschränkte sich auf private Spenden. Hier war es die Sparsamkeit, die als der Hauptquell für maßvollen Reichtum galt. «Wer den Pfennig nicht ehrt, ist des Talers nicht wert» gehört zu den Sprichwörtern, die Deutsche schon in frühester Kindheit lernen. Heute praktizieren sie Sparsamkeit auf vielen Gebieten. Bei Autos legen sie Wert auf geringen Benzinverbrauch, bei der Toilettenspülung bringen sie Spartasten an, und sie schalten das Licht aus, wenn sie einen Raum verlassen. Dabei sind sie allerdings nicht sonderlich konsequent; denn mit der Standby-Schaltung elektronischer Geräte gehen sie ähnlich verschwenderisch um wie andere Völker. Beim alltäglichen Einkauf achten sie jedoch sehr aufs Geld, was dazu führt, dass der Wettbewerb der Anbieter in Deutschland weit mehr als in den USA über den Preis statt über den Kundendienst geht. Der Hauptgrund der deutschen Sparsamkeit ist die selbst in Zeiten guter Konjunktur latent vorhandene Angst, dass es schlechter werden könne. «Spare in der Zeit, so hast du in der Not», heißt ein anderes Sprichwort, das Kinder ebenso früh lernen wie das oben genannte; und Not wittern die Deutschen selbst dann noch vor ihrer Haustür, wenn es ihnen gut geht. Erst recht macht ihnen in Zeiten der Wirtschaftsmisere die Angst vor der Armut zu schaffen, weshalb sie ihr Geld auf die hohe Kante legen, statt damit die Wirtschaft anzukurbeln. Nach wie vor zählt die deutsche Sparquote zu den höchsten der Welt. Die Angst bremst auch die deutsche Spekulationsbereitschaft. Während Amerikaner ihre Ersparnisse in Aktien investieren, weil sie im Spekulationsglück ein Zeichen für Erwähltheit sehen, ziehen Deutsche aus Angst vor dem Risiko die Sicherheit von festverzinslichen Papieren vor. Wie sehr sich die beiden Nationen in diesem Punkt unterscheiden, zeigt sich unter anderem in der Einschätzung des Glücksspiels. In amerikanischen Filmen kann man immer wieder professionelle Pokerspieler sehen, deren Erfolge als bewundernswerte Leistung dargestellt werden, während aus deutscher Sicht das Glücksspiel negativ gesehen und gewöhnlich als krankhafte Sucht gezeigt wird. Das Haben und Bewahren wird bei uns noch immer höher geschätzt als das Erwerben und Genießen.

Tüchtigkeit

‹Tüchtig› ist ein Wort, das sich schwer in andere Sprachen übersetzen lässt. *Langenscheidts Handwörterbuch Französisch* gibt dafür als Erstes eine Umschreibung an: *qui a toutes les qualités requises*, das heißt «jemand, der alle erforderlichen Qualitäten besitzt». Das *Große Schulwörterbuch Englisch* desselben Verlages verzichtet auf eine Umschreibung und nennt stattdessen eine Reihe von Bedeutungen wie *(cap)able, efficient, competent, qualified, clever, skilful, proficient, experienced, excellent*. Beide Einträge lassen vermuten, dass das deutsche Wort eine so umfangreiche oder komplexe Bedeutung hat, dass das Englische und Französische es in Einzelbedeutungen zerlegen muss. Etymologisch stammt ‹tüchtig› aus der gleichen Wurzel wie ‹taugen› und ‹Tugend›. Tüchtig ist jemand, der entsprechend der oben zitierten französischen Umschreibung für seine Aufgabe taugt; und dieses Taugen ist in deutschen Augen eine Tugend, es stellt einen ethischen Wert dar. In dieser Verbindung von Anerkennung einer objektiven Leistung mit einer impliziten ethischen Bewertung liegt bereits ein wesentlicher Unterschied zu den oben genannten englischen Wörtern, von denen keines – außer allenfalls dem letzten – den ethischen Unterton hat. Tüchtig bedeutet aber nicht nur objektive Leistungsfähigkeit und moralisch zu bewertende Leistungsbereitschaft, es evoziert darüber hinaus die Vorstellung einer Anstrengung, die mit der Leistung verbunden ist. *Efficient* ist jemand, der mit wenig Anstrengung maximale Leistung erzielt. *Clever* ist er, wenn ihm das fast ohne jede Anstrengung gelingt. *Competent, skilful* und *proficient* bedeutet, dass er gute Leistung erbringt, und *excellent* setzt voraus, dass die Leistung sehr gut bis ausgezeichnet ist. Keines dieser Wörter evoziert das Bild eines Menschen, dem der Schweiß auf der Stirn steht. Das deutsche Wort ‹tüchtig› aber tut genau dies. Ein tüchtiger Mensch ist kompetent, geschickt und fleißig, vor allem aber strengt er sich an und er schämt sich nicht des Schweißes auf seiner Stirn.

Die Briten hatten – wie Max Weber zeigte – in der Frühzeit des Puritanismus ebenfalls eine spartanisch anmutende Leistungsethik entwickelt, die vor allem in den USA weiterwirkte. Doch seit Ende des 18. Jahrhunderts wurde sie in England mit dem Aufkommen des Gentleman-Ideals von einer Haltungsethik verdrängt. Einen Gentleman erkennt man daran, dass er Leistung ohne erkennbare Anstrengung scheinbar mühelos erbringt. Diese Haltungsethik war der Code einer Gesellschaft, die ökonomisch an der Weltspitze marschierte. In einer solchen Situation konnte man die abgehängte Konkurrenz nicht mehr durch weitere Leistungssteigerung beeindrucken, sondern nur noch dadurch, dass man sich nicht anmerken ließ, wie anstrengend es ist an der Spitze zu stehen. Das ist der Kern des Gentleman-Ideals, das die englische Mittelschicht von der mit ihr verbündeten Gentry, dem niederen Adel, übernommen hat und das deshalb aristokratische Züge trägt.

Ganz anders war die Entwicklung in Deutschland. Zu Beginn des 19. Jahrhunderts standen die Deutschen ökonomisch ganz unten. Deshalb mussten sie eine Ethik entwickeln, die das Streben nach oben und die dafür erforderliche Anstrengung zur Tugend erklärt. Die deutsche Leistungsethik ist eine Tüchtigkeitsethik. Darin unterscheidet sie sich von der amerikanischen, die eine Erfolgsethik ist. Tüchtig ist in deutschen Augen auch der, der mit ehrlicher Anstrengung nicht viel mehr erreicht als seinen Lebensunterhalt zu bestreiten, während Amerikaner ihre uneingeschränkte Anerkennung erst dann zollen, wenn die Anstrengung von Erfolg gekrönt wird.

Dieser eigentümliche Unterschied könnte die auffällige deutsche Wettbewerbsscheu erklären. Anscheinend herrscht bei uns die latente Furcht, dass der Tüchtige, der sich durch seine Anstrengung ausreichend bestätigt sehen möchte, im Wettbewerb durch den größeren Erfolg eines ebenso tüchtigen, aber glücklicheren Konkurrenten abgewertet fühlen muss. Jedenfalls wird ein unbefangener Beobachter auch ohne statistische Erhebungen und sozialpsychologische Studien bemerken, dass in Deutschland eine viel stärkere Tendenz zum Erfolgsneid besteht als zum Beispiel in den USA. Das zeigt sich unter anderem in den deutschen Diskussionen um den Elitebegriff. Während Engländer, Franzosen und Amerikaner in Eliteuniversitäten etwas Positives sehen, stößt die Forderung danach in Deutschland auf massiven Widerstand. Selbst eine traditionelle Einrichtung zur Eliteförderung wie die Studienstiftung des deutschen Volkes wählt ihre Stipendiaten zwar nach dem Leistungsprinzip aus, fördert sie dann aber nach ihrer sozialen Bedürftigkeit, wodurch die Geförderten wieder in die Phalanx der Gleichen zurückgestuft werden. Auf eine latente Neidbereitschaft deutet auch die Geheimniskrämerei um das persönliche Einkommen hin. Während Amerikaner um ihren Verdienst nicht nur kein Geheimnis machen, sondern ihn voller Stolz verkünden, halten Deutsche damit hinterm Berg, als handle es sich um eine Intimsphäre. Da die allgemeinmenschliche Neigung zur Angeberei bei uns sicher nicht weniger ausgeprägt ist als bei anderen Völkern, lässt sich die Scheu, über das eigene Gehalt zu sprechen, wohl nur so erklären, dass man einerseits den Neid der anderen nicht wecken will und sich andererseits aber auch keiner Situation aussetzen möchte, in der man selber Neidgefühle entwickeln könnte. Wettbewerb ist etwas, das Chancengleichheit voraussetzt; und die ist nur in einer egalitären Gesellschaft gegeben. In einer hierarchischen Ordnung muss jeder Versuch, aus der Hierarchie auszubrechen und nach oben zu gelangen, als Verstoß gegen die Ordnung empfunden werden. Mit dem verspäteten Einsetzen der gesellschaftlichen Horizontalisierung in Deutschland werden wir uns später ausführlicher befassen. Im jetzigen Zusammenhang geht es nur um das Dilemma, in dem sich die Deutschen seit dem 19. Jahrhundert befanden. Zum einen drängte die ganze Nation nach oben, so dass jeder einzelne dies als Aufforderung zur Tüchtigkeit empfinden musste. Zum anderen wurde biedermeierliche Bescheidenheit als Tugend propagiert und hemdsärmeliger Aufstiegswille scheel angesehen. Dieser eigentümliche Widerspruch scheint bis heute nachzuwirken. Jedenfalls gewinnt man den Eindruck, dass bei vielen Deutschen noch immer die Neigung besteht, unter ihresgleichen die Erfolge anderer mit einer gewissen Neidbereitschaft wahrzunehmen, während sie begierig die Berichte über den Hochadel lesen, ohne diesem den ererbten Status zu missgönnen. Exemplarisch für diesen Zwiespalt ist das deutsche Beamtentum, das auf der einen Seite auf strikter Hierarchie beruht, auf der anderen Seite jedoch auf der jeweiligen Ebene wenig Wettbewerb zulässt. Erst seit kurzem versucht man, eine Besoldung nach Leistung einzuführen. Ob das schon bald zu mehr Konkurrenz führt, ist angesichts der historischen Prägung eher unwahrscheinlich.

Fleiß

Wenige Begriffe werden von Ausländern wie von Deutschen so spontan mit deutscher Mentalität assoziiert wie Fleiß. Dabei sind die Deutschen laut Statistik heute das faulste Volk der Welt. Sie arbeiten weniger Stunden im Jahr als alle anderen Völker um sie herum. Trotzdem gibt es unter ihnen nur wenige, die sich selber für nicht fleißig halten oder sich gar offen zu Müßiggang oder Faulheit bekennen. Die meisten sind so eingespannt, dass nicht Muße, sondern Stress der vorherrschende Eindruck ist. Schaut man zum Vergleich auf England und Amerika, so springen die Unterschiede unmittelbar ins Auge. Obgleich die Briten rund 200 Stunden im Jahr mehr arbeiten, halten die Deutschen sie für gemächliche Arbeiter, die ihre Teepausen höher schätzen als schweißtreibende Maloche. Sie übersehen dabei, dass die englische Haltungsethik es verbietet, sich Anstrengung anmerken zu lassen und über den Stress zu klagen. Amerikaner, die noch länger arbeiten als die Briten, dürfen zwar ihre Anstrengung zeigen, aber über den Stress nicht klagen, weil sie dann zugeben würden, dass sie der Aufgabe nicht gewachsen sind und damit Versager wären. Deshalb gehen sie bis an die Grenze ihrer Leistungsfähigkeit und zeigen nach außen ein fröhliches Gesicht, das sie erst fallen lassen, wenn sie auf der Couch eines Psychiaters landen.

Die amerikanische Arbeitsethik ist, wie schon gesagt, eine Erfolgsethik, da der Puritanismus irdischen Erfolg als Zeichen des Von-Gott-Erwähltseins deutet. Ganz anders die Deutschen. Sie haben sich inzwischen den Ruf erworben, die Weltmeister im Lamentieren zu sein. Das «Klagen auf hohem Niveau» gilt als eine deutsche Spezialität. Deutsche arbeiten hart, weil sie eine Tüchtigkeitsethik verinnerlicht haben, die den Schweiß auf der Stirn als Ehrenzeichen ausweist; und sie dürfen ungeniert über den Stress klagen, weil damit das Schweißtreibende ihres Tuns bestätigt wird. Daraus ergibt sich eine sonderbare Ambivalenz. Sie empfinden es als moralische Pflicht, fleißig zu sein, weil die deutsche Tüchtigkeitsethik angestrengtes Arbeiten zur Tugend erklärt. Gleichzeitig halten sie Arbeit aber für Mühsal, über die man sich beklagen darf; denn nicht der Erfolg, sondern die Anstrengung heiligt die Arbeit, und das Klagen streicht die Anstrengung nur noch deutlicher heraus. Wer nicht arbeitet, hat keinen Grund, über Anstrengung zu klagen. Dafür bietet dann die Arbeitslosigkeit Grund zum Klagen. Die spezifischen Probleme des deutschen Arbeitsmarkts dürften zu einem nicht geringen Teil mit diesem Aspekt der deutschen Mentalität zusammenhängen. Wenn – wie es in Amerika der Fall ist – das Klagen als Eingeständnis des Versagens angesehen wird, wird jeder, der seinen Job verliert, das nicht beklagen, sondern alles daran setzen, einen neuen zu finden. Wo aber das Klagen als Indiz für Anstrengung angesehen wird, werden die Menschen erst einmal ihre Arbeitslosigkeit nachdrücklich beklagen, ehe sie sich um einen neuen Job bemühen.

Gegenwärtig lässt sich in Deutschland eine bedenkliche Entwicklung beobachten. Der größere Teil der Bevölkerung wird durch den Wettbewerb gezwungen, sich immer mehr anzustrengen und dabei an die Grenze der eigenen Leistungsfähigkeit zu gehen, während auf der anderen Seite ein kleiner, aber – wie es scheint – wachsender Teil vor der Anstrengung zurückscheut und sich in Klagen ergeht. Als gleich nach dem Krieg alle Deutschen vor den Trümmern ihres zerstörten Landes standen, konnte sich der deutsche Fleiß und die Entschlossenheit zur Anstrengung ungehemmt entfalten, wodurch innerhalb eines Jahrzehnts das deutsche Wirtschaftswunder zustande kam. Anders war die Situation nach der Vereinigung. Jetzt war das Land ökonomisch geteilt, was eine Aufspaltung in Leistungserbringer und Jammerer begünstigte. Die überwältigende Mehrheit der Deutschen will auch heute noch fleißig sein, weil sie die Wertschätzung des Fleißes verinnerlicht hat. Untätigkeit als Muße zu genießen, bringen die wenigsten fertig. Wer aber keine Gelegenheit hat seinen Fleiß zu zeigen, für den ist die Versuchung groß, sich mehr in Klagen zu ergehen als sich um Arbeit zu bemühen. Es muss aber ausdrücklich hinzugefügt werden, dass immer nur eine kleine Minderheit diesen Ausweg wählt. Den Fleiß der vielen wird das Jammern der wenigen nicht beeinträchtigen. Ein weit größeres Problem ist das deutsche Sicherheitsstreben, das den Kündigungsschutz zu einem Hindernis für den Arbeitswillen der Fleißigen werden ließ. Die Angst vor Veränderung, die dem deutschen Unternehmungsgeist entgegensteht, wird Gegenstand des Schlusskapitels dieses Buches sein.

Ernsthaftigkeit

Die Deutschen gelten nicht nur im Ausland als ein ernster Menschenschlag, sie halten sich auch selber ihre Ernsthaftigkeit zugute. Deutsche Studenten und Akademiker, die an englischen Universitäten studieren bzw. lehren, äußern sich oft enttäuscht darüber, dass man mit Engländern keine ernsthaften Gespräche führen könne. Bei denen versande alles in nichtssagendem Smalltalk. Dieser Unterschied muss nicht notwendig etwas mit größerer Ernsthaftigkeit auf Seiten der Deutschen zu tun haben. Es könnte auch einfach daher rühren, dass sich in Deutschland mangels einer normsetzenden Hauptstadt keine Konversationskultur ausgebildet hat. Für Engländer, Amerikaner und Franzosen ist ein allgemeines Gespräch etwas grundsätzlich anderes als eine Diskussion. In geselliger Runde ist es vor allem bei Engländern verpönt, eine ernsthafte Diskussion anzufangen. Man darf über das Wetter, den Sport und unterhaltsame Alltagserfahrungen reden, doch Politik, Fachsimpelei und leidenschaftliche Debatten jeglicher Art sind tabu. Deutsche lassen sich nur allzu gern in solche Meinungsgefechte hineinziehen, weil für sie kein qualitativer Unterschied zwischen einer allgemeinen Tischrunde und einem Arbeitsessen mit Kollegen besteht. Deshalb kommt es oft vor, dass sie, ungewollt und ohne es zu merken, ihren englischen Gesprächspartnern auf die Nerven gehen. Amerikaner sind da toleranter, weil sie wenig Hemmungen haben, ihre Unwissenheit zuzugeben, so dass sie den redseligen und vielleicht etwas oberlehrerhaften Deutschen als Informationsquelle benutzen. Das insistierende und in den Augen von Ausländern penetrante Gesprächsverhalten der Deutschen muss, wie gesagt, nicht notwendig etwas mit Ernsthaftigkeit zu tun haben, es kann einfach nur fehlende Konversationskultur sein. Ein anderes Indiz für größere Ernsthaftigkeit sind die abweisenden Mienen, denen Ausländer im deutschen Straßenbild begegnen. Während vor allem Amerikaner gewohnt sind, jeden Blickkontakt mit einem Lächeln zu erwidern, bleiben deutsche Gesichter meist unbewegt, so dass der Gesamteindruck ernst, wenn nicht mürrisch ist. Seit die Deutschen sich ihrer Tendenz zum «Jammern auf hohem Niveau» bewusst geworden sind und öffentlich darüber diskutieren, nehmen sie ihren Mangel an offener Freundlichkeit – der nicht notwendig Unfreundlichkeit bedeuten muss – mehr und mehr selber wahr. Schon seit Jahren ist eine deutliche Zunahme der Freundlichkeit im Einzelhandel und bei Behörden zu beobachten. Auch die ernsten Mienen müssen nicht unbedingt aus einer ernsten Grundhaltung herrühren. Sie könnten auch mit der entschiedeneren Abgrenzung des Privaten zu tun haben, auf die im Zusammenhang mit Heimat und Gemütlichkeit eingegangen wurde. Eindeutig ernster sind die Deutschen allerdings auf kulturellem Gebiet. Hier wurden und werden sie noch heute durch Erziehung so konditioniert, dass sie schwierige Kunst und problemhaltige Literatur automatisch für höherwertig halten. Schon die in der Musikbranche übliche Unterscheidung zwischen E und U, zwischen Ernst und Unterhaltung, weist in diese Richtung. Wer über ernste Dinge witzig redet oder mit leichter Feder schreibt, setzt hierzulande seine Reputation aufs Spiel und riskiert, nicht ernst genommen zu werden. Der Makel des Unernstes war das, was Heinrich Heine in den Augen deutscher Kritiker so verdächtig machte, dass sie ihm nie den Rang zubilligten, den er in den Augen des Auslands hat.

Was mag der Grund für dieses Bestehen auf Ernsthaftigkeit sein? Vielleicht liegt er darin, dass ein Volk, das sich jahrhundertelang vergeblich nach nationaler Einheit und politischer Stabilität sehnte, eher zur Ernsthaftigkeit neigen wird als ein Volk, das wie die Briten in gesicherten Verhältnissen lebt. Dieser Aspekt wird bei der Betrachtung des deutschen Humors wichtig sein. Dort – und mehrfach an anderer Stelle – findet sich auch eine zweite Erklärung, nämlich die, dass in einer stärker vertikal ausgerichteten Gesellschaft Respekt für die Höherstehenden und das Respektiertwerden von denen darunter eine größere Rolle spielen als in horizontalisierten Gesellschaften. Wo man weder Respekt zu erweisen hat noch befürchten muss, das Gesicht zu verlieren, kann man sich Unernst eher leisten als da, wo die Sicherung der sozialen Position mit der Wahrung des Gesichts zusammenhängt. Die Erfahrung von Kriegen, Inflationen und politischen Kalamitäten kann jedenfalls kein ausreichender Grund für Ernsthaftigkeit sein; sonst müssten die Juden das ernsteste Volk der Welt sein – und gerade sie sind bekannt für ihren Galgenhumor.

Gründlichkeit

Gründlichkeit ist so typisch deutsch, dass die Deutschen selber von «deutscher Gründlichkeit» sprechen, was sich allerdings zuweilen auf Dinge bezieht, die nicht so gründlich hätten durchgeführt werden sollen. Am makabersten ist die Aussage, dass der Antisemitismus in Deutschland nur deshalb zur systematischen Judenvernichtung führen konnte, weil die Deutschen ihn mit deutscher Gründlichkeit betrieben hätten. Im 19. Jahrhundert hatte ‹Gründlichkeit› noch eine andere Bedeutung als bloß konsequente Verwirklichung eines Prinzips. Wenn Eichendorff sagt: «Die deutsche Nation ist die gründlichste, innerlichste, folglich auch beschaulichste unter den europäischen Nationen», dann geht schon aus der Koppelung mit «innerlich» und «beschaulich» hervor, dass mit ‹gründlich› nicht die Radikalität der vollständigen Realisierung eines Plans gemeint sein kann. Vielmehr ist es eine Radikalität im ursprünglichen Sinn des lateinischen Wortes *radix*, ‹Wurzel›. Als gründlich empfanden sich die Deutschen im 19. Jahrhundert, weil ihre Dichter und Denker bestrebt waren, den Dingen auf den Grund zu gehen. Die geistige Tiefgründelei, gepaart mit dem Gebot der Ernsthaftigkeit, ging schließlich im Sinne von ‹Perfektionismus› in die deutsche Arbeitsethik ein. Noch heute sind die Deutschen stolz auf ihre Gründlichkeit. Was sie tun, soll aus einem festen Grund hervorgehen. So wie alle Gesetze auf dem Grundgesetz und Einzelverträge auf einem Grundlagenvertrag beruhen sollen, so neigen sie in allem zum Grundlegenden und Grundsätzlichen.

Gründlichkeit wollen natürlich auch Engländer, Amerikaner und Franzosen. Doch sie scheinen viel eher bereit zu sein, erst einmal mit kleinen Schritten zu beginnen, während die Deutschen der Sache immer erst auf den Grund gehen wollen und deshalb erst spät oder gar nicht zur Tat kommen. Karl Poppers Prinzip des *piecemeal engineering*, wie er das Voranschreiten in kleinen Schritten nennt, entspricht der englischen Mentalität, doch nicht der deutschen. Wir neigen dazu, den ersten Schritt erst dann zu tun, wenn das Ganze gründlich durchdacht ist. Das entspricht einem Sicherheitsdenken, das sich über Jahrhunderte hinweg ausgebildet hat.

Pflicht

Pflicht! Du erhabener, großer Name, der du nichts Beliebtes, was Einschmeichelung bei sich führt, in dir fassest, sondern Unterwerfung verlangst, doch auch nichts drohst, was natürliche Abneigung im Gemüt erregte und schreckte, um den Willen zu bewegen, sondern bloß ein Gesetz aufstellst, welches von selbst im Gemüt Eingang findet und durch sich selbst wider Willen Verehrung (wenn gleich nicht immer Befolgung) erwirbt, vor dem alle Neigungen verstummen, wenn sie gleich insgeheim ihm entgegenwirken: welches ist der deiner würdige Ursprung, und wo findet man die Wurzel deiner edlen Abkunft, welche Verwandtschaft mit Neigung stolz ausschlägt, und von welcher Wurzel abzustammen, die unnachläßliche Bedingung desjenigen Werts ist, den sich Menschen allein selbst geben können?

Nirgendwo sonst in seinem umfangreichen Werk hat Kant sich zu so poetischem Pathos hinreißen lassen wie in dieser «Apotheose der Pflicht», dem Herzstück seiner *Kritik der praktischen Vernunft*; und niemand zuvor und danach hat die Pflicht so entschieden ins Zentrum der Ethik gerückt wie er. Kant lässt nur das als ethisch gut gelten, was der Mensch im Bewusstsein der Pflicht tut. Täte er das Gleiche aus einem spontanen Gefühl heraus, wäre es Befriedigung einer Neigung und folglich unethisch. Sein «Kategorischer Imperativ» lautet: «Handle so, daß die Maxime deines Willens jederzeit zugleich als Prinzip einer allgemeinen Gesetzgebung gelten könne». Schiller wollte den ihm unmenschlich erscheinenden Kantischen Rigorismus dadurch aufweichen, dass er für eine «ästhetische Erziehung» plädierte, die den Menschen dazu bringen sollte, aus Neigung zu wollen, was die Vernunft befiehlt. Doch am Kategorischen Imperativ hielt auch er fest. Obwohl nur wenige Deutsche Kant gelesen hatten, spielte die Pflicht seitdem eine extrem große Rolle im deutschen Erziehungswesen, in der Beamtenschaft und im Militär. Am fatalsten erwies sich dieses Ethos im Dritten Reich, als viele Gegner Hitlers aus Pflichtbewusstsein nicht bereit waren, ihren Treueid auf den Führer zu brechen. Zweifellos messen auch alle anderen Völker der Pflicht hohe Bedeutung bei. So lernen englische Schüler den Satz, mit dem Admiral Nelson seine Seeleute bei der Schlacht von Trafalgar anfeuerte: «England erwartet, dass jeder Mann seine Pflicht tue!» Doch Engländer, Amerikaner und wohl auch Franzosen vertrauten immer auf den moralischen Kompass, den jeder Mensch in seinem Innern hat: das Gewissen. Und dieses Gewissen wurde nicht als ein Bewusstsein von rationalen Gesetzen, sondern als ein intuitives Gefühl für das von Fall zu Fall Richtige verstanden. «Tu die Pflicht, die dir am nächsten liegt», schreibt Carlyle in Anführungszeichen, weil er es als tradierten Grundsatz zitiert, und er fährt fort: «von der du weißt, dass es Pflicht ist! Deine zweite Pflicht wird dann schon klarer geworden sein.» Dass die Deutschen einen abstrakteren Pflichtbegriff verinnerlichten, hängt vermutlich damit zusammen, dass hier der Staat, vor allem der preußische, sich ganz im Sinne Hegels als Repräsentant des moralischen

Gesetzes auf Erden verstand. «Preußisches Pflichtgefühl» ist noch heute eine stehende Redewendung der Deutschen und das Wort Pflicht hat bei uns immer noch eine größere Aura als anderswo, da es lange Zeit als etwas verinnerlicht wurde, was man Vater Staat und dem durch ihn verkörperten Moralgesetz schuldet. Die Deutschen mögen ihre Pflichten genauso oft verletzen oder vernachlässigen wie die Bürger anderer Staaten, das ändert nichts daran, dass Pflicht in ihrem verinnerlichten Wertesystem etwas Objektiveres ist als das spontane Gefühl für das von Fall zu Fall Richtige, wie es Carlyle beschreibt. Ein solcher Pflichtbegriff ist, wie sich leider gezeigt hat, leicht zu instrumentalisieren, weil er sich der individuellen Kritik entzieht und damit jener Aufklärung entgegensteht, für die Kant so vehement eintrat. Lange Zeit wiegten sich die Deutschen im Glauben, dass ihre Staatsdiener dank ihrem verinnerlichten Pflichtbewusstsein weitgehend immun gegen Korruption seien. Aus dieser Illusion wurden sie in letzter Zeit durch immer neue Korruptionsfälle geweckt. Für viele war es der größte Schock zu erfahren, dass Ex-Bundeskanzler Kohl sich im Parteispendenskandal stärker an sein persönliches Ehrenwort gegenüber den Spendern als an seine Pflicht gegenüber dem Staat gebunden fühlte; und am schockierendsten war, dass er dies im Brustton der Überzeugung tat.

Treu' und Redlichkeit

Üb immer Treu und Redlichkeit
Bis an dein kühles Grab,
Und weiche keinen Finger breit
Von Gottes Wegen ab.

Deutsche, die von einem Glockenspiel oder einer Spieluhr die dafür gern gewählte Melodie von Papagenos Lied «Ein Mädchen oder Weibchen» aus Mozarts *Zauberflöte* hören, werden dabei in aller Regel nicht an die Worte Papagenos denken, sondern an die oben abgedruckten Verse von Ludwig Hölty, die auf die Melodie gesungen werden. Als an den Schulen noch Volkslieder gesungen wurden, kannte es jeder. Die Begriffe Treue und Redlichkeit sind ein Zwillingspaar, das die Deutschen adoptiert haben. Früher war oft von ‹deutscher Treue› die Rede, als sei sie qualitativ etwas anderes als die

Treue anderer Nationen. Als Gipfel deutscher Treue galt die Nibelungentreue, die der Reichskanzler Bernhard von Bülow in einer
Rede vom 29. März 1909 vor dem Reichstag beschwor, als er der
Bündnistreue des Reichs gegenüber Österreich Nachdruck verlei-
hen wollte. Der Begriff ist, zumal in Kenntnis der späteren Geschichte, von makabrer Ironie; denn im *Nibelungenlied* beweist zuerst Hagen seine Treue gegenüber seinem König dadurch, dass er
dessen Ehre durch die heimtückische Ermordung Siegfrieds rächt,
und später beweisen alle Gefolgsleute des Königs ihre Treue, indem
sie mit ihm in den Tod gehen. Treue ist ein Wert, der in allen Gesellschaften hochgehalten wird. Dass die Deutschen ihn im Sinne der
mittelalterlichen Vasallentreue für sich reklamieren, ist eines der vielen Indizien dafür, dass hier der bürgerliche Horizontalisierungsprozess noch nicht so weit fortgeschritten war wie in den anderen
westlichen Nationen. Wie sehr das deutsche Denken noch im
20. Jahrhundert durch diese feudalistisch-vorliberale Haltung geprägt war, lässt sich an der Nibelungentreue ablesen, mit der Hitlers
Gefolgsleute sich bis zum Ende hinter ihren Führer scharten.

Auch der zweite Begriff des Zwillingspaars hat einen solchen
rückwärtsgewandten Unterton. Neben Höltys Strophe wird ein anderer Satz ebenso häufig zitiert: «Bleibe im Land und nähre dich
redlich». Er stammt aus dem 37. Psalm und wurde unzähligen jungen
Menschen vorgehalten, die ihr Glück in Amerika oder anderswo
versuchen wollten. Redlichkeit bedeutet nicht nur Ehrlichkeit, die
überall als Tugend gefordert wird, sondern impliziert immer auch
einen Schuss von Biedersinn und bodenständiger Bescheidenheit.
Genau dies entspricht einer Haltung, die im 18. und erst recht im
19. Jahrhundert als deutsche Tugend gepriesen wurde. Während Engländer die Ehrlichkeit des mit aller Welt Handel treibenden Kauf-
manns und Amerikaner den Unternehmungsgeist der Pioniere prie-
sen, lobten die Deutschen die redliche Selbstbescheidung, wobei das
Wort redlich nichts Passives ausdrückt, sondern ein Streben nach
dem Guten impliziert. Nur sollte das redliche Bemühen aus Hei-
matverbundenheit herauswachsen.

Es ist von makabrer Ironie, dass das oben zitierte Lied vom Glockenspiel der Potsdamer Garnisonkirche herab ertönte, als Hitler
dort zwei Tage vor der Selbstabschaffung des Reichstags durch das
Ermächtigungsgesetz am 21. März 1933 ein Musterbeispiel für Treu-
losigkeit und Unredlichkeit inszenierte. Er traf sich dort mit dem

Reichspräsidenten Hindenburg, um seine Treue zu den deutschen Traditionen öffentlich zu bekunden, die er zwei Tage später in den Orkus schickte. Im naiven Vertrauen auf eine von Hitler mündlich zugesagte Änderung des Gesetzes und darauf, dass die Ermächtigung auf vier Jahre befristet sein sollte, gab das Zentrum seine Zustimmung, ohne die die verfassungsändernde Zweidrittel-Mehrheit nicht zustande gekommen wäre. Grausamer hätte die Wahnhaftigkeit des deutschen Glaubens an Treu' und Redlichkeit nicht entlarvt werden können. Vollends ad absurdum wurde der Glaube im Jahre 1944 geführt, als die Verschwörer des 20. Juli zuerst Mühe hatten, sich von ihrem eigenen Treueid gegenüber dem verbrecherischen Führer loszureißen und dann scheiterten, weil die Mehrheit der militärischen Führung zu diesem Schritt nicht bereit war.

Etymologisch scheint ‹Treue› der gleichen Wurzel zu entstammen wie das indogermanische Wort für ‹Baum›, das sich im englischen *tree* erhalten hat. ‹Treu› würde demnach so viel bedeuten wie ‹kernholzartig fest›. Das könnte erklären, weshalb die Deutschen nicht nur die Treue zu ihrer Tugend, sondern auch die Eiche zu ihrem Baum erklärten.

Schutz und Trutz

> Deutschland, Deutschland über alles,
> Über alles in der Welt,
> Wenn es stets zu Schutz und Trutze
> Brüderlich zusammenhält

Dieser Anfang der ersten Strophe des Deutschlandliedes dürfte die einzige Textzeile sein, die einem Deutschen einfällt, wenn er das Wort ‹Trutz› hört. Etymologisch ist es identisch mit Trotz. Während dieses Wort aber negativ besetzt ist, weil es an trotzige Kinder erinnert, ist Trutz eindeutig positiv. Man assoziiert damit mutige Ritter, die sich auf ihrer Trutzburg verteidigen. Es ist der Geist, der aus Luthers Trutzlied «Ein feste Burg ist unser Gott» spricht, obwohl das Wort darin gar nicht vorkommt. Wer trotzig aufbegehrt, handelt aus Verstocktheit, wer es trutzig tut, verteidigt sein gutes Recht. Dass es sich hier um ein deutsches Urwort handelt, geht schon daraus hervor, dass es fast nur in Zusammenhängen verwendet wird, die mit spezifisch deutschen Wertvorstellungen zu tun haben und meist einen nationalistischen Unterton haben, wie z. B. im Namen des Deutschvölkischen Schutz- und Trutzbundes, der von 1918 an der braunen Saat den Boden bereitete.

Hätte man gebildete Deutsche vor dem Krieg nach einer Illustration von Trutz gefragt, so hätte man mit hoher Wahrscheinlichkeit als Antwort bekommen: Dürers *Ritter, Tod und Teufel* (Abb. 5). Dieser Kupferstich fand sich in beinahe jedem Lesebuch. In ihm drückt sich die gleiche Haltung aus wie in Luthers Choral, in dem der gläubige Christ in der «festen Burg» seines Gottes dem «altbösen Feind» trutzt. Einen anderen Feind hatten die Nordseeanrainer in Dithmarschen zu fürchten, den «blanken Hans», wie sie die aufgewühlte Nordsee nannten. Und auch da wurde das Wort zum Schlachtruf, wie dem Gedicht von Detlev von Liliencron zu entnehmen ist, das den Titel «Trutz, blanke Hans!» trägt und vom Untergang der Stadt Rungholt handelt, die von der Nordsee verschlungen wurde. Das Gefühl des Bedrohtseins und das Ethos des trutzigen Sich-zur-Wehr-Setzens ist ein emotionaler Komplex, der die deutsche Kultur wie ein Leitmotiv durchzieht.

Innigkeit

Eine besonders enge Verbindung nennt man im Deutschen innig. Doch anders als ‹eng›, das eine bloß lokale Nähe bezeichnet, kommt in dem Wort ‹innig› die Wärme einer persönlichen Beziehung zum Ausdruck. Auch wenn es durch Wendungen wie ‹heiß und innig lieben› stark abgenutzt ist, hat es immer noch diesen emotionalen Gehalt. In der deutschen Kulturtradition taucht ‹innig› – oft in der intensivierenden Form ‹inniglich› – in Bedeutungsfeldern auf, die mit anderen ‹Urworten› wie zum Beispiel ‹Einfalt› oder ‹Sehnsucht› zusammenhängen. So finden sich im *Cherubinischen Wandersmann* von Angelus Silesius die folgenden Verse:

Denk doch, was Demut ist! Seht doch, was Einfalt kann!
Die Hirten schauen Gott am allerersten an.
Der sieht Gott nimmermehr, noch dort, noch hier auf Erden,
Der nicht ganz inniglich begehrt ein Hirt zu werden.

Abb. 5: Albrecht Dürer, *Ritter, Tod und Teufel* (1513).
Das deutsche Ideal trutzigen Rittertums.

Innigkeit ist eine Qualität rückhaltloser Hingabe, wie sie dem einfältigen Herzen, der frommen Seele und dem arglosen Gemüt entspringt. Alles dies sind Vorstellungen, denen man in der deutschen Dichtung, Kunst und Musik auf Schritt und Tritt begegnet; denn wo man sich in inniger Liebe hingeben kann, findet man jene Geborgenheit, nach der sich die deutsche Seele am meisten sehnt.

Dass das Wort trotz seines emotionalen Gewichts verhältnismäßig selten in der deutschen Lyrik auftaucht, hat seinen Grund darin, dass die Lyrik selber – wie auch die Musik und Teile der Malerei – Innigkeit anstrebt. Sie will unmittelbar und nicht durch den Intellekt gefiltert aus der Seele sprechen. Während die englische, französische, italienische und spanische Lyrik schon wegen der dort gepflegten Sonettdichtung viel stärker intellektualisiert war, strebte die deutsche von der Goethezeit bis weit ins 20. Jahrhundert nach Unmittelbarkeit und damit nach Innigkeit des Ausdrucks, weshalb ihre bevorzugte Form die Volksliedstrophe war.

Mit dem Bedeutungsfeld von ‹innig› hängen weitere Wörter eng zusammen, die man ebenfalls zu den deutschen Urworten zählen müsste, wenn sie nicht inzwischen wegen ihres ‹treudeutschen› Charakters aus der Alltagssprache verschwunden wären und nur noch in der überlieferten Poesie anzutreffen sind. Zwei der Gefühlvollsten sind ‹traulich› und ‹hold›. Diese beiden finden sich in einem Gedicht, das vielleicht das innigste in deutscher Sprache ist: das «Abendlied» von Matthias Claudius. Dort lautet die zweite Strophe:

> Wie ist die Welt so stille
> Und in der Dämmrung Hülle
> So traulich und so hold,
> Als eine stille Kammer,
> Wo ihr des Tages Jammer
> Verschlafen und vergessen sollt.

Innigkeit ist ein Grundzug der gesamten deutschen Kultur. Bei der Betrachtung der deutschen Kunst wird sich zeigen, wie schon bei den deutschen Renaissancemalern eine Tendenz zum Intimen bis hin zum Naiven zu beobachten ist. In den Kirchenliedern der Protestanten, vor allem aus der Zeit des Pietismus, nimmt das Innige weiter zu. Die von den Romantikern gehobenen Schätze der Volkslieder und Volksmärchen verstärkten diesen Zug, der schließlich in den Kunstliedern der romantischen Komponisten seine deutscheste Ausprägung fand. Im 19. Jahrhundert übernahm es dann der Gemütlichkeitskitsch, das deutsche Verlangen nach Innigkeit zu befriedigen.

Für die heutigen Deutschen ist Innigkeit kein emotionales Bedürfnis mehr. Sie wollen eher das Gegenteil, nämlich das, was sie mit dem englischen Wort *cool* bezeichnen. Seit die Jugend nach 1968 das allgemeine Duzen eingeführt hatte, verschwand die Notwendigkeit, den Bereich des intimen ‹Du› von dem des förmlichen ‹Sie› abzugrenzen. Stattdessen wurde es wichtig, sich durch ein ‹cooles› Verhalten gegen allzu große Nähe der Mitmenschen zu schützen. Selbst im Kitsch, der weiterhin reichlich konsumiert wird, ist die Sentimentalität des allzu Innigen weitgehend verschwunden. Die Kitschgefühle, die heute nachgefragt werden, haben mehr mit Erfolg, sozialem Status und sexueller Befriedigung als mit inniger Seelenverbindung zu tun.

Einfalt

Für uns heutige Deutsche ist Einfalt gleichbedeutend mit Einfältigkeit, worunter wir gutmütige Torheit verstehen. In der deutschen Kulturtradition hatte das erste Wort aber lange Zeit eine eindeutig positive Bedeutung. So brachte zum Beispiel Johann Joachim Winckelmann das Wesen der antiken Kunst auf die berühmte Formel «edle Einfalt, stille Größe». Ein oft in Anthologien verbreitetes Gedicht von Clemens Brentano beginnt so:

> Was reif in diesen Zeilen steht,
> Was lächelnd winkt und sinnend fleht,
> Das soll kein Kind betrüben,
> Die Einfalt hat es ausgesät,
> Die Schwermut hat hindurchgeweht,
> Die Sehnsucht hat's getrieben.

Hier wird ‹Einfalt› mit zwei anderen deutsche Urworten verknüpft, die anschließend betrachtet werden sollen; und alle drei werden mit Begriffen wie ‹Kind›, ‹sinnen› und ‹flehen› in ein Bedeutungsfeld gestellt, das für die deutsche Dichtung charakteristisch ist. Einfalt im

Sinne von kindlicher Reinheit ist eine Wertvorstellung, die schon in der deutschen Barockliteratur anzutreffen ist. Der abenteuerliche Simplicissimus von Grimmelshausen wird bereits durch seinen Namen als ein einfältiger Mensch charakterisiert, obgleich er alles andere als ein Einfaltspinsel ist. Einfalt bedeutet in der deutschen Dichtung unverbildete Herzensgüte, moralische Lauterkeit und natürliche Frömmigkeit ohne konfessionelle Rechthaberei und Fanatismus. Die Deutschen, die sich mangels einer urbanen Kultur den weltläufigen Franzosen, Italienern und Engländern immer ein wenig unterlegen fühlten, machten aus der Not eine Tugend und nahmen gerade diesen Mangel als moralischen Vorzug für sich in Anspruch. Während sie die Weltläufigkeit der ‹Welschen›, wie sie die Romanen nannten, als etwas moralisch Fragwürdiges, bloß Aufgesetztes und Unaufrichtiges beargwöhnten, sahen sie in der Arglosigkeit der deutschen Einfalt die moralisch höherwertige Eigenschaft. Vom Simplicissimus bis heute spielt die Vorstellung von unverbildeter Naivität, kindlicher Unschuld und Natürlichkeit im deutschen Wertesystem eine deutlich größere Rolle als bei Romanen und Briten, obgleich die Engländer in ihrem Dichter William Wordsworth geradezu einen Propheten der Einfalt hatten. Doch auf die spätere englische Dichtung wirkte sein Vorbild viel weniger als der urbane Konversationston von Robert Browning und der Ästhetizismus von John Keats, während die deutsche Lyrik bis in die Moderne an der Volksliedstrophe festhielt, die schon in ihrem Sprechduktus etwas Naives hat. Anders sieht es in Amerika aus. Für das amerikanische Bewusstsein ist das Kind eine moralische Autorität, wovon man sich an Hand unzähliger Filme überzeugen kann, in denen sich Väter vor ihren Kindern rechtfertigen müssen. Amerika, das – wie Geoffrey Gorer es ausdrückte – den europäischen Vater verwarf, hat sich seitdem stets in der Rolle des gerechten Kindes gefühlt. Aber es ist eben das gerechte und damit das richtende und nicht das einfältige Kind, das für die deutsche Kultur so typisch ist. Wer am Fortwirken der romantischen Einfalt, wie sie aus dem Gedicht Brentanos spricht, Zweifel hegt, braucht nur einmal das bildhauerische Werk Ernst Barlachs vor dem geistigen Auge Revue passieren zu lassen. Eine deutlichere und zugleich deutschere Darstellung von Einfalt lässt sich kaum denken.

Es mutet paradox an, dass Einfalt oft in einem hoch artifiziellen Stil dargestellt wird. So hat z. B. Kleist in seinem berühmten Aufsatz

«Über das Marionettentheater» über den Verlust und den möglichen
Wiedergewinn jener Unschuld nachgedacht, der er im *Käthchen von
Heilbronn* beispielhaften Ausdruck gab. Käthchen ist die einfältigste
Figur der gesamten deutschen Literatur, doch sie wird in einer hoch
komplexen Sprache präsentiert. Auch Wagners *Parsifal* ist der einfältige Held einer der musikalisch komplexesten Opern. In Jean Pauls
komplexen Romanen wimmelt es geradezu von einfältigen Menschen. Man könnte fast vermuten, dass die deutschen Dichter und
Künstler im Sinne des Kleistschen Marionettengleichnisses – und
übrigens auch im Sinne der Hegelschen Dialektik – danach strebten,
die verlorene Unschuld des ersten Paradieses dadurch wiederzuge-
winnen, dass sie den ganzen Weg der komplexen Bewusstwerdung
durchschritten, um so ins neue Paradies zu gelangen.

Weltschmerz

Alle Eigenschaften, die den besonderen Charakter der Deutschen ausma-
chen – das *Streben*, die *Organisation*, die *Reinheit*, der *Fleiß*, der *Idealismus*,
die *Ordnung*, die *Treue*, die *Ernsthaftigkeit* und andere – sind in irgendeiner
Weise durchdrungen von einer unbestimmbaren Melancholie.

Mit diesen Worten beginnt Bernard Nuss ein Kapitel, das mit «Der
Weltschmerz» überschrieben ist. Weltschmerz ist ein Wort, das in
der englischsprachigen Welt als deutsches Fremdwort kursiert. In
Umlauf gebracht wurde es von Jean Paul, der damit das bezeichnete,
was schon in der Antike als *taedium vitae* bekannt war und in der
Neuzeit als Melancholie zum Gegenstand kritischer Betrachtungen wurde. Während das Wort im Deutschen eher die literarische
Mode bezeichnet, die mit Goethes *Werther* einsetzte und dann bei
Dichtern wie Heinrich Heine und dem Engländer Lord Byron zu
einem Wesensmerkmal der Romantik wurde, pflegte man die gemeinte Sache eher mit dem Wort zu bezeichnen, das uns schon in
dem Gedicht Brentanos begegnete, nämlich ‹Schwermut›. Auch
wenn das oben zitierte Urteil des Franzosen Nuss allzu summa-
risch ist und bei Deutschen sicher Kopfschütteln hervorruft, ist
doch nicht zu leugnen, dass die deutsche Kulturtradition in allen
Künsten – der Dichtung, der Malerei und der Musik – einen Hang
zur Schwermut hat. Bezeichnend dafür ist allein schon die Tatsa-

che, dass es in der deutschen Literatur nur eine Handvoll spielbarer Komödien gibt, während die Tragödie allerhöchstes Ansehen genoss. In älteren Literaturgeschichten wird Wilhelm Raabe oft als Humorist, als deutscher Dickens, bezeichnet. Doch sein Humor gibt selten Anlass zu Gelächter, viel eher zu einem Lächeln unter Tränen. Bei einem Volk, das sich über so viele Jahrhunderte hinweg vergeblich nach nationaler Einheit, nach Sicherheit und politischer Stabilität sehnte, ist eine Disposition zur Ängstlichkeit und Schwarzseherei wenig überraschend. Ebenso verständlich ist, wenn diese Disposition durch die Kunst so dargestellt wird, dass die melancholische Weltsicht gegenüber einer heiteren als die überlegene, weil seelisch tiefere erscheint.

Sehnsucht

Wahrscheinlich sehnen sich alle Menschen zeitweilig oder ständig nach einem Zustand, der besser ist als der Status quo. Auf solcher Sehnsucht beruhen alle Jenseitsvorstellungen der Religionen und religionsähnlichen Philosophien. Auch im Diesseits sehnen sich die Menschen nach einer besseren Welt, wobei die Intensität der Sehnsucht in den einzelnen Kulturen unterschiedlich zu sein scheint. Schon der Vergleich einer größeren deutschen Lyrikanthologie mit einer ähnlich umfangreichen der englischen oder französischen Dichtung zeigt, dass die Sehnsucht in der deutschen Poesie eine größere Rolle spielt. Sogar Goethe, der anders als die meisten seiner Dichterkollegen mit beiden Beinen im Diesseits stand, hat Gedichte geschrieben, die die Sehnsucht geradezu sprichwörtlich machten: «Nur wer die Sehnsucht kennt, / weiß, was ich leide!», singt Mignon in *Wilhelm Meisters Lehrjahre*; und ein anderes, ebenso berühmtes Gedicht trägt den Titel «Selige Sehnsucht». In der Romantik wird die Sehnsucht schließlich zum vorherrschenden Gemütszustand. Nicht nur in der Dichtung ist von ihr ständig die Rede, auch in der Malerei wird der sehnsüchtige Blick aus dem Fenster zu einem Standardmotiv. Meist ist es eine unbestimmte Sehnsucht hinaus in die Ferne, in die Freiheit und Unendlichkeit der Welt. Es gibt aber auch ganz konkrete Sehnsüchte, so vor allem die nach Italien, die die Deutschen heute noch empfinden. Goethe selber empfand sie so stark, dass er ihr nachgab und eine lange Italienreise antrat. Seine

Abb. 6: Anselm Feuerbach, *Iphigenie* (1871). Ikone der deutschen
Griechenland-Sehnsucht.

Iphigenie zeigt er als eine sich nach der Heimat sehnende Frau, «das Land der Griechen mit der Seele suchend». So malte sie Anselm Feuerbach, dessen Bild zu einer Ikone der deutschen Griechenlandsehnsucht wurde (Abb. 6). Auch in vielen Volksliedern geht es um Sehnsucht, wobei der Frühling, die Heimat und die ferne Geliebte die typischen Ziele sind, auf die sich das Sehnen richtet.

Bei einer so obsessiven Beschwörung dieses Gefühls gewinnt man den Eindruck, als bereite das sehnende Verlangen den Deutschen mehr Befriedigung als die Erfüllung. Von Lessing weiß man, dass er die Suche nach der Wahrheit höher schätzte als deren Besitz. Suche aber setzt Sehnsucht voraus. Selbst in der Philosophie haben Kants Postulate und Hegels Spekulation etwas von Sehnsucht an sich. Die Kunst, in der die Sehnsucht am stärksten zum Ausdruck kommt, ist ohne Zweifel die Musik; denn ihr Genuss beruht wesentlich darauf, im Hörer ein Verlangen zu wecken, das sich nach Befriedigung sehnt, gleichzeitig aber den Moment der Befriedigung möglichst lange hinausschieben möchte. Wenn man sich dies klar macht, scheint es keine an den Haaren herbeigezogene Vermutung zu sein, wenn man in der deutschesten aller Künste, der Musik, den Ausdruck dieser durchgängigen deutschen Sehnsucht sieht.

Wer das Sehnsuchtsmotiv durch die deutsche Kultur der letzten drei Jahrhunderte verfolgt, wird verstehen, weshalb die Deutschen sich den Ruf von Tagträumern erwarben, bis sie zuletzt Opfer eines politischen Traums wurden, der zum Alptraum wurde. Als Thomas Mann 1924 gebeten wurde, zum fünften Jahrestag der Verabschiedung der Weimarer Verfassung ein Zitat beizusteuern, lehnte er das in verklausulierter Form ab und schlug stattdessen eine Passage aus Hölderlins *Empedokles* vor, in der in poetisch verhüllter Form vom Ende der Könige und der Heraufkunft der Demokratie die Rede ist. Thomas Mann kommentiert Hölderlins Utopie so:

Der Griechentraum des einsamen Dichters von heiliger und freier Menschengemeinschaft, von einem neuen Bunde, geschlossen nach tiefer und mutiger Verjüngung und vom Gesetz gefestigt, – er ist aus unser aller Sehnsucht geträumt, aus «*deutscher Seele*», die etwas anderes ist als unsere Romantiker glauben – nicht Heimwehkrankheit nämlich nach dem ‹Lindenbaum›, sondern Wille zum Opfer, zum Untergang, zur Neugeburt und zum ewigen Werden.

Bei diesen Worten läuft es einem kalt über den Rücken: denn die gleiche irrationale, opferbereite und den Untergang als Wiedergeburt mystifizierende Sehnsucht haben die Nationalsozialisten mobilisiert, um die Deutschen für die heilige Volksgemeinschaft und das großdeutsche Reich zu gewinnen. Sehnsucht ist ein so zentrales Element der deutschen Mentalität, dass darauf am Schluss des Buches noch einmal in größerem Kontext eingegangen werden muss.

Tiefe

Wenn Engländer einen großen Geist rühmen, nennen sie ihn *broad-minded, clear-sighted* und *far-seeing*. Weitherzigkeit, klarer Blick und kluge Vorausschau sind für sie die höchstgeschätzten geistigen Eigenschaften. Auch Franzosen glauben, getreu ihrer cartesianischen Tradition, dass ein großer Geist sich mit *clarté* ausdrücken soll. Darüber hinaus erwarten sie noch einen Schuss *brillance*. Deutsche hingegen schätzen bei ihren Geistesheroen nichts so sehr wie Tiefe. Weite des Blicks steht im Verdacht, an der Oberfläche haften zu bleiben; und Klarheit des Denkens erinnert an die Durchsichtigkeit seichter Gewässer. In allem was dunkel und schwerverständlich ist, vermuten die Deutschen dagegen unergründliche Tiefe.

Der Drang zur Tiefe geht in der deutschen Kulturgeschichte weit zurück. Schon im Spätmittelalter war Deutschland mit Gestalten wie Heinrich Seuse, Johann Tauler und Meister Eckhart das Zentrum der europäischen Mystik. Mit Jakob Böhme setzte sich dies im Barock fort. Im 18. Jahrhundert war es vor allem Johann Georg Hamann, der als «Magus des Nordens» zum Repräsentanten deutschen Tiefsinns wurde, und mit dem spekulativen Idealismus bei Fichte, Schelling und Hegel wurde Tiefe zum Markenzeichen des deutschen Denkens schlechthin. Seinen Höhepunkt – der Begriff klingt paradox, doch Tiefpunkt wäre diffamierend – erreichte dieser Drang im Denken Heideggers, das sich nicht mit dem Seienden zufrieden gab, sondern zum Urgrund des Seins vorstoßen wollte. Je höher das politische Deutschland strebte, umso tiefer gründelten seine Denker und Dichter, wobei jede Ente für einen Schwan gehalten wurde, wenn sie nur genügend Schlamm vom Grund aufrührte; denn alles Dunkle musste tief sein. Wie fest dieses Selbstverständnis der Deutschen in ihrem

Bewusstsein verankert ist, spricht aus den Sätzen, die Thomas Mann noch 1945 in seinem Aufsatz «Deutschland und die Deutschen» niederschrieb:

Soll Faust der Repräsentant der deutschen Seele sein, so müßte er musikalisch sein; denn abstrakt und mystisch, das heißt musikalisch, ist das Verhältnis des Deutschen zur Welt, das Verhältnis eines dämonisch angehauchten Professors, ungeschickt und dabei von dem hochmütigen Bewußtsein bestimmt, der Welt an ‹Tiefe› überlegen zu sein. Worin besteht diese Tiefe? Eben in der Musikalität der deutschen Seele, dem, was man Innerlichkeit nennt, das heißt: dem Auseinanderfallen des spekulativen und des gesellschaftlich- politischen Elements menschlicher Energie und der völligen Prävalenz des ersten vor dem zweiten.

Selbst ein Kritiker des deutschen Irrationalismus und Mystizismus wie Adorno kleidete seinen Scharfsinn in das Gewand deutschen Tiefsinns, indem er Sätze produzierte, die Uneingeweihten wie eine Priestersprache erscheinen mussten. War es bei ihm die dialektische Sprache der Hegelianer, so bei Heidegger die von ihm selbst entwickelte und von Adorno als «Jargon der Eigentlichkeit» gegeißelte Sprache raunender Beschwörung. Tiefe des Denkens ist auch heute noch bei deutschen Philosophen ein hoher, vielleicht der höchste Wert. Klare Denker wie Bertrand Russell oder Karl Popper, die man in England schätzt, wurden und werden von den meisten ihrer deutschen Kollegen als flach empfunden. Man braucht nur einmal die Sprache von Literatur-, Musik- und Kunstkritikern zu analysieren, und man wird Wörter finden, die im angelsächsischen Sprachraum selten oder gar nicht als kritisches Vokabular verwendet werden. So gehört das Wort ‹Abgrund› zu den Lieblingsvokabeln der deutschen kritischen Zunft. In Kunstwerken tun sich Abgründe auf oder ein Dirigent bringt die Abgründe einer Sinfonie zu Gehör. Besonders beliebt war das Wort noch in den ersten Nachkriegsjahren bei den Germanisten, so zum Beispiel bei Benno von Wiese, der in Kleists *Penthesilea* eine «schwebende Schwerelosigkeit» sieht, die zu einem «Gleiten über Abgründe» wird. Wer nach Tiefe süchtig ist, den müssen Abgründe natürlich faszinieren.

Auf die stilistische Seite dieser sprachlichen Kraftmeierei wird ein späteres Kapitel gesondert eingehen. Doch die Wertschätzung von Tiefe ist mehr als bloß sprachliches Imponiergehabe. Es ist Ausdruck der vertikalen Weltsicht der deutschen Intellektuellen, die keine Wirkungsmöglichkeiten in der horizontalen Gesellschaft sahen und deshalb den Ausstieg in die Tiefen und Höhen des Geistes wählten.

Ursprung

Wenn man eine einzige Silbe nennen sollte, die für das deutsche Denken typisch ist, müsste es wohl die Silbe ‹ur-› sein. Alles was mit ihr beginnt, hat eine besondere Aura, die sogar bis in die Sphäre der Gemütlichkeit dringt, wo rustikale Schlichtheit als urig bezeichnet wird, was wiederum als urgemütlich empfunden wird. Urknall, Urgeschichte, Urchristentum, Urwald, Urvertrauen: alle diese Begriffe haben für Deutsche einen emotionaleren Unterton als für andere Völker. Das deutsche Urverlangen nach allem Ursprünglichen kam in der Romantik auf und wurde danach zu etwas, was die Deutschen selber als nationales Adelsprädikat, die Ausländer eher als deutsche Marotte empfanden. In Fichtes *Reden an die deutsche Nation* kann man Folgendes lesen:

Und so trete denn endlich in seiner vollendeten Klarheit heraus, was wir in unserer bisherigen Schilderung unter Deutschen verstanden haben. Der eigentliche Unterscheidungsgrund liegt darin, ob man an ein absolut Erstes und Ursprüngliches im Menschen selber, an Freiheit, an unendliche Verbesserlichkeit, an ewiges Fortschreiten unseres Geschlechts glaube oder ob man alles dieses nicht glaube, ja wohl deutlich einzusehen und zu begreifen vermeine, daß das Gegenteil von diesem allen stattfinde. Alle, die entweder selbst schöpferisch und hervorbringend das Neue leben, oder die, falls ihnen dies nicht zuteil geworden wäre, das Nichtige wenigstens entschieden fallen lassen und aufmerkend dastehen, ob irgendwo der Fluß ursprünglichen Lebens sie ergreifen werde, oder die, falls sie auch nicht so weit wären, die Freiheit wenigstens ahnden und sie nicht hassen oder vor ihr erschrecken, sondern sie lieben: alle diese sind ursprüngliche Menschen, sie sind, wenn sie als ein Volk betrachtet werden, ein Urvolk, das Volk schlechtweg, Deutsche.

Auch Juden und Amerikaner halten sich für ein auserwähltes Volk, doch Fichte geht noch einen Schritt weiter und erklärt die Deutschen zum Urvolk schlechthin. Solche Überspanntheit, noch dazu aus dem Mund eines Philosophen, wirkt heute lächerlich. Und doch hat sich die deutsche Sucht nach Ursprung bis in die zweite Hälfte des 20. Jahrhunderts fortgesetzt. So publizierte Karl Jaspers 1949 ein geschichtsphilosophisches Werk, das schon durch seinen Titel *Vom Ursprung und Ziel der Geschichte* als typisch deutsch ausgewiesen ist. Jaspers hat sich in seinen zeitkritischen Schriften mit Titeln wie *Wohin treibt die Bundesrepublik?* nicht eben durch realistischen Scharfsinn ausgezeichnet. Ganz im Gegenteil. Doch seine Geschichtsdeutung hält sich immerhin noch an Daten und Fakten und kann als hermeneutische Verständnishilfe dienen. Radikaler ist da Heidegger in seiner Schrift *Der Ursprung des Kunstwerkes*, deren erste Fassung 1935 publiziert wurde und die mit einem Zusatz 1956 neu herauskam. Die Schrift beginnt so:

Ursprung bedeutet hier jenes, von woher und wodurch eine Sache ist, was sie ist und wie sie ist. Das, was etwas ist, wie es ist, nennen wir sein Wesen. Der Ursprung von etwas ist die Herkunft seines Wesens. Die Frage nach dem Ursprung des Kunstwerks fragt nach seiner Wesensherkunft. Das Werk entspringt nach der gewöhnlichen Vorstellung aus der und durch die Tätigkeit des Künstlers. Wodurch aber und woher ist der Künstler das, was er ist? Durch das Werk; denn, daß ein Werk den Meister lobe, heißt: das Werk erst läßt den Künstler als einen Meister der Kunst hervorgehen. Der Künstler ist der Ursprung des Werkes. Das Werk ist der Ursprung des Künstlers.

In diesem Ton geht es weiter bis zum abschließenden Fazit:

Der Ursprung des Kunstwerkes, d. h. zugleich der Schaffenden und Bewahrenden, das sagt des geschichtlichen Daseins eines Volkes, ist die Kunst. Das ist so, weil die Kunst in ihrem Wesen ein Ursprung ist: eine ausgezeichnete Weise wie Wahrheit seiend, d. h. geschichtlich wird.

Diese Art zu denken ist so typisch deutsch, dass sie bei einem Engländer wohl nur ratloses Kopfschütteln auslösen dürfte. Machte er sich die Mühe die Schrift zu lesen, würde er sie inhaltlich als ein Waten in Tautologien und stilistisch als philosophischen Kitsch empfinden. In Deutschland dagegen wird Heideggers mystische Ontologie der Kunst noch immer ernsthaft diskutiert. Auch sonst ist der Drang, der in *Faust II* den Helden hinab zu den Müttern trieb, aus der deutschen Mentalität noch nicht verschwunden.

Was mag der Grund für die deutsche Ursprungsversessenheit sein? Es ist ja nicht nur die allgemein menschliche und aller Wissenschaft zugrunde liegende Neugier, die den Dingen auf den Grund gehen will, vielmehr steckt darin ein emotionales Verlangen nach letzter, ungefährdeter, weil philosophisch begründeter Geborgenheit. Es ist der Traum von der Rückkehr in einen vorbewussten Zustand, einen metaphysischen Mutterschoß oder ins Paradies, wie es Kleist in dem erwähnten Aufsatz *Über das Marionettentheater* beschreibt. Solche Regressionswünsche gab und gibt es überall, vor allem seit Beginn der Neuzeit. Aus ihnen entspringt, wie noch gezeigt werden wird, der Kitsch. Dass sie sich bei den Deutschen besonders stark ausprägten, ist leicht zu erklären. Sie hatten weder ein klar abgegrenztes Vaterland noch einen nationalen Ursprungsmythos, mit dem sie die Erinnerung an die Kindheit ihres Volkes verbinden konnten. So kam es im 19. Jahrhundert, als sich ihr Nationalismus mächtig regte, zu einem übersteigerten, geradezu hysterischen Ursprungsverlangen, das nicht nur den philosophischen Drang in die Tiefe, sondern auch eine sintflutartige Ausbreitung von Regressionskitsch hervorbrachte.

Was unter dem Urwort ‹Geborgenheit› über die damit assoziierten Begriffe ‹Nacht› und ‹Schoß› gesagt wurde, hängt eng mit dem Komplex von Ur-Vorstellungen zusammen. Ursprung, Mutter, Quelle und Nacht werden zum Beispiel in Eduard Mörikes Gedicht «Um Mitternacht» auf eine typisch deutsche Weise zusammengeführt. Dort lauscht die «gelassen […] ans Land» gestiegene Nacht den «Quellen», die «der Mutter, der Nacht […] das uralt alte Schlummerlied» ins Ohr singen. In geradezu mystischem Ton beschwört Hölderlin den Begriff, wenn er das Tragische als ein unmittelbares Hervorbrechen des Ursprünglichen definiert. Hier deutet sich bereits die nach Tragik süchtige Ursprungsobsession an, die im 20. Jahrhundert das Denken der Deutschen vernebelte.

Wesen

Kein Wesen kann zu Nichts zerfallen!
Das Ew'ge regt sich fort in allen

In diesen Anfangszeilen von Goethes Gedicht «Vermächtnis» hat das Wort Wesen eine Aura, die typisch für das deutsche Denken ist. Das Wesen als die Essenz einer Sache, auf die es ankommt, ist eine Vorstellung, die man überall antrifft. Doch dass diese Essenz im ewigen Sein verankert und von dorther abgeleitet wird, ist eine Vorstellung, die im deutschen Denken tiefer verwurzelt ist als anderswo. Ein Schlüsselbegriff ist das Wesen schon bei Angelus Silesius, aus dessen Spruchsammlung *Cherubinischer Wandersmann* oft der Satz «Mensch, werde wesentlich» zitiert wird. Die ganze Sammlung schließt sogar mit dem schwergewichtigen Wort. Bei dem Barockdichter hat das Wort ‹wesentlich› noch die ganze Tiefe des Substantivs, von dem es abgeleitet ist. Später nahm es auch im Deutschen die Bedeutung an, die das englische *essential* und das französische *essentiel* haben. Die beiden Wörter bezeichnen in erster Linie etwas Notwendiges, Unerlässliches, den Kern einer Sache, doch nicht so sehr die Nabelschnur, die die Sache mit dem Urgrund allen Seins verbindet. Diese tiefere, metaphysische Bedeutung kommt in dem deutschen Wort ‹wesenhaft› zum Ausdruck, das in andere Sprachen viel schwerer zu übersetzen ist. Auch das Wort ‹Wesen› erhielt durch die Erweiterung zu ‹Wesenheit› eine noch deutschere Färbung. Am deutschesten ist der Begriff ‹Wesensschau›, der in Edmund Husserls Phänomenologie eine zentrale Rolle spielt. Er steht in einer langen Tradition, die vom Neuplatonismus über die Mystik zum deutschen Idealismus führte, während zum Beispiel dem englischen Empirismus dieser Wesensbegriff fremd ist. Bei Heidegger gipfelt der Drang in die Tiefe des Wesens darin, dass er aus dem Wort ein Verb ableitet, so dass bei ihm das Wesen «west». Auch wenn das Wort inzwischen in der Alltagssprache genauso abgenutzt ist wie ‹tragisch› und andere schwergewichtige Begriffe, hat es für deutsche Ohren im ernsthaften Kontext noch immer eine Aura von Tiefe und Unergründlichkeit, und die Deutschen neigen noch immer dazu, wie Faust nach «der Wesen Tiefe» zu trachten.

Ehrfurcht

Das Wort ‹Ehrfurcht› zwingt zwei gegensätzliche Emotionen in einen Begriff, die in anderen Sprachen deutlicher getrennt sind. Deutsch-englische Wörterbücher geben zum Beispiel als Übersetzung *awe, respect* und *reverence* an, die alle drei nicht das wiedergeben, was das deutsche Wort ausdrückt. In *awe* überwiegt das Moment der Furcht, in *respect* und *reverence* das der Verehrung. Solche Unterschiede können natürlich rein zufällig sein, so wie es in allen Sprachen unzählige Wörter gibt, die sich nicht exakt übersetzen lassen. Doch im Deutschen hat nicht nur das Wort eine andere Bedeutung, sondern die bezeichnete Sache auch ein anderes Gewicht. Bis in die Mitte des 20. Jahrhunderts war die gesamte deutsche Kultur und vor allem das Erziehungswesen auf Ehrfurcht vor der Kunst, dem Geist und den höchsten Werten der Nation ausgerichtet. Besonders ausgeprägt war diese Tendenz im deutschen Konzertleben, wo Wilhelm Furtwängler das Musikerlebnis zu einer Art Gottesdienst machte. In keiner der westlichen Kulturen war die Kunst so sehr Ersatzreligion wie in Deutschland. Erst Ende der 1950er Jahre kam mit dem Erscheinen der *Blechtrommel* von Günter Grass jene kritische Respektlosigkeit auf, die unseren heutigen Umgang mit den Kulturgütern charakterisiert. In England, Frankreich und Amerika war Skepsis gegenüber tradierten Werten und respektlose Kritik an ihnen seit der Aufklärung gang und gäbe. Bei uns hingegen wurden Intellektuelle und Künstler, die sich nicht der Propagierung heiliger Werte, sondern der Kritik an ihnen widmeten, weit geringer geachtet als solche, die wie Hölderlin oder Heidegger mit priesterlichem Gestus das Numinose beschworen, dem man sich mit Ehrfurcht zu nähern habe. Bei der Betrachtung der deutschen Künste wird sich noch zeigen, wie weit das Streben nach ehrfurchtgebietender Erhabenheit zurückreicht und wie tief es in den deutschen Sprachstil eingedrungen ist, dessen Neigung zur Einschüchterung durch eine komplexe und oft nur hochtrabende Ausdrucksweise im Ausland als deutsche Marotte empfunden wird. Man wird kaum bestreiten können, dass sich in diesem Streben nach Ehrfurcht etwas Autoritäres ausdrückt, das einem hierarchischen Weltbild entstammt, das in den westlichen Nachbarkulturen viel früher egalisiert wurde.

Tragik

Zu den Merkwürdigkeiten der europäischen Literatur gehört, dass die Deutschen keine einzige Tragödie hervorgebracht haben, die es an tragischer Wirkung mit den Werken Shakespeares oder der griechischen Tragiker aufnehmen kann, dass sie aber trotzdem die Tragödie höher schätzten als ihre Nachbarvölker. Von Lessing bis Gerhart Hauptmann haben fast alle deutschen Dramatiker versucht, den großen Vorbildern eine eigene Tragödie an die Seite zu stellen; und von Friedrich Wilhelm Joseph Schelling bis Max Scheler haben fast alle deutschen Denker versucht, das Wesen des Tragischen zu ergründen.

Was ist tragisch? Auch wenn im Alltag ein tödlicher Unfall oder der Tod durch Krankheit in jungen Jahren oft als tragisch bezeichnet wird, lässt sich daraus keine Tragödie machen. Tragisch im strengen Sinn ist weder der zufällige Tod eines unschuldigen Menschen durch Unfall, Mord oder Krieg noch der natürliche Tod durch Altersschwäche oder Krankheit. Auch der Selbstmord aus Verzweiflung und der freiwillige Opfertod haben nichts Tragisches. Damit der Untergang eines Menschen Gegenstand einer Tragödie sein kann, müssen mehrere Bedingungen erfüllt sein. Er muss einerseits selbst verschuldet und andererseits doch nicht vollständig verdient sein. Außerdem muss der tragische Held sich gegen seinen Untergang auflehnen. Solche Untergänge hat es immer und überall gegeben. Trotzdem ist es nur bei den alten Griechen und im elisabethanischen England zu einer Blütezeit tragischer Dichtung gekommen, und auch das nur innerhalb weniger Jahrzehnte, während Tragödien außerhalb dieser Epochen und in anderen Literaturen nur sporadisch auftauchen. In Deutschland aber wurde über einen Zeitraum von zwei Jahrhunderten hinweg um die Tragödie förmlich gerungen.

Was mag der Grund dafür sein, dass Tragödien in einigen wenigen Epochen so gehäuft, in anderen gar nicht und in Deutschland über einen so langen Zeitraum hinweg geschrieben wurden? Die immer noch stringenteste Definition der Tragödie stammt von Aristoteles. Er beschreibt sie als «die Nachahmung einer Handlung, die [...] durch Erregung von Schrecken (*phobos*) und Jammer (*eleos*) eine Reinigung (*katharsis*) von diesen Affekten bewirkt». Damit ein solcher emotionaler Ablauf zustande kommen kann, muss der Zuschauer um den Helden fürchten und trotzdem imstande sein, am Ende über seinen Untergang katharsische Befriedigung zu empfinden. Das setzt eine ambivalente Weltsicht voraus. In einer aristokratischen Gesellschaft, in der der Gefolgsmann sich vertikal mit dem Heros identifiziert, wird dessen Untergang zwar mit Trauer, aber nicht mit lustvoller Katharsis quittiert werden. In einer egalitären Gesellschaft hingegen wird zwar die Nivellierung eines herausragenden Menschen, der gegen das Gleichheitsprinzip verstößt, Befriedigung hervorrufen, doch wird man um den Helden vorher nicht fürchten, sondern seinen Untergang eher wünschen. Zur Tragödie disponiert müsste demnach eine Gesellschaft dann sein, wenn in ihr das aristokratische Prinzip *noch* und das egalitäre *schon* in den Köpfen der Menschen existiert. Exakt das war im Athen des Perikles zur Zeit der beginnenden Demokratie und im elisabethanischen England zur Zeit des Aufstiegs des Unterhauses der Fall.

Wie sah es aber in Deutschland aus? Hier setzte mit der Aufklärung das republikanisch-egalitäre Denken ein, dem die Vertikalität des Absolutismus entgegenstand. Da es in Deutschland erst 1918 am Ende des Ersten Weltkriegs zur Republik kam, zog sich die Ambivalenz in den Köpfen der Menschen über eineinhalb Jahrhunderte hin, was erklärt, weshalb in eben diesem Zeitraum ein intensives Bemühen um die Tragödie stattfand. Wenn Hitler und seine Gefolgsleute immer wieder die Opferung von Einzelnen als die Voraussetzung für die Wiedergeburt des Ganzen beschworen, dann entspricht dies der langen Tradition der deutschen Literatur, die in der Tragödie die höchste dichterische Kunstform sah und die den tragischen Untergang nicht als Scheitern, sondern als eine Offenbarung des Göttlichen verstand. «Das eigentliche Thema der ursprünglichen Tragödie», so heißt es bei Hegel, ist «das Göttliche»; denn nach seiner dialektischen Weltsicht muss sich das Göttliche selbst entzweien, um sich realisieren zu können: «Das ursprünglich Tragische besteht nun darin, daß innerhalb solcher Kollision beide Seiten des Gegensatzes für sich genommen Berechtigung haben, während sie andererseits dennoch den wahren positiven Gehalt ihres Zwecks und Charakters nur als Negation und Verletzung der anderen, gleichberechtigten Macht durchzubringen imstande sind und deshalb in ihrer Sittlichkeit und durch dieselbe ebensosehr in Schuld geraten». Diese Sicht des Tragischen als eines Konflikts zweier gleichberechtigter Wertpositionen dürfte die Standarddefinition sein, die traditionell deutschen Schülern vermittelt wird. Es hat die Lehrer, die sie weitergaben, offenbar nicht gestört, dass sie nur auf die *Antigone* von Sophokles wirklich zutrifft, während sie an den meisten anderen Tragödien weitgehend und an Shakespeares Werk vollständig vorbeigeht. Aus Shakespeares Tragödien lässt sich beim besten Willen keine Offenbarung des Göttlichen herauslesen. Bei ihm wird am Ende der Stücke die durch den tragischen Helden gestörte Ordnung durch einen pragmatischen Kompromiss wieder hergestellt, der mit der selbstverschuldeten Vernichtung eines großen Menschen erkauft wurde.

Die von Hegel bis zu Max Scheler weitergeführte positive Deutung des Tragischen hat mit dazu beigetragen, dass sich in deutschen Köpfen die Vorstellung festsetzen konnte, dass es den Menschen adelt, für eine Idee zu sterben, und dass umgekehrt eine Idee dadurch geadelt wird, dass viele Menschen für sie sterben. In der Nazizeit war die deutsche Bildungsschicht von Tragik geradezu besessen, was schon daran abzulesen ist, dass unablässig Bücher und Aufsätze über das Tragische publiziert wurden. In England verschwand die Tragödie nach der Shakespearezeit aus der Literatur, und auch in Frankreich gab es nach Racine keinen bedeutenden Tragiker mehr. In beiden Nationen war der Gegensatz zwischen aristokratischem Vertikalismus und egalitärem Horizontalismus zugunsten des Letzteren aufgelöst, wohingegen die Deutschen weiterhin nach Erhabenheit und heroischer Größe strebten, die sie dann in ihrem Führer verkörpert fanden. Den heutigen Deutschen ist allerdings das Tragische genauso fremd wie den Engländern und Franzosen. Wenn auf unseren Bühnen Shakespeares Tragödien aufgeführt werden, dann in einer Weise, die keine tragischen Schauer mehr hervorruft, sondern eher zynisches Gelächter. Deshalb bringen moderne Regisseure anstelle von *König Lear* lieber *Titus Andronicus* auf die Bühne. Dieses mit Grausamkeiten gespickte Frühwerk scheint der Dichter selber nicht ganz ernst genommen zu haben. Man hat den Eindruck, als wollte er damit nur die blutrünstigen Stücke seiner Zeitgenossen übertrumpfen.

Totalität

«Das Wahre ist das Ganze» – dieser Satz ist die Nabe, um die sich das Rad des Hegelschen Denkens dreht. Das Bild ist mit Absicht gewählt; denn Hegels Denken ist bekanntlich ein dialektisches, und das heißt ein dynamisches, das nicht nur sich selbst, sondern auch alle seine Inhalte als Prozess versteht. In Hegels Kopf stellte sich die Welt als das In-Erscheinung-Treten des Weltgeistes dar, der aus seinem An-sich-Sein heraustritt und so als seine eigene Negation «für sich» ist, um zuletzt nach dem erkennenden Durchschreiten aller möglichen Negationen in die Totalität des An-und-für-sich Seins

zurückzukehren, worauf die Negationen auf höchster Ebene auf-
gehoben sind, und das in dreifachem Sinn: emporgehoben, aufgelöst und aufbewahrt. Bei einem solchen Denkmodell kann es nicht
verwundern, dass darin die Begriffe «Totalität» und «das Ganze»
ständig wiederkehren. Schaut man ins Sachregister von Hegels
Ästhetik, so findet man dort Verweise auf «Idee als Totalität», «Begriff als Totalität», «Subjekt als Totalität», «geistiges Individuum als
Totalität», «Staatsleben als Totalität», «Poesie als Totalität», «Uni-
versum als Totalität» und so weiter. Dabei handelt die *Ästhetik*
ihrem Begriff entsprechend vom sinnlich Wahrnehmbaren, also von
der Welt der Erscheinungen, so dass hier Totalität eine eher geringere Rolle spielen sollte. Unter Hegels Einfluss wurde ‹Totalität› ein
Schlüsselbegriff der deutschen Philosophie. Allerdings war Hegel
nicht der erste, der ihm diese prominente Rolle zuwies. Schon bei
Kant taucht er auf, vor allem im Zusammenhang mit der Ästhetik
des Erhabenen. Und die Vorstellung eines alles Negative aufheben-
den und somit das Böse rechtfertigenden Weltganzen findet sich bereits bei Leibniz, dessen Theodizee in der bekannten Formel von
der «besten aller möglichen Welten» gipfelt.

Für den deutschen Durchschnittsbürger ist Totalität eine leere
Worthülse. Wer aber mit philosophischer Literatur zu tun hat, begegnet dem Begriff auf Schritt und Tritt. Seit Hegel gehört er zum
festen Bestand der deutschen Philosophie, während er in der englischen eine unbedeutende Rolle spielt. Vor allem fehlt ihm dort die
metaphysische Aura. Engländer verstehen darunter nur die Gesamtheit bestimmter Phänomene, Deutsche sehen im Sinne Hegels
in der Gesamtheit eine neue Qualität von Ganzheit auf höherer
Ebene. Die englische Philosophie hatte schon im Hochmittelalter
den Weg in Richtung des späteren Empirismus eingeschlagen, der
von dem Einzelphänomen ausging und davon Allgemeinbegriffe
abstrahierte, die als bloße Namen aufgefasst wurden, weshalb man
diese Richtung als Nominalismus bezeichnete. Die deutsche Scho-
lastik vertrat demgegenüber eine «realistische» Lehrmeinung, die
besagte, dass den Allgemeinbegriffen eine eigene Realität zukomme.
Dieser im Kern idealistische Ansatz setzte sich in der deutschen
Philosophie fort und entfaltete sich schließlich zum spekulativen
Idealismus, der in Hegels Dialektik gipfelte.

Auf die philosophischen Überlegungen braucht hier nicht weiter
eingegangen zu werden. Wichtiger ist die Frage, weshalb die deut-

schen Denker ausgerechnet diese Richtung einschlugen. Da das Problem noch mehrfach zur Sprache kommen wird, genügt als Antwort die folgende Vermutung: die Deutschen haben in ihrer Denktradition dem Ganzen eine so zentrale Bedeutung beigemessen, weil sie sich in ihrer politischen Geschichte jahrhundertelang nach Ganzheit sehnten. Wenn oben gesagt wurde, dass ‹Totalität› für den deutschen Durchschnittsbürger eine leere Worthülse ist, dann gilt das nur für das Wort selber. Die Vorstellung von Ganzheit und die Sehnsucht danach spukt dagegen auch in deutschen Köpfen, die nie eine Zeile von Hegel zur Kenntnis genommen haben, und das sind die allermeisten. Es ist die Sehnsucht nach Geborgenheit, von der schon mehrfach die Rede war. Es war zwar nicht die notwendige Folge dieser Denktradition, dass die Deutschen sich so bereitwillig einem totalitären Regime unterwarfen, doch ohne diese Tradition wäre ihre Unterwerfung wohl kaum so total ausgefallen. Heute kann man ihnen mit solcher Totalität nicht mehr kommen. ‹Total› ist nur noch ein geläufiges Verstärkungswort, das sich wie ‹cool› vor allem bei der Jugend großer Beliebtheit erfreut, das aber keinerlei politisch-ideologische Untertöne hat. Nur in der deutschen Tendenz, bei anstehenden Problemen lieber nach einer Gesamtlösung zu suchen, statt erst einmal mit Einzellösungen zu beginnen, klingt noch etwas von der deutschen Sehnsucht nach Ganzheit nach.

Das Absolute

Das Absolute ist mit dem Totalitätsbegriff eng verknüpft. Während es für Kant noch jenseits der Grenze der Erkenntnis liegt und nur als Begriff der Vernunft gedacht werden kann, wird es im deutschen Idealismus zum eigentlichen Gegenstand des Denkens. Auch hier findet man in Hegels *Ästhetik* Beispiele zuhauf. So heißt es dort: «Das Absolute ist seiner Wahrheit nach Totalität», und von der griechischen Kunst wird gesagt, sie sei «der höchste Ausdruck für das Absolute gewesen». Wie beim Totalitätsbegriff wird hier absichtlich auf die *Ästhetik* Bezug genommen; denn da Kunst etwas Konkretes ist, zeigt sich hier umso deutlicher, wie sehr das deutsche Denken aus dem Bereich der Erfahrung in die Welt des abstrakten Denkens drängt. Das Absolute ist dem englischen Denken genauso fremd wie der Totalitätsbegriff, und die Gründe dafür sind die gleichen. Auch wenn der politische Absolutismus nicht notwendig zur Philosophie des Absoluten führen musste, ist nicht zu leugnen, dass zwischen beiden ein Zusammenhang besteht. Absolutismus gab es in England nur ansatzweise, als König Karl I. ihn nach französischem Vorbild einführen wollte, was schließlich zur Folge hatte, dass sein eigenes Parlament ihn köpfen ließ. In Deutschland ging der Absolutismus des barocken Gottesgnadentums bruchlos in den aufgeklärten Absolutismus über, wie er beispielhaft durch Friedrich II. in Preußen verkörpert wurde. Es kann darum kaum verwundern, dass eine so kontinuierliche Tradition politischer Vertikalität sich auch philosophisch vertikal ausdrückt, und das Absolute kann man sich nur an der Spitze senkrecht über allem Bedingten vorstellen. Erst als die Deutschen sich uneingeschränkt zur egalitären Demokratie und damit zum horizontalen Denken bekannten, schwand auch die obsessive Beschäftigung mit dem Absoluten aus ihrem Denken. Das aber geschah erst nach dem Ende des Zweiten Weltkriegs, und auch da nur allmählich; denn noch im Jahrzehnt danach zeugen Bücher wie Joseph Möllers *Der Geist und das Absolute* (1951) und Gerhard Hubers *Das Sein und das Absolute* (1955) von der Hartnäckigkeit dieser Obsession. Heute werden die meisten Deutschen mit dem Absoluten eher negative Assoziationen wie ‹Absolutismus› und ‹absolute Gewalt› verbinden.

Staat

Der Staat ist nicht um der Bürger willen da; man könnte sagen, er ist der Zweck, und sie sind seine Werkzeuge. Indes ist das Verhältnis von Zweck und Mittel überhaupt hier nicht passend. Denn der Staat ist nicht das Abstrakte, das den Bürgern gegenübersteht; sondern sie sind seine Momente wie im organischen Leben, wo kein Glied Zweck, keines Mittel ist. Das Göttliche des Staates ist die Idee, wie sie auf Erden vorhanden ist.

Unter den zahlreichen Definitionen des Staates, die Hegel ausformuliert hat, fasst die hier zitierte wohl am treffendsten zusammen, was sich – unter Hegels Einfluss – als typisch deutsches Staatsverständnis herausgebildet hat. In ihr kommen die beiden Grundmodelle zum Ausdruck, die das deutsche Staatsdenken charakterisieren: der Staat einerseits als metaphysische Wesenheit und andererseits als Organismus, wobei in beiden Fällen der Bürger als abhängiges Glied eines übermächtigen, Autorität heischenden Ganzen gesehen wird. Die Deutschen gelten als ein staatsgläubiges Volk. Dass sie dem Staat mehr Vertrauen entgegenbringen als andere Völker, lässt schon die geläufige Metapher «Vater Staat» vermuten, auch wenn sie meist mit einem ironischen Unterton verwendet wird.

Engländer und Amerikaner würden überhaupt nicht auf die Idee kommen, den Staat mit einem Vater zu vergleichen. Für sie ist er ein notwendiges Übel, um das Volk vor inneren und äußeren Feinden zu schützen. Doch dass man ihm wie einem Vater vertraut, ist für sie ein abwegiger Gedanke. Im Gegenteil, einem so mächtigen Apparat muss man mit größtem Misstrauen begegnen. Deshalb haben Engländer starke Politiker wie Churchill oder Margaret Thatcher lieber aus dem Amt gewählt als ihnen weiteren Machtzuwachs zu gestatten, und auch die Amerikaner vertrauen ihrem Präsidenten nur solange, wie sie durch ihn ihre Interessen vertreten sehen. Bei den Franzosen scheint das grundsätzliche Misstrauen gegenüber dem Staat weniger stark ausgeprägt zu sein, dafür rebellieren sie dann umso heftiger, wenn er sie enttäuscht. Ganz anders die Deutschen: Sie setzen hohe Erwartungen in den Staat, und wenn er sie enttäuscht, reagieren sie eher wie Kinder, die sich von ihrem Vater ungerecht behandelt fühlen, als wie selbstbewusste Bürger, die der Staatsgewalt die Zähne zeigen. Sie schmollen und grollen, doch sie rebellieren nicht.

Dass die Deutschen auf Grund ihrer Geschichte ein anderes Staatsverständnis als die Briten und Amerikaner entwickelten, ist nicht verwunderlich. Für sie war der Staat kein notwendiges Übel, sondern etwas, wonach sie sich jahrhundertelang sehnten. Die Engländer konnten sich einen schwachen Staat leisten, da sie geschützt auf einer Insel leben; die Deutschen aber brauchten einen starken, um sich gegen die Nachbarvölker zu behaupten. Da sich bei ihnen kein starkes Bürgertum herausgebildet hatte, konnte die Staatsbildung nicht von unten, sondern nur von oben kommen. Deshalb war das von Locke und Montesquieu begründete Staatsmodell der Aufklärung, das auf dem Prinzip des horizontalen Ausbalancierens der einzelnen Staatsgewalten beruhte, für sie nicht ausreichend. Zwar wurde es vom fortschrittlichen Lager das ganze 19. Jahrhundert hindurch gefordert, doch stärker war die konservative Seite, die an der alten Vertikalität festhielt. In deren Lager konkurrierten die beiden oben erwähnten Staatsmodelle, das metaphysisch begründete und das organizistische. Bei Hegel überwog das erste. Für ihn war der Staat die vollständige Verwirklichung des sich in die Welt entlassenden Weltgeistes und damit der Abschluss der Weltgeschichte. Das ist ein strikt vertikales, insofern autoritäres, doch zugleich metaphysisch begründetes und durch eine universale Moral legitimiertes Modell. Das zweite war ebenso historisch begründet, sah aber den Staat als Ergebnis des Wachstums der Volksgemeinschaft. Es wurde deshalb nicht, wie bei Hegel, theoretisch-dialektisch, sondern völkisch und damit irrational begründet.

Die deutsche Staatstradition und das gesamte Rechtssystem entsprechen eher Hegels Vorstellungen, weshalb Politologen wie der Amerikaner George Sabine in Hegels Staatsvergötzung den Anfang einer Entwicklung sehen, die später zum Faschismus führte. Doch das Staatsdenken des Nationalsozialismus entsprach keineswegs dem Hegelschen, das in der Tradition des römischen Rechts stand. Vielmehr gipfelte in ihm eine romantische Tradition, die schon mit Herder einsetzte, sich bei Fichte fortsetzte und sich im 19. Jahrhundert immer mehr verstärkte. Neben Ernst Moritz Arndt war es vor allem der Orientalist Paul Anton de Lagarde, der für eine moralische Erneuerung des deutschen Volkes aus seinen völkischen Wurzeln eintrat. In seinen *Deutschen Schriften* (1878–1881) brodelt schon alles, was später zum Ausbruch kam: der Antisemitismus, die Fremdenfeindlichkeit und der antimoderne Rückgriff auf das gesunde Germanentum. Er wettert gegen den seiner Meinung nach lebensfeindlichen römischen Staatsbegriff:

Infolge dieser – römischen – Anschauung vom Staate ist Deutschland zurückgegangen: es mußte in demselben Maße sinken, in welchem das Ansehen und die tyrannische Macht eines durch und durch widerdeutschen Prinzips stieg. Habe ich recht mit dem Glauben, daß das Ideal lebendig nur in Personen existiert, so muß der Glaube, daß es im Staate verkörpert sei, das Ideal brach legen: denn der Staat ist das unpersönlichste Ding, das es gibt, und da er auf das Einexerzieren von Massen ausgeht, sind ihm Mittelmäßigkeiten, wenn nicht das liebste, so doch das geläufigste.

Dieser Angriff auf das abstrakte römische und damit auch Hegelsche Staatsmodell ersetzt dessen Staatsvergötzung nur durch eine Personenvergötzung, wie sie dann im Führerkult furchtbare Wirklichkeit wurde. Wie dominant dieses antiaufklärerische Staatsdenken im frühen 20. Jahrhundert war, zeigt die Anthologie *Der deutsche Genius* von 1926, aus der das Zitat stammt. Darin kommt Hegel mit einem einzigen Text zu Wort, während Fichte, Ernst Moritz Arndt und eben auch Lagarde ausgiebig zitiert werden, wobei der Letztgenannte sogar das Schlusswort bekommt. Heute stehen die Deutschen der staatlichen Autorität mit gleichem Misstrauen gegenüber wie ihre westlichen Nachbarn, erwarten aber immer noch mehr von ihr als diese und sind tiefer enttäuscht, wenn ihre Erwartungen nicht erfüllt werden. Vor allem herrscht noch immer die Überzeugung, dass für vieles, was Engländer und erst recht Amerikaner dem einzelnen Bürger überlassen, der Staat verantwortlich sei. Selbst in den wüstesten Staatsbeschimpfungen klingt immer noch die Sehnsucht nach dem gerechten «Vater Staat» mit.

Wald

> O Täler weit, o Höhen,
> O schöner, grüner Wald,
> Du meiner Lust und Wehen
> Andächt'ger Aufenthalt!
> Da draußen, stets betrogen,
> Saust die geschäftge Welt,
> Schlag noch einmal die Bogen
> Um mich, du grünes Zelt!

Unzählige deutsche Gesangvereine, meistens Männerchöre, haben diese Verse Eichendorffs in der Vertonung von Mendelssohn-Bartholdy mit Inbrunst gesungen und damit die Seele ihrer Landsleute tief berührt. Was für die Schweizer die Berge, für die Schotten die Highlands und für die Engländer der Garten, ist – oder war zumindest bis vor kurzem – für die Deutschen der Wald. Er steht für alles, was Eichendorffs Verse ausdrücken: er ist ein Ort der Andacht und Ehrfurcht, eine Zufluchtsstätte vor dem Lärm der Welt, kurzum, ein großer Mutterschoß, in dem man sich geborgen fühlt. In einem anderen, nicht minder bekannten Gedicht spricht Eichendorff die religiöse Bedeutung noch deutlicher aus, wenn er schreibt:

Wer hat dich, du schöner Wald
Aufgebaut so hoch da droben?
Wohl den Meister will ich loben,
Solang noch mein' Stimm' erschallt.

Die Romantiker machten den Wald für das deutsche Gemüt zum
Inbegriff einer von Gott geschaffenen heilen Sphäre, in die der
Mensch sich zurückziehen kann, und niemand hat das in Versen
wirkungsvoller ausgedrückt als Eichendorff. Dass es sich dabei um
ein junges Phänomen handeln muss, liegt offen zutage. Im frühen
Mittelalter, als es in Deutschland noch Wölfe gab und Räuber den
Wald unsicher machten, wäre niemand auf die Idee gekommen,
diese bedrohliche Wildnis als Zufluchtsstätte zu preisen, es sei denn,
er war auf der Flucht vor Feinden oder vor dem Gesetz. Doch mit
dem Aufblühen der Städte verschwand immer mehr Wald, da man
Holz zum Heizen und zur Gewinnung von Eisen, Glas und Salz
brauchte. Um 1300 gab es viel weniger Wald in Deutschland als
heute. Dieser Zustand dauerte bis zum Ende des 17. Jahrhunderts an.
Erst danach begann eine kontinuierliche Aufforstung in großem Stil.
Doch der emotionale, geradezu mystische Wert, den der Wald in der
Romantik für die Deutschen annahm, hat nichts mit seiner ökonomischen Bedeutung zu tun. Im Gegenteil, je mehr die Steinkohle das
Holz als Brennstoff verdrängte und damit den Wald ökonomisch
entwertete, umso mehr gewann er an emotionaler Bedeutung.

Was den Wald dazu prädestinierte, zur höchstgeschätzten Na-
tursphäre der Deutschen zu werden, war die Tatsache, dass er das
naturhaft-organische Idealbild einer aus unzähligen Individuen zu-
sammengesetzten Ganzheit darstellte. Damit entsprach er dem,
wonach sich die Deutschen seit dem Dreißigjährigen Krieg kollektiv am meisten sehnten. Sie wollten Teil eines Ganzen sein, in dem
sie sich auf eine irrational-gefühlsmäßige Weise geborgen fühlen
konnten. Dieses Ganze sollte dem Zugriff von Individuen entzogen
sein, also musste es etwas sein, was gottgegeben war und keiner anderen Legitimation bedurfte. Es sollte zudem Ehrfurcht einflößen,
damit niemand es wagen würde, dagegen zu rebellieren. Kurzum, es
sollte eine erhabene Autorität darstellen, die nach außen Schutz bot
und nach innen ein Gefühl von Aufgehobensein vermittelte. Alles
das wird durch den Wald beispielhaft ausgedrückt. Auch wenn
Deutsche heutzutage bei Waldspaziergängen durchaus auch die Ge-

mütlichkeit des Idyllischen empfinden, wurde mit dem Wort lange Zeit eher die Vorstellung eines Hochwalds verbunden, durch dessen Kronen ein Schauer des Erhabenen weht. Man könnte sagen, dass sich im Wald die Autorität des Väterlichen mit der Geborgenheit im Mütterlichen verbindet. Diese eigentümliche Aura hat der Wald bis heute für die Deutschen bewahrt. Deshalb reagierten sie auf das Waldsterben emotionaler als andere Nationen. Die Franzosen, die das Wort ‹Waldsterben› als Fremdwort benutzen, stehen der deutschen Waldromantik kopfschüttelnd gegenüber, empfinden sie aber als typisch für die Mentalität ihrer östlichen Nachbarn, wie man bei Bernard Nuss nachlesen kann.

Obgleich der Wald noch immer für die Deutschen eine tiefe emotionale Bedeutung hat, ist er doch nicht mehr das, was er im 19. Jahrhundert und noch zu Beginn des 20. in der Zeit der Wandervogelbewegung war. Die heutigen Deutschen suchen nicht mehr Geborgenheit in einer dunklen, Ehrfurcht gebietenden Sphäre, sie sind inzwischen genauso lichthungrig wie der aufgeklärte Westen. Unmittelbar nach dem Krieg, als sie noch den Heile-Welt-Kitsch der Blut-und-Boden-Literatur im Kopf hatten, erreichten Romane wie Ganghofers *Das Schweigen im Walde* und Trygve Gulbranssens aus dem Norwegischen übersetzte Saga *Und ewig singen die Wälder* in deutschen Buchklubs noch einmal hohe Auflagen, und Heimatfilme wie *Die Försterchristel* oder *Schwarzwaldmädel* lockten mit der Waldassoziation ihr Publikum ins Kino. Danach verschwand die Waldromantik und der mit ihr verbundene Wertekanon allmählich aus der deutschen Vorstellungswelt. Heute hat für die meisten das Rauschen des Meeres mehr Anziehungskraft als das Rauschen mächtiger Baumkronen. Das Meer bedeutet Freiheit, Weitblick, Risiko, vor allem aber Helligkeit. Alles das entspricht dem Wertekanon der Aufklärung, von dem sich die deutsche Romantik verabschiedet hatte und zu dem die Deutschen nun wieder zurückkehrten. Doch die Sehnsucht nach Geborgenheit ist immer noch da und wird ihr Gefühlsleben noch lange bestimmen; denn Geborgenheit findet man nicht am Meer, sondern viel eher im Wald, der deshalb noch lange eine spezifisch deutsche Saite zum Klingen bringen wird, jetzt aber ohne die früheren Erhabenheitsgefühle.

Auf die Rückkehr der Deutschen zur Aufklärung, von der sie sich in der Romantik verabschiedet hatten, wird später noch eingegangen werden. Hier sei nur noch im Rückblick auf die vorher betrachteten

Urworte angemerkt, dass mit der nachlassenden Waldromantik auch eine Abkehr von der Nachtlyrik, vom Rembrandtdunkel in der Malerei und vom Ehrfurchtskult einhergeht. Die heutigen Deutschen hängen sich viel lieber Drucke von van Gogh als solche von Rembrandt an die Wand, sie liegen lieber auf Mallorca in der Sonne, als dass sie nachts den Quellen und den Nachtigallen lauschen; und schneebedeckte Berggipfel rufen in ihnen keinen Schauer der Ehrfurcht hervor, sondern den Wunsch sie zu besteigen oder darauf Ski zu fahren. Sollte allerdings die gegenwärtig forcierte Kampagne für mehr Vaterlandsgefühle erfolgreich sein, könnte die Waldromantik sehr schnell wieder erwachen.

Weihnacht

Kein Fest im Jahr ruft in der deutschen Seele tiefere Emotionen wach als Weihnachten. Das lässt sich bereits an sprachlichen Indizien ablesen. Unter dem Plural Weihnachten werden die meisten die bloße Bezeichnung des Festes verstehen, während der Singular Weihnacht mehr von der Aura des Festes hat. Dass Weihnachten nicht bloß ein Fest ist, sondern ein emotionales Geschehen, erkennt man außer an dem langen Anlauf der vierwöchigen Adventszeit daran, dass es ein Verb dazu gibt. Man würde nicht sagen: es ostert oder pfingstet, doch man sagt, es weihnachtet, wenn die Weihnachtsstimmung sich dem Höhepunkt nähert. Bei den meisten anderen Völkern ist Weihnachten ein fröhliches Fest, bei dem man sich gegenseitig beschenkt und das man im Familienkreis mit reichlichem Essen in geselliger Muße verbringt. Für die Deutschen hat es – trotz der weit fortgeschrittenen Kommerzialisierung – immer noch eine Aura des Weihevollen und Besinnlichen. Das drückt sich auch darin aus, dass für sie der Höhepunkt nicht der eigentliche Weihnachtstag ist, an dessen Morgen in den meisten Ländern die Geschenke ausgepackt werden, sondern der Heiligabend mit der «Bescherung». «Deutsche Weihnacht» ist selbst im Ausland für viele ein so fester Begriff wie «englischer Humor». Wenn die Kerzen am Weihnachtsbaum angezündet sind, Weihnachtslieder gesungen oder gespielt werden und das Zimmer nach Tannennadeln duftet, dann breitet sich im deutschen Gemüt eine Stimmung aus, der selbst die hartgesottensten Antiromantiker und Kitschfeinde kaum widerstehen können. Es ist ein völlig anderer Gemütszustand als der fröhliche *Christmas spirit*, als dessen Propagandist in England Charles Dickens gilt. Bei ihm ist Weihnachten ein heiteres Fest, bei dem man anderen Menschen Gutes tut, Unrecht verzeiht und sich in fröhlicher, ja skurriler Geselligkeit ergeht. Ganz anders die traditionelle deutsche Weihnacht, sie steht für besinnliche Innigkeit im engsten Familienkreis. Es ist Gemütlichkeit mit der Aura des Weihevollen und des Kindlich-Naiven zugleich.

Für Christen müsste eigentlich Ostern das wichtigste religiöse Fest sein, so wie es die Orthodoxen sehen. Wenn also die Deutschen die Geburt Christi mit so viel mehr Emotion feiern als seine Auferstehung, stellt sich die Frage nach dem Warum. Man könnte vermuten, dass es etwas mit der heidnischen Erinnerung an die Wintersonnenwende zu tun hat, die für die Menschen in nördlichen Breiten eine größere Rolle spielte als in Regionen mit milderem Klima. Wenn man aber die Art, wie Deutsche das Weihnachtsfest begehen, mit ihren sonstigen emotionalen Reaktionen vergleicht, wird klar, dass für sie am Heiligabend vieles von dem zusammenkommt, was an früherer Stelle erwähnt wurde: Gemütlichkeit, Geborgenheit, Innigkeit, Einfalt, Ursprung, Ehrfurcht, Nacht und der durch den Weihnachtsbaum repräsentierte Wald. Die ganze Aura der deutschen Weihnacht würde sich verflüchtigen, wenn man die amerikanische Sitte der Bescherung am Weihnachtsmorgen übernähme. Statt Geborgenheit gäbe es dann Geselligkeit, statt Innigkeit Fröhlichkeit, statt kindlicher Einfalt Lebensfreude. Dass die Deutschen auf dem Wege dorthin sind, zeichnet sich bereits ab. Immer mehr Jugendliche flüchten am Heiligabend aus der Familienidylle in eine Party unter Altersgenossen. Wie in vielen anderen Bereichen werden die Deutschen auch hier immer undeutscher.

So wie die nationaltypischen Traditionen mehr und mehr verblassen und in einer westlichen Gemeinkultur aufgehen, so werden auch die hier betrachteten Urworte immer mehr ihre Aura verlieren und zu Wörtern mit einem bloß antiquarischen Hauch herabsinken. Das könnte aber auch eine gegenläufige Entwicklung auslösen. So wie es in der Renaissance eine Rückwendung zur Antike und in der Romantik eine solche zum Mittelalter gab, könnte es auch eine nostalgische Rückwendung zu den hier betrachteten Wertvorstellungen geben. Die Frage ist nur, ob man sich das wünschen sollte. Bei den Ehrfurcht heischenden Urworten wie ‹Totalität› und ‹das Absolute› sollte man eher froh sein, dass sie einer allgemeinen Skepsis gewichen sind. Doch ein wenig mehr Wertschätzung für alles, was ‹Geborgenheit› befördert, könnte vielleicht verhindern, dass die Menschen in einer immer ungemütlicher werdenden Welt anfällig für die Angebote irrationalistischer Heilslehren werden. Wie groß das Verlangen danach ist, zeigt sich in zunehmendem Maße. Da wäre es schon besser, wenn dieses Bedürfnis durch alte heimische Traditionen befriedigt würde als durch Sekten oder kommerzielle Heilsangebote.

Deutsche Mythen

Die meisten Völker haben Mythen, auf die sie kollektive Vorstellungen von nationaler Identität projizieren. Es sind Figuren und Geschichten, die hinter die früheste historische Überlieferung zurück- und über die politische Realität hinausgehen. Manche davon sind aus der tatsächlichen Geschichte hervorgegangen, während andere der Fantasie entstammen. Da sie außerhalb der Geschichte angesiedelt sind, ist zu erwarten, dass mit der Länge der Geschichte die Distanz zur mythischen Vorzeit wächst. Das gilt für die meisten Kulturnationen. Aus deutscher Sicht liegen die Mythen der germanischen Frühzeit weit zurück. Sie stammen aus der Zeit der Völkerwanderung und sind uns durch die altgermanische und die alt- und mittelhochdeutsche Dichtung überliefert. Schon im Hochmittelalter hatten sie ihre Bedeutung als Modelle der Welterklärung sowie als Projektionen nationaler Identität verloren und waren zu romantischen Stoffen für die Dichtung geworden. Das blieben sie bis zum Aufkommen des neuen Nationalgefühls im 18. Jahrhundert. Vor allem durch den deutschen Freiheitskampf gegen Napoleon gewannen sie ihre Bedeutung als Ausdruck nationaler Selbstidentifikation zurück. Deshalb kann es nicht verwundern, dass nun die alten Götter- und Heldensagen ins Bewusstsein des Volkes zurückgeholt und in Vers und Prosa verbreitet wurden. Während ihre erste Wiederbelebung im 18. Jahrhundert durch Klopstock und seine Zeitgenossen noch etwas Antiquarisches hatte, wurden sie durch die Balladendichtung des 19. Jahrhunderts zu allgemein bekanntem Volksgut. Inzwischen ist das meiste davon wieder abgesunken und riecht nach Antiquariat. Nur einige Namen sind im Bewusstsein der Deutschen zurückgeblieben, wobei zu den alten Mythen neue hinzukamen, die nichts mit der germanischen Frühzeit zu tun haben und doch der nationalen Selbstidentifikation dienten. Mustert man den gesamten Bestand und prüft, was davon etwas über die deutsche Mentalität aussagt, so kommen nur wenige Figuren in Frage. Ein Indiz für die nationale Relevanz ist ihre Verwendung für politische Zwecke. Wenn zum Beispiel die letzte Verteidigungslinie gegen Frankreich im Ersten

Weltkrieg als Siegfriedstellung bezeichnet wird, gibt das dem Helden aus dem Nibelungenlied nationales Gewicht. Das Unternehmen Barbarossa im Zweiten Weltkrieg weist den mythisierten Kaiser aus dem Hochmittelalter als nationale Identifikationsfigur aus. Der Kult um Faust und das Faustische hebt Goethes Helden auf die gleiche Ebene; und wenn 1943, also mitten im Krieg, mit großem Aufwand die Lügengeschichten des Barons von Münchhausen verfilmt werden, weil man sich davon eine Stärkung der deutschen Kampfmoral versprach, wird auch diese Figur zu einem nationalen Mythos.

Siegfried: Der deutsche Achill, der wie sein griechisches Gegenstück eine einzige verwundbare Stelle hatte und dort die tödliche Wunde empfing, trat erst 1755 erneut ins deutsche Bewusstsein, als das bis dahin verschollene *Nibelungenlied* in einer mittelalterlichen Handschrift wiederentdeckt wurde. Die Figur war zwar vorher nicht völlig vergessen und fand auch hin und wieder Eingang in die Dichtung, doch erst mit der Wiederentdeckung des bedeutendsten deutschen Heldenepos wurde der strahlende Held und Drachentöter so bekannt, dass noch bis zur Mitte des 20. Jahrhunderts jedes Kind Ludwig Uhlands 1812 publiziertes Lied «Jung Siegfried war ein stolzer Knab» singen konnte. Mit Richard Wagners *Ring des Nibelungen* wurde die Figur über das bloß Heroische hinaus Teil einer mythisierenden Weltdeutung. Dass Deutschland den jugendlichen Siegfried zum Nationalhelden erkor, während die Engländer zur gleichen Zeit in Artus-Dichtungen schwelgten, entspricht dem historisch-politischen Unterschied zwischen den beiden Nationen. Die Briten waren eine ausgereifte Kulturnation, die sich in der höfischen Welt der Artuslegenden eher widergespiegelt sah als in der gewalttätigen Welt der germanischen Frühzeit. Auf Camelot, dem Sitz des Gralskönigs, lag ein Hauch von *Indian summer*, wie man im Englischen den Altweibersommer nennt. Das entsprach der eigentümlichen Melancholie, die sich im viktorianischen England allem Optimismus zum Trotz ausbreitete. Die im Aufstieg begriffenen Deutschen hingegen brauchten einen jugendlichen Helden voller Tatendrang. Für sie war der unverwundbare, strahlende Siegfried die ideale Identifikationsfigur. Das fatale Lindenblatt, das zum Tode des Helden führte, gab diesem zudem die tragische Aura, ohne die er nur ein Abenteurer, aber kein Repräsentant einer erhabenen Sphäre gewesen wäre. So wie für die Briten die Artuswelt etwas Melancholisch-

Pittoreskes hatte, so trug die Nibelungenwelt für die Deutschen Züge des Tragisch-Erhabenen. Das entsprach den unterschiedlichen ästhetischen Idealen der beiden Nationen. Erinnert man sich daran, wie obsessiv die Deutschen sich im 19. Jahrhundert mit dem Tragischen beschäftigten, drängt sich die Vermutung auf, dass sich mit der Siegfried-Begeisterung schon die heroische Todesmystik anbahnt, die im Ersten und mehr noch im Zweiten Weltkrieg die Hirne der Deutschen vernebelte. Es mutet wie makabre Ironie des Schicksals an, dass die Deutschen ihre zurückgenommene letzte Verteidigungslinie im Ersten Weltkrieg «Siegfriedstellung» nannten, so dass der Zusammenbruch der Heimatfront, der danach als «Dolchstoß» zur Legende wurde, gewissermaßen mythisch vorprogrammiert war; denn Siegfried wurde durch einen heimtückischen Speerwurf in den Rücken getötet. Zusätzliches Salz in diese Wunde streute das spöttische Triumphlied der britischen Soldaten, die aus der ‹Siegfriedlinie› eine ‹Siegfriedleine› machten, auf der sie ihre Wäsche aufhängen wollten. Vom Siegfriedmythos ist heute nichts mehr übrig. Der Name, der im Dritten Reich zu den beliebtesten Vornamen zählte, ruft heute eher Spott hervor; und selbst das großartige *Nibelungenlied* wird nur noch von Germanisten gelesen.

Barbarossa: Genauso bekannt wie Uhlands Lied von Jung Siegfried war lange Zeit Friedrich Rückerts Gedicht vom alten Barbarossa, das so beginnt:

> Der alte Barbarossa,
> Der Kaiser Friederich,
> Im unterirdschen Schlosse
> Hält er verzaubert sich.
>
> Er ist noch nicht gestorben,
> Er lebt darin noch jetzt;
> Er hat im Schloß verborgen
> Zum Schlaf sich hingesetzt.
>
> Er hat hinabgenommen
> Des Reiches Herrlichkeit
> Und wird einst wiederkommen
> Mit ihr, zu seiner Zeit.

Unter dem Namen Barbarossa, das heißt Rotbart, war Friedrich I. von Hohenstaufen in die Geschichte eingegangen. Doch in der Sage, die sich um seinen Namen rankte, verband sich die Erinnerung an seinen bedeutenderen Enkel Friedrich II. mit einer noch älteren Kaisersage, die sich zeitweilig auch auf Karl den Großen bezog. Kern der Sage ist die Hoffnung auf die Wiederkehr eines großen Herrschers, der sein Volk aus dem Elend politischer Schwäche und Instabilität erlösen und ihm die alte Herrlichkeit zurückbringen wird. Dass die Deutschen für eine solche Erlöserfigur empfänglich sein mussten, liegt auf der Hand. Während die stärker horizontalisierten westlichen Nationen kraftvolle Politiker zwar zu schätzen wussten, ihnen aber doch eher misstrauten, herrschte bei den Deutschen eine sehnsüchtige Bereitschaft, sich einer mächtigen Führerpersönlichkeit zu unterwerfen. Von dieser Sehnsucht sind sie erst seit der nationalen Katastrophe unter Hitler geheilt. Eben dieser Hitler hatte mit dem «Unternehmen Barbarossa», wie der lange vorher geplante Überfall auf die Sowjetunion genannt wurde, seinem Größenwahn die Krone aufgesetzt, indem er die Deutschen bei ihrer irrationalen Sehnsucht nach nationaler Größe packte.

Faust: Es ist ein Kuriosum der Literaturgeschichte, dass der Faust-Stoff, den die Deutschen als ihr kulturelles Nationaleigentum empfinden, zuerst durch einen Engländer, nämlich Christopher Marlowe, in die hohe Literatur eingeführt wurde. Marlowe hatte den Stoff für sein um 1590 entstandenes Faustdrama aus dem 1587 erschienenen deutschen Faustbuch entnommen. Danach war Marlowes Stück im 17. und 18. Jahrhundert gelegentlich in kruder Form als Kasperletheater auf deutschen Jahrmarktsbühnen zu sehen. Bevor Goethe den Stoff übernahm, war die Figur im Volksbewusstsein nur ein gottloser Alchimist, der für seinen Teufelsbund die wohlverdiente Strafe erhielt. Seit Goethe ist daraus die moderne Verkörperung des prometheischen Menschen geworden. Faust ist nicht mehr der nach Macht, Ruhm und Lebensgenuss dürstende Renaissancemensch, der er bei Marlowe war, sondern der moderne Mensch, der zwischen Erkenntnisstreben und Genusssucht hin und her schwankt. «Zwei Seelen hab ich, ach, in meiner Brust», lautet der meistzitierte Satz aus seinem Mund. Anders als Marlowe schickt Goethe seinen Helden nach dem ersten Teil der Tragödie nicht in die Hölle, sondern lässt ihn im zweiten Teil in die große Welt eintreten, wo er zuletzt ein höchst fragwürdiges Kolonisationsprojekt in Angriff nimmt. Ein aus dem Dunkel des Mittelalters aufgetauchter, schuldbeladener Teufelsbündler, der am Ende doch den Weg ins Licht der Moderne findet und erlöst wird – das ist eine Gestalt, mit der die Deutschen sich als Nation durchaus identifizieren konnten. Dabei ist Faust selber eine Theaterfigur, die zur persönlichen Identifikation kaum einlädt. Für Schauspieler ist es eine undankbare Rolle, als Spruchbandträger von Weisheiten über die Bühne zu gehen. Da macht es schon sehr viel mehr Spaß, den Mephisto zu spielen, mit dem sich auch der Zuschauer eher identifizieren kann als mit dem Helden. Gerade die Schwierigkeit, Faust als individuellen Charakter zu erleben, macht die Figur zu einer mythischen Gestalt. Goethes Held ist nicht Heinrich Faust, der Gretchenverführer, sondern der faustische Mensch schlechthin.

Als faustisch empfanden die Deutschen danach ihr nationales Wesen. Wie Faust wollten sie hinab zu den Müttern, zum Urgrund des Seins, und hinauf zu den Sternen, zum Licht des göttlichen Logos. Während Goethe selber in seiner übrigen Dichtung den Nationalsozialisten kaum Gelegenheit bot, ihn für ihre Zwecke zu instrumentalisieren, passte ihnen Faust sehr gut ins Konzept, weshalb die Inszenierung des Stückes durch Gründgens am Berliner Schauspielhaus ein nationales Ereignis wurde. Auch nach dem Krieg hielt die Begeisterung noch eine Weile an und die Verfilmung der Gründgens-Inszenierung vom Hamburger Schauspielhaus wurde ein großer Erfolg. Danach ließ die Begeisterung merklich nach. Heute haben *Faust*-Aufführungen meist etwas Akademisch-Museales. Für den Durchschnittsbürger ist wahrscheinlich Frankenstein eine leichter zugängliche Figur als Goethes mythischer Kulturheros. Zu sehr ist das faustische Streben durch den Sündenfall der faustischen Nation diskreditiert, als dass man die Figur noch zur nationalen Identifikation anbieten könnte.

Münchhausen: Von Faust zu Münchhausen mag manchem als ein Schritt vom Erhabenen zum Lächerlichen erscheinen. Dass aber der Tausendsassa, der alle Schwierigkeiten meistert und selbst im Flug von einer Kanonenkugel auf die entgegenkommende überwechselt, zur nationalen Identifikation einlädt, müssen zumindest die Nationalsozialisten angenommen haben; sonst hätten sie daraus nicht einen der aufwändigsten Filme der Kriegsjahre gemacht. So unterschiedlich die beiden Figuren sind, so ähnlich ist die Geschichte des Stoffs. Die Lügenmärchen gehen auf die mündlichen Erzählungen ihres Urhebers, des Barons von Münchhausen zurück, wurden aber zuerst in England von dem wegen eines Diebstahls dorthin geflüchteten Rudolph Erich Raspe 1785 veröffentlicht. Gottfried August Bürger schuf, gestützt auf die englische Quelle, die deutsche Version, der er weitere Erzählungen hinzufügte. Für die Deutschen, die damals als weltfremde Träumer galten und sich mangels realer politischer Handlungsmöglichkeiten in romantische Traumwelten flüchteten, musste Münchhausen eine willkommene Identifikationsfigur sein; denn der Lügenbaron musste nicht einmal mit dem Teufel paktieren, um sich aus jeder Notlage herauszuwinden. Dank seiner Geisteskraft hatte er immer die richtige Lösung parat. Karl Mays Old Shatterhand, der später auf der Trivialebene die Rolle des unbesiegbaren Superhelden übernahm, musste immerhin seine Schmetterhand und seine unfehlbaren Schusswaffen einsetzen, während Münchhausen nichts als seinen Geist gebraucht.

Heute ist auch Münchhausen keine Identifikationsfigur mehr. Bei Kindern und Jugendlichen kommen seine Abenteuer kaum noch an. Wie Faust repräsentiert er ein vertikales Denken, das von der Überlegenheit des Geistes ausgeht. Die heutigen Helden müssen sich aber als Underdogs und mutige Individualisten gegen die Inhaber von Macht und falscher Autorität behaupten. Deshalb sind für Kinder Mickey Mouse und Donald Duck zugänglicher als Münchhausen; und Jugendliche, die nach mehr Action verlangen, wollen Helden wie Rambo, die man bewundern kann, ohne zu ihnen aufschauen zu müssen. Insofern haben alle vier der hier betrachteten deutschen Mythen ausgedient. Trotzdem stehen sie für etwas, das in der deutschen Mentalität nachwirkt, wenngleich die Wirkung stetig nachlässt.

Dass die vertikalen Heroen im Nachkriegsdeutschland ausgedient hatten, zeigt sich auch daran, dass der deutsche Film den Wildwesthelden Hollywoods nichts entgegenzustellen hatte. Im Wildwestfilm trägt gewöhnlich der Gangsterboss die Insignien der Aristokratie. Er ist arrogant, autoritär und attraktiv, während der Sheriff, der ihn zur Strecke bringt, ein schlichter Mann aus dem Volke ist: linkisch, Frauen gegenüber schüchtern und ohne aristokratische Allüren. Das ist der Heldentyp des egalitären Amerika, wie er nicht nur im Wildwestmilieu, sondern auch in anderen Genres anzutreffen ist. Solche demokratischen Helden gab und gibt es in Deutschland nicht. Stattdessen propagierte die deutsche Hochkultur im 19. und frühen 20. Jahrhundert den tragischen Helden, der von Anfang an den Untergang bereits ahnen lässt und eben dadurch als geadelt galt. Hinter der nationalen Großmannssucht, die durch Wilhelm II. offen zur Schau gestellt wurde und sich bei Hitler zum Größenwahn steigerte, spürt man von Beginn an in den sie begleitenden kulturellen Äußerungen nicht nur die Ahnung der Götterdämmerung, sondern geradezu die Sehnsucht danach. Was in Richard Wagners Musikdramen noch von metaphysischem Nebel eingehüllt ist, nimmt bei Ernst Jünger in *Der Kampf als inneres Erlebnis* (1922) die Form einer todessüchtigen Verblendung an. Hier eine Kostprobe:

Das ist ein Rausch über allen Räuschen, Entfesselung, die alle Bande sprengt. Es ist eine Raserei ohne Rücksicht und Grenzen, nur den Gewalten der Natur vergleichbar. Das ist der Mensch wie der brausende Sturm, das tosende Meer und der brüllende Donner. Dann ist er verschmolzen ins All, er rast den dunklen Toren des Todes zu wie ein Geschoß dem Ziel. Und schlagen die Wellen purpurn über ihm zusammen, so fehlt ihm längst das Bewußtsein des Übergangs. Es ist, als gleite eine Welle ins flutende Meer zurück.

Diese sonderbare Todesmystik mutet wie ein Rückfall in den archaischen Heroismus des Altertums an. Vielleicht machen die späteren Kapitel verständlich, weshalb die Deutschen sich so entschieden von der aufgeklärten Moderne verabschiedeten, deren unbeirrbarste Bannerträger die Amerikaner wurden.

Deutsche Helden

Mythen schafft sich ein Volk selber, Helden bekommt es durch den Zufall der Geschichte. Allerdings muss es sie dann auch küren. Insofern sagt auch die Auswahl aus dem zur Verfügung stehenden Personal etwas über die Mentalität eines Volkes aus. Die Kraft von Mythen beruht auf ihrer Allgemeinheit, weshalb sie sich ohne besondere Differenzierung darstellen lassen. Schwieriger ist es, reale Helden zu beschreiben; denn das erfordert eine Wertung, die den Rahmen dieses Kapitels und selbst den eines ganzen Buches sprengen würde. Hier geht es aber nicht um die Frage, welche deutschen Helden diesen Status verdienen, sondern darum, weshalb die Deutschen in ihnen Helden sahen und sehen.

Welche Gestalten kommen in Frage? Die Antwort hängt vom Zeitpunkt des Fragens ab. Vor 70 Jahren wäre der chronologisch letzte zweifellos Adolf Hitler und dreißig Jahre weiter zurück Kaiser Wilhelm II. gewesen. Die beiden würde heute niemand mehr nennen. Doch hinter ihnen tauchen Gestalten auf, über deren Heldenstatus es keinen Zweifel gibt. Der erste von ihnen ist Otto von Bismarck, der nächste Friedrich der Große, dann Martin Luther und ganz weit zurück Hermann der Cherusker. Gibt es andere von gleichem Status und Gewicht? Es sieht nicht so aus. Karl der Große, der die Sachsen besiegte, wurde zeitweilig als Sachsenschlächter geschmäht, weshalb er als deutscher Held kaum in Frage kommt. Kaiser Friedrich II. hätte das Format dazu gehabt, doch da er in Italien residierte, ist sein Bild für die Deutschen sehr blass. Was groß an ihm war, ging in den Mythos Barbarossa ein. Einen gewissen Heldenstatus haben sich auch einige Vertreter der deutschen Kultur erworben. Die großen Künstler und Wissenschaftler wird man freilich ausnehmen müssen; denn an ihnen bewundert man das Werk und nicht so sehr die Person. Alexander von Humboldt hingegen wird im Ausland durchaus als deutscher Held verehrt, während er im eigenen Land erst aus Anlass des 200. Jahrestags der Beendigung seiner Forschungsreise durch Südamerika wieder entdeckt wurde. Auch das sagt etwas über die deutsche Mentalität aus.

Hermann der Cherusker: Über Hermann – oder besser Arminius, denn unter diesem Namen taucht er zuerst in historischen Quellen auf – wusste man bis ins 15. Jahrhundert fast nichts. Aus einer kurzen Notiz des spätlateinischen Schriftstellers Orosius kannte man zwar seinen Namen, aber nicht viel mehr. Erst als 1455 die einzige Handschrift der *Germania* von Tacitus wiederentdeckt und 1470 gedruckt wurde, erfuhren die Deutschen Genaueres über den Sieg des Cheruskers über die Legionen des Varus. Da kurz darauf die Reformation begann und der Bruch mit Rom eine erste Welle von deutschem Nationalismus auslöste, bot sich die Gestalt des Arminius für die Deutschen als Freiheitsheld an. Ulrich von Hutten war der Erste, der den Sieger in der Schlacht im Teutoburger Wald an die Seite der großen antiken Feldherren stellte. Größere Aufmerksamkeit fand Arminius, dessen Name nun aus patriotischen Gründen als Hermann ins Deutsche übersetzt wurde, aber erst im 18. Jahrhundert; und wirklich bekannt und als erster Freiheitsheld der Deutschen verehrt wurde er erst während der Freiheitskriege gegen Napoleon, wofür Kleists Stück *Die Hermannsschlacht* von 1808 das herausragende Zeugnis ist. Da man über die Person des Helden fast nichts in Erfahrung bringen konnte, blieb sie im Halbdunkel zwischen Mythos und Geschichte. Man errichtete ihm im 19. Jahrhundert ein Denkmal an der vermeintlichen Stätte seines Sieges, der – wie man inzwischen herausgefunden zu haben glaubt – ganz woanders stattfand, doch mehr als den ersten Bezugspunkt des deutschen Nationalbewusstseins bedeutet er nicht. Er war weder Reichsgründer wie Karl der Große noch Konsolidierer eines Königreichs wie Alfred der Große bei den Engländern. Insofern ist er für die Deutschen nicht viel mehr als ein Symbol.

Martin Luther: Ganz anders verhält es sich mit Luther. Dass er welthistorisch der größte unter den deutschen Helden ist, gestehen ihm sogar die Katholiken zu, die den Ketzer eigentlich nicht verehren dürften. Doch Luther hat nicht nur die Reformation eingeleitet, die die fatale religiöse Spaltung des deutschen Volkes zur Folge hatte, er hat den Deutschen darüber hinaus durch seine Bibelübersetzung eine Gemeinsprache gegeben, die es an Ausdrucksfähigkeit mit dem Latein der Gebildeten aufnehmen konnte. Vor allem aber war er schon zu Lebzeiten für die protestantischen Deutschen eine Identifikationsfigur, und er blieb dies bis heute. Luther war ein

PAUL BAEHR

Unser heil'ges Vaterland
Hermanns-Denkmal

Die Sonne steigt im Osten farbenprächtig,
und golden glänzt der Teutoburger Wald,
wie prangt im Flammenmeere hehr und mächtig
gezückten Schwertes Hermanns Kraftgestalt!
Hier war's, wo frevlen Mutes vorgedrungen
die Römerhorde, kampferprobt und stark,
bis Held Armin sein Siegesschwert geschwungen
und sie getroffen in das tiefste Mark.

Wie Meereswogen waren die Legionen
in unser heil'ges Vaterland gebraust,
da stürzte sie von ihren Siegesthronen
der deutschen Männer eisenfeste Faust.
Aus dunklen Tannen brach mit seinen Mannen
hervor mit Schwert und Speer zum Rächerschlag
Arminius und lehrte die Tyrannen,
was Einigkeit und deutsche Kraft vermag.

Du hehres Denkmal, stolzes Ruhmeszeichen,
du gottgesandter, kampfeskühner Held,
der du mit kraftgewalt'gen Schwertesstreichen
zu Boden warfst die größte Macht der Welt;
der du der Heimat weitest all dein Streben,
die dir unsäglich teuer, lieb und wert,
du hast zuerst die Mahnung uns gegeben:
Für Freiheit, Einigkeit mit Herz und Schwert!

Abb. 7: Das Hermannsdenkmal im Teutoburger Wald, das 1875 eingeweiht wurde. Die abgedruckte patriotische Hymne hat Paul Baehr vermutlich zum 25. Jahrestag der Einweihung verfasst.

Mann von bewundernswertem Mut und beklagenswertem Starrsinn. Mit dem Fehdehandschuh seiner 95 Thesen löste er eine Bewegung aus, der er sich danach selber entgegenstellte. Hätte er mehr Sinn für Realpolitik gehabt, dann hätte wahrscheinlich ganz Deutschland protestantisch werden und bleiben können und der Dreißigjährige Krieg wäre den Deutschen erspart geblieben. Doch in seiner Schrift *Von der Freiheit eines Christenmenschen* wollte er die Freiheit nur dem «inwendigen, geistlichen Menschen» zuerkennen, dem äußerlichen Menschen aus Fleisch und Blut befahl er, sich der irdischen «Dienstbarkeit» zu unterwerfen. Daraus geht schon hervor, dass der nach Emanzipation lechzende Dritte Stand, der durch Calvin seine Interessen vertreten sah, in Luther einen

Abb. 8: Martin Luther als Augustinermönch (1521).
Holzschnitt von Hans Baldung, gen. Grien.

schlechten Anwalt hatte. Noch fataler war vermutlich seine Weige-
rung, sich im Religionsgespräch von Marburg auf eine einheitliche
Auslegung des Abendmahls zu verständigen. Durch sein starres
Festhalten an der nur mystisch zu verstehenden physischen Realität von Jesu Fleisch und Blut im Brot und Wein war das evangeli-

sche Lager so gespalten, dass der Protestantismus bald nur noch ein ideologisches Instrument in den Händen machthungriger Landesfürsten war.

Luthers Mut und seine anschließende Halbherzigkeit entsprechen so sehr einem Grundzug deutscher Geschichte, dass man ihn geradezu als deren paradigmatische Verkörperung ansehen kann. Mutiges Vorpreschen und ängstliches Haltmachen vor den praktischen Konsequenzen ist etwas, was auch die nächsten beiden Heldenfiguren charakterisiert. Was ihn von diesen allerdings unterscheidet, ist eine spezifisch deutsche Form von Frömmigkeit, die man in den kalvinistischen Ländern so nicht findet. Durch seine Kirchenchoräle und durch die Hochschätzung der Musik im Gottesdienst hat Luther Wesentliches zur deutschen Kultur beigetragen; und durch seine Anerkennung der weltlichen Obrigkeit prägte er der deutschen Mentalität die Sehnsucht nach etwas ein, was Thomas Mann später auf die Formel «machtgeschützte Innerlichkeit» brachte. Leider war bei ihm schon manches von dem angelegt, was im 20. Jahrhundert aus der deutschen Innerlichkeit hervorbrach. Dazu zählt sein fanatischer Hass auf die Juden und eben auch seine blinde Unterwerfung unter die weltliche Obrigkeit. Wenn man ihm die Leistung zubilligt, den Grund für eine deutsche Nationalkultur gelegt zu haben, dann muss man ihm wohl auch eine Mitschuld an dem zusprechen, was aus dem Gemisch von Antisemitismus und antiaufklärerischer Innerlichkeit hervorgegangen ist.

Friedrich der Große: Friedrich II. von Preußen ist der einzige Deutsche nach Karl dem Großen – falls man diesen als Deutschen gelten lässt –, der sich den Beinamen ‹der Große› erwarb. Soweit sich die Bezeichnung auf die Persönlichkeit bezieht, wird man ihm den Ehrentitel nicht absprechen wollen; denn wenn ein sensibler, musisch begabter junger Prinz von eher schwächlicher Konstitution, der vor dem strengen Vater fliehen wollte und danach mit ansehen musste, wie sein bester Freund wegen des Fluchtversuchs exekutiert wurde, nicht zum zynischen Gewaltherrscher wurde, weist das auf große Charakterstärke hin. Ein Zyniker war Friedrich in der Tat, aber einer, der sich an die Vernunft hielt und sich nicht blind an der Welt für die traumatischen Erfahrungen seiner Jugend rächen wollte. Er war ein Freigeist im wahren Sinn des Wortes, ein freier Geist, der Dinge sagte und schrieb, für die andere Zeitgenossen in den Kerker geworfen worden wären. Doch was ihm fehlte, war die Geistesfreiheit eines Visionärs. Seiner zynischen Rücksichtslosigkeit verdankt er seine militärischen Erfolge. Als Vabanquespieler vertraute er auf sein Glück, das ihn nicht im Stich ließ und ihn einmal sogar kurz vor dem Abgrund rettete; denn als Preußen im Krieg gegen Russland schon verloren schien und russische Truppen in Berlin standen, starb unverhofft Friedrichs Todfeindin, die Zarin Elisabeth, und ihr Nachfolger, der Friedrich-Bewunderer Peter III., schloss unverzüglich Frieden. Mit Friedrichs Regierung verbindet sich der Begriff «aufgeklärter Absolutismus»; und wenn man den preußischen König vor dem Hintergrund des 17. Jahrhunderts mit den Religionskriegen und Hexenverbrennungen sieht, ist er ohne Zweifel eine Lichtgestalt der Vernunft. Doch von den Idealen der Aufklärung hat er nur die religiöse Toleranz und die Abschaffung der Folter verwirklicht, in geringerem Umfang noch die Einschränkung der königlichen Macht durch Rechtsstaatlichkeit, was in seinem berühmten Satz zum Ausdruck kommt: «Ich bin der erste Diener meines Staates.» Doch von allem anderen, wofür die Aufklärung stand, war auch bei ihm nichts zu sehen. Freiheit, Gleichheit, Gewaltenteilung – alles das, was während seiner Regierungszeit in Amerika verwirklicht wurde, glänzte in Preußen durch Abwesenheit. Und es war eine *glänzende* Abwesenheit; denn trotz der Armut und ökonomischen Rückständigkeit seines Landes stattete Friedrich seine Residenz mit prunkvollen Schlössern aus. Verschwendung wird man ihm trotzdem nicht vorwerfen dürfen; denn er war sich durchaus bewusst, dass alle Steuern erst einmal durch sein armes Volk erarbeitet werden mussten. Deshalb hielt er auf Sparsamkeit und hinterließ eine gefüllte Staatskasse. Doch außer Verantwortungsgefühl gegenüber seinen Untertanen verrät seine Wirtschaftspolitik wenig von aufgeklärter Moderne. Von einem Pionier der Aufklärung hätte man erwartet, dass er als erstes in Berlin eine Universität gründete. Doch solch eine Brutstätte bürgerlicher Unruhe wollte er nicht vor seinem Schlosstor haben. Um sich gegen Frankreich verteidigen zu können, nahm er englische Subsidien an, doch vom englischen Liberalismus und Parlamentarismus wollte er ebenfalls nichts wissen. Innenpolitisch war er sogar konservativer als seine beiden Vorgänger. Während sich unter diesen die Klassenschranken schon zu lockern anfingen, kehrte Friedrich zur strikten Privilegierung der Junker zurück. Ein Preußen, das sich am englischen statt am französischen

Vorbild orientiert hätte, wäre nach der Französischen Revolution wohl nicht wie ein Kartenhaus zusammengefallen. Nach der mit viel Glück erreichten machtpolitischen Konsolidierung blieb Friedrichs Staatswesen genauso weit hinter der aufgeklärten Moderne seiner Zeit zurück wie sein Geschmack. Den neuen Kräften, die in Deutschland gärten, stand er voll Misstrauen gegenüber, und von der gesellschaftlichen Umwälzung, die sich anbahnte, schien er nichts zu bemerken. Aus dem militärischen Vabanquespieler war ein vorsichtiger Bewahrer des Status quo geworden, der weder die Weitsicht für die Gestaltung von Zukunft hatte noch den Mut, es zu versuchen. Vielleicht war es gerade das, was die Deutschen an ihm als Ausdruck ihrer eigenen Mentalität empfanden, so dass sie ihn als ihren Großen akzeptierten. Allerdings wird man ihm das Versäumte nicht allzu sehr ankreiden dürfen; denn selbst wenn er Preußen auf den Weg in eine Bürgergesellschaft gebracht hätte, wäre die Entwicklung unter seinem Nachfolger wieder gestoppt worden. Friedrichs unverschuldeter Hauptfehler war, dass ihm kein Regent seines Kalibers nachfolgte. Es gehört zum Unglück der deutschen Geschichte, dass just in der Zeit, als sich im bürgerlichen Lager der freie Geist zur höchsten Blüte entfaltete, keine Führungsfigur bereit stand, um den geistigen Impuls in politisches Handeln umzumünzen.

Otto von Bismarck: Dass Bismarck Deutschlands größtes Politikgenie war, gestehen ihm selbst seine Kritiker zu. Den Mann muss man nicht unbedingt mögen, doch seine Fähigkeiten kann man nur bewundern. Seine Politik ist derjenigen Friedrichs des Großen in mancher Hinsicht ähnlich, nur dass er weniger auf militärische Gewalt und mehr auf Diplomatie setzte. Am Anfang entschied aber auch er sich für «Blut und Eisen». Doch nach dem Sieg über Österreich 1866 und fünf Jahre später über Frankreich betrieb er nach der Gründung des kleindeutschen Kaiserreichs die Konsolidierung, indem er sein ganzes diplomatisches Geschick dafür aufbot, den Status quo zu bewahren. Seine Politik war nicht dezidiert reaktionär, aber auch nicht fortschrittlich. Statt die liberalen Kräfte zum Nutzen Deutschlands wirken zu lassen, blieb er auf der konservativen Seite der Junker und ihrer Interessen. Die Befriedung Deutschlands, die er erreichte, diente zwar der Entfaltung bürgerlichen Wohlstands, und die Kriegsreparationen, die Frankreich zu zahlen hatte, ermöglichten den Boom der Gründerjahre, doch Deutschland als politisches System blieb so rückständig, wie es Preußen unter Friedrich dem Großen war. Das liberale Lager murrte, doch die Mehrheit des Volkes stand auf der Seite des Kaisers und seines Eisernen Kanzlers.

Bei Bismarck zeigt sich das gleiche Muster wie bei den beiden zuvor betrachteten Helden: ein kühnes Vorpreschen und danach eine vorsichtige, fast ängstliche Sorge um Stabilität, die dazu führte, dass die längst überfällige Modernisierung des gesamten Staatswesens unterblieb und erst nach der Niederlage im Ersten Weltkrieg mit dem Sturz des Kaisers nachgeholt werden konnte. Mit Bismarck verband sich im Bewusstsein der Deutschen lange Zeit der Aufstieg zum Kaiserreich und die Befriedigung des deutschen Verlangens nach einem Platz im Konzert der europäischen Großmächte, wobei viele seiner Landsleute meinten, es müsse der Platz an der ersten Geige sein. Aus liberaler Sicht war der Eiserne Kanzler zwar ein Verhinderer der Modernisierung und aus sozialdemokratischer Sicht der Unterdrücker der Arbeiterbewegung, doch im allgemeinen Bewusstsein des deutschen Volkes scheint solche Kritik seinem Renommee keinen Abbruch zu tun. Anscheinend ist die eigentümliche Mischung aus risikobereiter Tatkraft und vorsichtigem Sicherheitsdenken etwas, das der deutschen Mentalität entgegenkommt. Adenauer, der oft mit Bismarck verglichen und zuweilen als dessen demokratisch legitimierte Reinkarnation bezeichnet wurde, war von ganz ähnlicher Art, nur dass bei ihm die Vorsicht noch viel stärker ausgeprägt war. Vielleicht erklärt das hier aufgezeigte Grundmuster auch, weshalb Joschka Fischer so lange der mit Abstand beliebteste deutsche Politiker war. In seiner Jugend war er ein rabiater Revoluzzer und mauserte sich danach zu einem Staatsmann, der gerade wegen seiner Mäßigung überall geschätzt wird.

Helden, die das Tor in die Zukunft aufstoßen wie Oliver Cromwell, George Washington, Giuseppe Garibaldi und Kemal Atatürk sucht man in der deutschen Geschichte vergebens. Selbst Gescheiterte vom Schlag eines Marat und Danton gibt es nicht. Es dauerte lange genug, bis die Attentäter des 20. Juli als Helden anerkannt wurden, und auch das nur wegen ihrer konservativen Grundhaltung. Juristisch waren sie Umstürzler, doch in staatstragender Absicht. Der erste und für seine klare Vorausschau am meisten zu rühmende Attentäter, nämlich der Schreiner Johann Georg Elser, hat bis heute keinen Heldenstatus erlangt. Die meisten kennen nicht einmal seinen Namen. Sein Attentat im Münchner Bürgerbräukeller war besser vorbereitet als das des 20. Juli und wäre um ein Haar geglückt. Doch diesem Manne haftet der Geruch eines Hochverräters an, der die Stabilität des Staates bedrohte. Erfolgreiche Jagdflieger wie Ernst Udet und Generäle wie Erwin Rommel sind noch heute im Bewusstsein der meisten weit größere Helden als Elser oder irgendeiner der Verschwörer des 20. Juli. Bei einer Befragung würde man es vielleicht nicht zugeben, doch unterm Lügendetektor käme es sicher heraus. Helden, die für Bürgerfreiheit, Demokratie und Grundrechte kämpfen, scheinen für das deutsche Bewusstsein weniger attraktiv zu sein als solche, die der Stabilisierung des Staates dienten. Immerhin schuf Deutschlands politischster Dichter, Friedrich Schiller, mit *Wilhelm Tell* das literarische Denkmal eines republikanischen Freiheitshelden, allerdings eines Schweizers. Derselbe Schiller lehnte es ab, ein Drama über Friedrich den Großen zu schreiben. Er könne «diesen Charakter nicht liebgewinnen», weshalb er die «Riesenarbeit» seiner «Idealisierung» nicht auf sich nehmen wolle. Schiller liebte die Freiheitsverkünder vom Schlage des Marquis Posa in Don Carlos, doch bei allem Idealismus war er Realist genug zu sehen, dass es nicht ausreicht der bessere Führer zu sein, wenn die Geschichte einen weniger Fähigen legitimiert hat; und vom Glauben an einen gewaltsamen Umsturz war er nach dem Blutbad der Französischen Revolution kuriert.

Deutsche Frauen

Ehret die Frauen! Sie flechten und weben
Himmlische Rosen ins irdische Leben

So beginnt Schillers Gedicht «Würde der Frauen», über das sich die
Romantiker lustig machten und das Friedrich Schlegel süffisant pa-
rodierte. Es ist nicht das einzige Gedicht, in dem Schiller das Lob
der Frauen singt. In seinem «Lied von der Glocke» tut er es mit glei-
chem Pathos. Über Mangel an Lob können sich die deutschen
Frauen nicht beklagen. Das Ewig-Weibliche stand bei unseren
Dichtern hoch im Kurs. So beginnt im Deutschlandlied die zweite
Strophe mit den Worten:

> Deutsche Frauen, deutsche Treue,
> Deutscher Wein und deutscher Sang
> Sollten in der Welt behalten
> Ihren alten schönen Klang.

Hier wird der klassischen Trias «Wein, Weib und Gesang» – die angeblich auf Luther zurückgeht, aber erst bei Matthias Claudius in
der bekannten Form «Wer nicht liebt Wein, Weib und Gesang / Der
bleibt ein Narr sein Leben lang» auftaucht – die deutsche Treue hinzugefügt. Das weist der Frau einen hohen Rang zu. Goethe hat das
Lob nicht mit gleichem Pathos gesungen, dafür hat er zahlreiche un-
vergessliche Frauengestalten geschaffen, was nicht verwundert, da
Frauen in seinem Leben eine zentrale Rolle spielten.

Charakteristisch für die gesamte deutsche Literatur ist die Reduzierung der Frau auf drei klassische Typen: das unschuldige Mädchen, die mütterliche Hausfrau und die verehrungswürdige Frau
von hohem Stand. Gretchen aus *Faust I*, Lotte aus *Die Leiden des
jungen Werthers* und Helena aus *Faust II* sind klassische Beispiele
dafür. Dabei fällt auf, dass ein vierter Typ, der in der englischen und
französischen Dichtung eine große Rolle spielt, in der deutschen
Literatur geringeres Interesse findet: die Femme fatale. Zwar gibt es

Abb. 9: Ludwig Richter, *Lob des Weibes* (Holzschnitt, 1851).

den Typus in der deutschen Volkssage, im Märchen und in der Trivialliteratur, doch in der seriösen Literatur ist er weniger stark vertreten. Selbst Fouqués Nixe Undine ist keine dämonische Verführerin, sondern eher ein unschuldiges Mädchen, das Opfer fremder Machenschaften wird. Auch Kleists Penthesilea und Hebbels Judith

Abb. 10: Hans Holbein, *Die Frau des Malers mit den Kindern Philipp und Katharina* (um 1528).

sind nicht dämonische Frauen, sondern tragische Heldinnen, die ihre Ehre verteidigen. Die Vermutung liegt nahe, dass dieser Unterschied etwas mit dem Status der Frau in den genannten Ländern zu tun hat. In England war die Emanzipation der Frau schon im 18. Jahrhundert in vollem Gange und führte im 19. Jahrhundert zur Frauenbewegung. Auch in Frankreich spielten Frauen in Politik und Kultur eine beträchtliche Rolle. In Deutschland waren sie zwar nicht rechtloser, doch sie entfalteten weniger emanzipatorischen Druck. Das wiederum könnte der Grund dafür sein, dass die Angst vor der männerverschlingenden Femme fatale weniger stark war. Für diese Vermutung spricht, dass Gestalten wie Wedekinds Lulu und Heinrich Manns Rosa Fröhlich in *Professor Unrat* erst in einer Zeit die literarische Bühne betraten, als die Frauenemanzipation auch in Deutschland eingesetzt hatte. Mario Praz, der in seinem 1930 auf Italienisch erschienenen Buch *Liebe, Tod und Teufel. Die schwarze Romantik* (1960) über die europäische Literatur zu diesem Thema eine Fülle von Beispielen aus der französischen, italienischen und englischen Dichtung aufführt, hätte sicher auch die deutsche Literatur berücksichtigt, wenn er dort gleichermaßen fündig geworden wäre. In der bildenden Kunst fällt auf, dass es Dürer und seinen Zeitgenossen nicht gelingen wollte, für die Darstellung von Eva und Venus den Idealtypus einer schönen Frau zu schaffen. Dagegen schuf Hans Holbein mit dem Familienbild seiner Frau und der beiden Kinder eine der schönsten Darstellungen von Mütterlichkeit (Abb. 10).

Das hohe Ansehen, das die deutsche Frau als Hausfrau und Mutter genoss, scheint ihren Drang ins öffentliche Leben gebremst zu haben. Noch heute assoziiert man mit ihr im Ausland den Begriff ‹Hausfrau›, der im Englischen oft als Fremdwort benutzt wird. Die englische Lady und die französische Dame stellt man sich in einer gesellschaftlichen Umgebung vor, die deutsche Frau dagegen im Haus und in der Familie. Das hat offenbar mit dem zu tun, was wir im Zusammenhang mit Heimat und Gemütlichkeit bereits betrachtet haben. Der alltägliche Lebenskreis der Deutschen ist auch heute noch enger begrenzt und stärker auf Haus und Familie bezogen als in England und Frankreich. Ins Licht der Öffentlichkeit traten deutsche Frauen erst in der Romantik, als sich Caroline Michaelis, die in zweiter Ehe mit August Wilhelm Schlegel und in dritter mit Friedrich W. J. Schelling verheiratet war, sowie Bettina von Brentano, die Achim von Arnim heiratete, als geistig ebenbürtige Partner ihrer Männer profilierten. In Berlin waren es vor allem Henriette Hertz und Rahel Varnhagen, die mit ihren Salons kulturelle Wirkung entfalteten. Über den Kulturbereich hinaus hat Deutschland keine Frauengestalt, die mit den Königinnen Elisabeth I. und Viktoria in England vergleichbar wäre. Aristokratische Sterne am deutschen Frauenfirmament sind eigentlich nur die Heilige Elisabeth von Thüringen und Königin Luise von Preußen, die beide zu Ikonen des dritten deutschen Typs, der hohen verehrungswürdigen Frau, wurden.

Der enge Wirkungskreis der deutschen Frau, der spöttisch als die drei ‹Ks› – Kinder, Küche, Kirche – bezeichnet wird, wurde erst im 20. Jahrhundert gesprengt, als Frauen das Wahlrecht erhielten, außerhalb der Familie erwerbstätig wurden und in immer mehr Bereichen mit den Männern konkurrierten. Die Frau, die diesen emanzipierten Status am prominentesten repräsentiert, ist Marlene Dietrich. Obwohl sie mit der Rolle einer Femme fatale in dem Film *Der blaue Engel* berühmt wurde, verkörpert sie eigentlich nicht den Typ der dämonischen Frau, die mit sinnlicher Leidenschaft die Männer verführt. Sie ist im Gegenteil eine eher kühle, souveräne, den Männern Paroli bietende Frau. Hochgewachsene Blondinen, die durch einen unexotischen nüchternen Sexappeal auf Männer wirken, repräsentieren in den Augen des Auslands neben der Hausfrau einen zweiten spezifisch deutschen Frauentyp. Es ist der Frauentyp, der nach dem Zweiten Weltkrieg so deutlich wahrgenommen wurde, dass man im In- und Ausland vom deutschen «Fräuleinwunder» sprach. Der Gretchentyp scheint dagegen verschwunden zu sein. Nur in der frühen Nachkriegszeit war er in zwei stereotypen Formen anzutreffen: kindlich naiv in Heimatfilmen wie *Die Försterchristel*, worin Johanna (Hannerl) Matz die Titelrolle spielte, und sentimental in rührseligen Melodramen, in denen er durch Maria Schell so typisch repräsentiert wurde, dass diese Schauspielerin spöttisch als das deutsche «Seelchen» bezeichnet wurde. Daneben gab es die jungenhaft-burschikose Frau, die durch Liselotte Pulver verkörpert wurde, und die reife mütterliche Frau, auf deren Rolle Ruth Leuwerik abonniert war. Was alle diese Schauspielerinnen und die durch sie verkörperten Rollen miteinander gemein haben, ist die Abwesenheit jenes körperlichen Sexappeals, der Schauspielerinnen wie Marilyn Monroe, Gina Lollobrigida und Brigitte Bardot auszeichnete. Offenbar entsprach dieser Frauentyp nicht den deutschen Erwartungen. Man kann darüber spekulieren, ob es Angst vor der sexuellen Verführerin war oder ob gerade umgekehrt die Verführerin deshalb eine so geringe Rolle spielte, weil die Angst vor der Frau weniger stark ausgeprägt war.

Heute stellen sich die deutschen Frauen in der Öffentlichkeit nüchterner und tatkräftiger dar als die Männer. Es ist wohl kaum ein

Zufall, dass sie bei Olympischen Spielen schon seit längerem mehr Medaillen gewinnen als ihre männlichen Kollegen. Selbst in den Krimiserien des Fernsehens nimmt die Zahl der Kommissarinnen stetig zu, und die Moderation von Talkshows ist längst zu einer weiblichen Domäne geworden. Die als «Heimchen am Herde» belächelte Hausfrau ist schon lange nicht mehr das Ideal und auch keine Rollenerwartung, gegen deren Druck die Frauen ankämpfen müssten. Trotzdem scheint es so, als sei das deutsche Frauenbild immer noch stärker als in England, Frankreich und Amerika durch mütterliche Züge bestimmt. Die Sehnsucht nach Geborgenheit hat die deutsche Mentalität zu tief geprägt, als dass sie sich von ihren urbildhaften Vorstellungen so schnell trennen könnte. In der deutschen Literatur und Musik, vor allem bei Wagner, und erst recht im Kitsch wird von der Frau nicht so sehr sexuelle Befriedigung als vielmehr Erlösung im Sinne eines quasi-metaphysischen Aufgehobenseins in einem mütterlichen Schoß erwartet. Außerdem darf man nicht vergessen, dass im Dritten Reich die Frauen noch einmal mit Gewalt in das alte Rollenklischee der Hausfrau und Gebärerin zurückgestoßen wurden, so dass sie erst nach einem erneuten Emanzipationsanlauf ihre heutige Stellung erlangten. Eine Schande ist nach wie vor die Tatsache, dass so viele Frauen für die gleiche Arbeit weniger Lohn erhalten als die Männer und dass sie beim Aufstieg in höhere Positionen immer noch deutlich benachteiligt sind.

Formkräfte der deutschen Mentalität

Heutzutage wird niemand mehr annehmen, dass die deutsche Mentalität genetisch angelegt ist. Wäre es so, dürfte es kaum Unterschiede zu den anderen germanischen Völkern geben. Das Nationaltypische muss sich demnach unter dem Einfluss äußerer Kräfte entwickelt haben. Die wichtigsten davon sollen im Folgenden betrachtet werden. Es sind in erster Linie die geographischen, klimatischen und geopolitischen Gegebenheiten des Siedlungsraums sowie die historisch-politische Entwicklung der Gesellschaft.

Geographische Bedingungen

Bernard Nuss beschreibt die geographischen Bedingungen Deutschlands so:

Deutschland hat mit seinem unfruchtbaren Boden, seinen dunklen Wäldern und vielen Flüssen, die die Landschaft zerstückeln, lange unter seiner Geographie gelitten. Die Natur scheint alles fast versehentlich angeordnet zu haben, von den herben moorbedeckten und sturmgepeitschten Ebenen des Nordens über die zahlreichen Mittelgebirge, die eine Zerstückelung des Bodens und der Volksstämme zur Folge hatten, bis zu den verschneiten Gipfeln des Südens. Ohne natürliche Grenzen und folglich ohne Schutz, leichte Beute für alle Eindringlinge, dem unmittelbaren Zugriff des chaotischen Balkans ausgesetzt, mußte Deutschland allein dem Gewicht der gewaltigen slawischen Massen standhalten, deren Unendlichkeit es zugleich bedrückt und anzieht. Uneinig, von allen Seiten eingezwängt, ohne Fluchtmöglichkeit nach Norden, wo die Meere Einhalt gebieten, nach Süden, wo die Berge den Weg versperren, nach Osten, wo man an zähen Menschenmassen hängen bleibt, oder nach Westen, wo starke Feinde auf der Lauer liegen, gab es für Deutschland nur einen Ausweg, den Rückzug auf sich selbst.

Dieses Bild mag aus der Sicht eines Franzosen verständlich sein, doch ganz so prekär war die geographische Situation Deutschlands nicht. Betrachtet man sie vom heutigen Blickpunkt aus, ist das, was

Nuss als Fluch beschreibt, eher ein Segen. Unter allen vergleichbaren Industrienationen hat Deutschland die günstigste Infrastruktur. Es besteht aus einem kompakten Territorium, das in Länge und Breite annähernd gleich ist, so dass sich kurze Verkehrswege ergeben. Das Land selber wird weder durch unwegsame Gebirge noch durch Sümpfe oder andere Hindernisse durchschnitten. Es ist weder Erdbeben noch Vulkanausbrüchen noch schweren Wirbelstürmen ausgesetzt. Die Bevölkerung verteilt sich ungewöhnlich gleichmäßig, wobei die einzelnen Regionen trotzdem großstädtische Zentren haben. Der größte Pluspunkt ist aber, dass das Land gemeinsame Grenzen mit neun anderen hochentwickelten Industrienationen hat, so dass ein großer Teil des Außenhandels auf kurzen Landwegen abgewickelt werden kann und das Land so zur Drehscheibe des innereuropäischen Handels wurde. Man braucht Deutschland nur einmal mit dem langen, vom Apennin durchzogenen italienischen Stiefel zu vergleichen oder mit den rund 4000 Inseln Japans, deren etwa gleich große Landfläche nur zu einem Fünftel bewohnbar ist und dennoch die anderthalbfache Einwohnerzahl hat, dann wird man zugeben müssen, dass die Deutschen eher ein Glückslos gezogen haben. Doch die geschilderten Vorzüge haben sich erst im Zuge der europäischen Einigung ergeben. Davor hatte Deutschland in der Tat unter der rundum ungeschützten Offenheit seines Territoriums und der Unklarheit seiner Grenzen zu leiden. Aber auch das bedarf der Einschränkung; denn die Offenheit nach Osten erlaubte immerhin die fortschreitende Kolonisierung der einstmals slawischen Ostgebiete. Bei kluger Politik hätten die Deutschen auch früher schon ihre geographische Trumpfkarte ausspielen können; doch um kluge Politik zu betreiben, hätten sie sich erst einmal einigen müssen. Wenn sie den Willen und die Kraft dazu aufgebracht hätten, wäre ihr Land im Herzen Europas auch bei offenen Grenzen ein sicherer Hort gewesen.

Die geographische Mittellage hat die deutsche Mentalität nachhaltig geprägt. Bis in die Mitte des 20. Jahrhunderts hatten die Deutschen das Gefühl, eine Kultur zu repräsentieren, die sich sowohl von der aufgeklärten Rationalität Frankreichs und Englands als auch von der irrationalen Dunkelheit Russlands unterschied. Zwischen westlicher Zivilisation und russischer Rückständigkeit glaubten sie die Bannerträger wahrer Kultur und Humanität zu sein. Ernst Moritz Arndt schrieb über Deutschland:

Als ein Bollwerk zwischen Frankreich und Rußland und als ein Schildhalter skandinavischer, hispanischer und italienischer Freiheit wird es wohltätig in der Mitte liegen und als der eigentliche Mittelpunkt des europäischen Lebens das wütende und zerstörende Zusammenstürmen des Westen und Osten unsers Weltteils verhindern.

Anders sah das kulturelle Spannungsfeld in Nord-Süd-Richtung aus. Von Norden drohte den Deutschen selten Gefahr. Zudem orientierten sich die Skandinavier selber so stark an den Deutschen, dass diese keinen Grund hatten, sich die nördlichen Nachbarn zum Vorbild zu nehmen. Ganz anders verhielt es sich mit dem Blick nach Süden. Italien wurde für die Deutschen im Lauf ihrer Geschichte so sehr zum Ziel kollektiver Sehnsucht, dass das «Land, wo die Zitronen blühn» aus dem Bildinventar der deutschen Seele nicht wegzudenken ist. Spätestens seit Goethes *Faust II* ist der Gegensatz zwischen der klassisch-mediterranen und der nordischen Welt ein fester Bestandteil des deutschen Selbstbildes.

Eine Nation, die von starken Nachbarn umgeben ist, hat die Wahl zwischen Angleichung und Abgrenzung. Seit dem Mittelalter sahen sich die Deutschen in dieser Spannung, wobei sie der Abgrenzung meist den Vorzug gaben. Schon früh formten sie ihr Selbstbild als Gegenbild zu den «Welschen», wie sie die romanischen Völker nannten. Dabei neigten sie dazu, eigene Mängel zur Tugend umzudeuten. Da sie sich den Welschen an kultureller Verfeinerung unterlegen fühlten, hoben sie das Biedere, Naturwüchsig-Rohe, Unverblümte und Derbe als deutsche Tugenden auf den Schild. Schon in der Zeit der Renaissance, wie bei der Betrachtung der deutschen Kunst noch zu sehen sein wird, setzten sie der welschen Formkunst die Tugend nordischer Innerlichkeit entgegen. Während sie gegenüber den romanischen Völkern mehr seelische Tiefe für sich reklamierten, grenzten sie sich von der noch emotionaleren slawischen Welt durch die Betonung des Geistigen ab. Aus dieser schwankenden Mittellage traten sie erst nach dem Zweiten Weltkrieg heraus. Seitdem gehören sie, mit gewissen Einschränkungen, zur westlichen Wertegemeinschaft.

Die Wahl des kulturellen Vorbilds scheint ebenfalls einem allgemeinmenschlichen Prinzip zu folgen: entweder folgt man einem übermächtigen, gegen das man sich ohnehin nicht durchsetzen kann, oder man wählt eines, von dem weder Gefahr noch Konkurrenz droht. So wird zum Beispiel verständlich, weshalb die Deutschen sich in der Zeit ihrer größten nationalen Schwäche, nämlich nach dem Dreißigjährigen Krieg, am Frankreich des Sonnenkönigs Ludwig XIV. orientierten, während sie sich mit Beginn der nationalen Selbstbesinnung im 18. Jahrhundert von Frankreich ab- und der klassischen Antike zuwandten. Nach dem Zweiten Weltkrieg war das amerikanische Vorbild so übermächtig, dass es aussichtslos gewesen wäre, einen anderen Weg einzuschlagen, zumal die Bundesrepublik jetzt der östliche Vorposten des westlichen Lagers war. Doch nach der deutschen Vereinigung und erst recht nach der Osterweiterung der Europäischen Union rückte Deutschland wieder in die alte Mittellage. Da kann es nicht verwundern, dass alte deutsche Selbstbilder zu neuem Leben erwachen. Der «anschwellende Bocksgesang», den Botho Strauß anstimmte, ist zwar wohl eher Ausdruck der konservativen Bockigkeit einer kleinen intellektuellen Elite, doch könnte daraus durchaus eine Rückkehr zu jenen Urworten werden, deren Verschwinden der Verfasser weiter oben begrüßt hatte.

Das Paradoxe an der deutschen Mentalität ist, dass sie zwar wesentlich durch die geographische Mittellage geprägt wurde, doch selber nur eine schwach entwickelte Mitte hat. Das zeigt sich am deutlichsten darin, dass die Deutschen einerseits begierig Fremdes aufnahmen und sich andererseits mit einer zuweilen an Hysterie grenzenden Gereiztheit gegen Überfremdung wehrten. Auf sprachlichem Gebiet war es vom 17. bis zum 19. Jahrhundert das Französische, das von der deutschen Hautevolee der Muttersprache vorgezogen wurde, während die Sprachpuristen dagegen angingen, so wie heute das Englische von den einen als Zeichen des up-to-date-Seins gebraucht wird, während die anderen sich über die Anglisierung des Deutschen ereifern.

Späte Horizontalisierung

Was war es, das die Neuzeit so fundamental vom Mittelalter trennte, dass man den Übergang als Zeitenwende empfand? War es die Kopernikanische Wende vom geozentrischen zum heliozentrischen Weltbild, die Renaissance der Antike, die Reformation oder die Entdeckung Amerikas? Alle genannten Ereignisse markieren schon wegen ihrer annähernden Gleichzeitigkeit einen tiefen Einschnitt. Doch das Tiefgreifendste und Folgenschwerste war die beginnende Horizontalisierung der bis dahin vertikalen Wertvorstellungen durch den Aufstieg des Bürgertums. Der Schlüsselbegriff, der das mittelalterliche Weltbild charakterisiert, war *ordo*, womit sich die bildhafte Vorstellung einer streng geordneten Stufenleiter verband, die allen Bereichen des Daseins zugrunde lag. Wenn ein Mensch aus dieser Ordnung auszubrechen versuchte, wurde er von Gott dafür bestraft. Deshalb war alles, was zum Ausbrechen Anreiz bot, eine Todsünde, vor allem der Hochmut, die *superbia*. Faustisches Streben war für den mittelalterlichen Menschen keine Tugend, sondern ein Verbrechen, das von Gott bestraft werden musste.

Mit dem Aufblühen der Städte wurden nun aber einzelne Bürger reicher als viele Adlige. Damit begann sich das feste *ordo*-Gefüge aufzulösen. In England setzte dieser Prozess am frühesten ein, was auf eine Reihe von historischen Unterschieden zurückzuführen ist. Da im englischen Adel nur der älteste Sohn den Titel erbte, waren die jüngeren Söhne rechtlich gemeine Bürger. Das bedeutete einen fließenden Übergang zwischen Adel und Bürgertum. Außerdem waren hier die Hochadligen keine Territorialfürsten, so dass sich ihre politische Macht auf die Mitgliedschaft im House of Lords beschränkte. Da im House of Commons die Bürger die zunehmende Geldmacht und der Landadel die Territorien repräsentierte, gewann diese Kammer des englischen Parlaments schon in der Shakespearezeit die politische Initiative. Ganz anders verlief die Entwicklung in Deutschland. Da hier alle Abkömmlinge des Adels auch rechtlich adlig blieben, bestand zwischen Adel und Bürgertum eine tiefe Kluft. Zudem hatte der deutsche Ritterstand im Reichstag weder Sitz noch Stimme, so dass dem städtischen Bürgertum dieser mögliche Verbündete fehlte. Da das Amt des Kaisers ein bloß symbolisches war, dem wenig reale Macht entsprach, hatten die Städte auch kaum die Möglichkeit mit dem Kaiser gegen den Hochadel zu paktieren. Die eigentlichen Herren waren die Fürsten und Fürstbischöfe, die weitgehend unabhängig von der Krone ihre kleinen Reiche regierten. Für einen kurzen Augenblick sah es so aus, als könnte dieses System in Richtung des englischen kippen. Das war zur Zeit der Reformation, als die Deutschen das Joch der Kirchenherrschaft abschüttelten und nun auch die Bauern im Bunde mit verarmten Rittern die Chance witterten, ihren Status zu heben. Doch Luthers

Festhalten an der Obrigkeitsordnung und die Unfähigkeit der freien Städte zu politischem Handeln sorgten dafür, dass die Bauernaufstände blutig niedergeschlagen und die alten Verhältnisse restauriert wurden.

Der Niedergang der deutschen Städte begann mit der Entdeckung Amerikas; denn von da an führten die großen Handelsströme nicht mehr durch Mitteleuropa, sondern über den Atlantik, wo England und Spanien sich das Revier teilten. Den endgültigen Todesstoß empfing die deutsche Bürgerkultur aber erst durch den Dreißigjährigen Krieg, der die Städte in Schutt und Asche legte und die deutsche soziale Entwicklung weit hinter diejenige Englands zurückwarf. Dort hatte der Religionskrieg unter Cromwell die Horizontalisierung vorangetrieben, die nach dem kurzen Zwischenspiel der Restaurationszeit durch die Glorreiche Revolution von 1689 zur konstitutionellen Monarchie führte, während in Deutschland nach dem Dreißigjährigen Krieg durch den Absolutismus der Landesherrschaften der alte Vertikalismus erneuert und verstärkt wurde. Die Revolution, die in England 1688 und in Frankreich 1789 stattfand, kam in Deutschland erst 1918.

So wie sich die politischen Kräfte in Deutschland jahrhundertelang gegen die Horizontalisierung stemmten, so taten es auch die geistigen. Nur für kurze Zeit gab es im 18. Jahrhundert eine republikanische Bewegung, die im Namen der Aufklärung Freiheit und Gleichheit einforderte. Als dann aber unter Robespierre die französische Revolution in blutigen Terror umschlug, gab die Mehrheit der Intellektuellen die Ideale der Revolution preis und kehrte zum alten Vertikalismus zurück. Während in England gerade die jüngere Generation der Romantiker liberal und fortschrittlich war, setzten sich bei den deutschen Romantikern immer stärker die restaurativen Tendenzen durch, so dass von dem republikanisch-egalitären Gedankengut der Aufklärung bald nichts mehr zu spüren war. Stattdessen setzte sich in Philosophie und Dichtung ein nun immer mehr auf Geisteshierarchie ausgerichteter Vertikalismus durch. Derselbe Thomas Mann, der 1938 aus Nazi-Deutschland in die demokratischen USA flüchtete, hatte in seinen *Betrachtungen eines Unpolitischen*, die er im letzten Kriegsjahr 1917 publizierte, die Demokratie für Deutschland noch radikal abgelehnt und sich gegen die egalitäre Aufklärung des Westens ausgesprochen, die in seinen Augen etwas Minderwertiges gegenüber einer historisch gewachsenen

Hierarchie war. Mit dieser antiaufklärerischen Haltung stand er nicht allein. Die meisten der deutschen Kulturschaffenden jener Zeit waren der gleichen Meinung, was später im Kapitel über den deutschen Ungeist noch näher ausgeführt wird. Die vollständige Horizontalisierung im Sinne der Aufklärung verwirklichten die Deutschen erst nach dem Zweiten Weltkrieg; und in ideologisch bestimmten Institutionen wie zum Beispiel den Universitäten hielt sich das hierarchische Prinzip bis in die 70er Jahre. Während die Labour-Regierung in England gleich nach dem Krieg ein großes Stipendienprogramm auflegte, das auch den Kindern der Arbeiterschicht den Zugang zur Universität eröffnete, mussten die Deutschen auf das so genannte Honnefer Modell, den Vorläufer von BAföG, noch zehn Jahre warten; und zu einer signifikanten Erhöhung des Anteils von Arbeiterkindern unter den Studierenden kam es erst in den 1970er Jahren. Auch wenn die deutsche Gesellschaft inzwischen vollständig demokratisiert ist und im Bereich der Industrie sogar mehr Mitbestimmungsrechte der Arbeiter hat als andere Nationen, trägt das gesamte deutsche Bildungswesen noch immer hierarchische Züge: vom dreigliedrigen Schulsystem über die Wertschätzung der hohen Kultur gegenüber der bloßen Unterhaltung bis hin zum Bildungsbegriff selbst, der auch heute noch mehr auf kulturelle Ranghöhe als auf Lebenstüchtigkeit ausgerichtet ist. Die Sehnsucht nach der verlorenen Vertikalität liegt nicht nur, wie noch gezeigt werden wird, den spezifisch deutschen Formen des Kitsches zugrunde, sie war auch das, was die Deutschen in die Arme eines Führers trieb, der ihnen den arischen Elitemenschen zur Identifikation anbot.

Kleinstaaterei

Die Deutschen gelten als ein obrigkeitshöriges Volk. Für die 74 Jahre von Bismarcks Reichsgründung bis zum Untergang des Dritten Reichs mag das zutreffen; denn in dieser Zeit wurde Deutschland ganz entschieden durch zentripetale Kräfte bestimmt. Die von Patriotismus berauschten Deutschen, die «für Gott, Kaiser und Vaterland» in den Ersten Weltkrieg zogen und wenig später «ein Volk, ein Reich, ein Führer» auf ihre Fahnen schrieben, wollten nichts sehnlicher als eine starke Autorität, die ihnen nationale

Macht und damit Sicherheit versprach. Doch davor waren es eindeutig die zentrifugalen Kräfte, die die deutsche Geschichte bestimmten. Nach dem Wormser Konkordat von 1122, das den Streit zwischen Papst und Kaiser um die Einsetzung der Bischöfe beilegte, waren die Bischöfe nicht mehr Reichsbeamte, sondern weitgehend selbstständige Vasallen. Damit waren die Aussichten auf einen Einheitsstaat endgültig dahin. Selbst starke Kaiser wie die Staufer versuchten vergeblich, die Zentralgewalt gegenüber den Kronvasallen zu stärken. Unter den schwächeren Kaisern erlangten die weltlichen und geistlichen Territorialfürsten so viel Macht, dass der Kaiser bald nur noch der symbolische Herrscher war, während das Reich in Wirklichkeit aus zeitweise über 300 selbstständigen Territorien und zahlreichen weiteren Gebieten mit Sonderrechten bestand. Dieser so genannte deutsche Partikularismus prägte die deutsche Geschichte bis zur Reichsgründung 1871; und selbst danach bestand das Reich aus Einzelstaaten mit weitreichender Autonomie in der Innenverwaltung.

Historisch ist diese Zersplitterung leicht zu erklären. Als die Germanen in den mittel- und westeuropäischen Raum eindrangen, besetzten die einzelnen Stämme zusammenhängende Territorien und bildeten dort eigene Identitäten aus, die bis heute fortwirken. Insofern ist die deutsche Geschichte nicht durch Obrigkeitshörigkeit, sondern durch ein extremes Unabhängigkeitsdenken der Stämme und ihrer Anführer geprägt. Nicht der Drang nach Einheit, sondern Stammesrivalität und Zwietracht beherrschen das Bild. Bismarck, dessen Urteilsfähigkeit wohl niemand anzweifeln wird, sagte über die Deutschen:

Es liegt ohne Zweifel etwas in unserem Nationalcharakter, was der Vereinigung Deutschlands widerstrebt. Wir hätten die Einheit sonst nicht verloren oder hätten sie bald wiedergewonnen. Wenn wir in die Zeit der deutschen Größe, die erste Kaiserzeit, zurückblicken, so finden wir, daß kein anderes Land in Europa in dem Maße die Wahrscheinlichkeit für sich hatte, eine mächtige nationale Einheit zu erhalten wie gerade Deutschland. Blicken Sie im Mittelalter von dem russischen Reiche der Rurikschen Fürsten bis zu den westgotischen und arabischen Gebieten in Spanien, so werden Sie finden, daß Deutschland vor allen die größte Aussicht hatte, ein einiges Reich zu bleiben: Was ist der Grund, der uns die Einheit verlieren ließ und uns jetzt gehindert hat, sie wieder zu gewinnen? Wenn ich es mit einem kurzen Wort sagen soll, so ist es, wie mir scheint, ein gewisser Überschuß an dem Gefühle männlicher Selbständigkeit, welcher in Deutschland den einzelnen, die Gemeinde, den Stamm veranlaßt, sich mehr auf die eigenen Kräfte zu verlassen als auf die der Gesamtheit.

Hier werden die Deutschen als ein freiheitsdurstiges Volk beschrieben, so wie bereits in dem zitierten Text von A. J. P. Taylor zu lesen war, dass die Deutschen zeitweilig Freiheiten genossen, von denen andere Völker in Europa nur träumen konnten. Allerdings waren es immer nur Freiheiten für die Mächtigen, nicht für die gewöhnlichen Bürger. Für diese wäre es, wie das Beispiel Englands zeigt, besser gewesen, wenn sie eine starke Zentralgewalt gehabt hätten, mit der im Bunde sie sich gegen die Landesfürsten hätten behaupten können. So dauerte es bis zum Befreiungskrieg gegen Napoleon, bevor sich in Deutschland die Sehnsucht nach einem einheitlichen Nationalstaat regte, der unter dem Einfluss der Romantik als Volkseinheit verstanden wurde. Wegbereiter dorthin war der Staatsbegriff der Aufklärung, der in Deutschland aber nicht wie in England von unten durch das Parlament, sondern von oben durch aufgeklärte Fürsten durchgesetzt wurde. Friedrich II. von Preußen und Joseph II. in Österreich erwarben sich so das Verdienst, einen aufgeklärten Absolutismus eingeführt zu haben. Als es Bismarck endlich gelang, die deutschen Kleinstaaten in einem neuen Deutschen Reich zusammenzuführen, war auch das nur in der kleindeutschen Form möglich, das heißt ohne Österreich. Kaum hatten sich aber der bayerische Löwe und der preußische Adler die Hand gereicht, wie es der patriotische Historienmaler Anton von Werner in antikisierender Form darstellte, brach sich die Jahrhunderte lang aufgestaute Sehnsucht nach Einheit Bahn, und es kam zu einer euphorischen Begeisterung für das neue Reich. Das schien Bismarcks oben zitierte Diagnose zu widerlegen und einen anderen, viel bekannteren Ausspruch von ihm zu bestätigen, den er am 11. März 1867 vor dem Norddeutschen Reichstag machte: «Setzen wir Deutschland, sozusagen, in den Sattel! Reiten wird es schon können.» Wohin der Ritt ging, zeigte sich dann leider 1914 und bald darauf noch einmal 1933.

Der deutsche Partikularismus galt lange Zeit als Fluch der deutschen Geschichte. Dass er auch positive Auswirkungen hatte, ist nur selten und erst in jüngster Zeit gesehen worden. Für Europa war er wahrscheinlich ein Segen; denn wenn das Reich von einem starken Zentrum aus imperiale Macht entfaltet hätte, wären die europäischen Hegemonialkriege vermutlich noch viel blutiger ausgefallen. Am unmittelbarsten ins Auge springen die Vorteile auf kulturellem Gebiet. Dank der politischen Zersplitterung besitzt Deutschland eine so reich gegliederte Kulturlandschaft wie kein anderes Land vergleichbarer Größe. Jeder Einzelstaat und selbst kleinste Duodezfürstentümer hatten eine Residenzstadt, die entsprechend den finanziellen Möglichkeiten des Landesherrn ein Schloss, ein Theater, nicht selten ein Opernhaus, eine Bibliothek und weitere Kultureinrichtungen besaß. Von dieser reichen Erbschaft ist das meiste bis heute erhalten oder wurde nach dem Krieg wieder aufgebaut. Nicht nur mit Stätten der Hochkultur ist das Land reich gesegnet, auch die Volkskultur weist eine Vielfalt wie in kaum einem anderen Land auf. Das gilt für die Küche, den alltäglichen Lebensstil, das Brauchtum, die Architektur der Bauernhäuser, die Dialekte und alles, was sonst noch den deutschen Regionen ihr charakteristisches Gepräge gibt. Allerdings wurde diese Vielfalt mit dem Verzicht auf eine kulturelle Mitte erkauft.

Mit der Gründung der Bundesrepublik erteilten die Deutschen dem Zentralstaat erneut eine entschiedene Absage und knüpften mit dem föderalen Prinzip an die alte Kleinstaaterei an, was sich in den ersten Jahrzehnten durchaus bewährte. Zum einen wirkte dies der möglichen Furcht der europäischen Nachbarn vor einem Wiedererstarken Deutschlands entgegen, zum andern boten die Bundesländer den Bürgern die Möglichkeit, sich mit einer politischen Einheit zu identifizieren, die nicht so eindeutig wie Deutschland das Stigma der furchtbaren Vergangenheit trug, was allerdings deren Verdrängung begünstigte. Inzwischen wird aber immer deutlicher, dass sich die bisherige Form des Föderalismus zunehmend als Hemmschuh für politische Reformen und wirtschaftlichen Fortschritt erweist. Es mutet wie eine Ironie der Geschichte an, dass seit der Vereinigung die Kräfte der deutschen Zwietracht stetig zugenommen haben, was Bismarcks Charakterisierung der Deutschen zu bestätigen scheint. Immerhin haben die politisch Verantwortlichen in Bund und Ländern inzwischen eingesehen, dass es so nicht weitergehen kann, weshalb sie eine Föderalismuskommission beauftragten, nach einer effizienteren Ausgestaltung des föderalen Prinzips zu suchen. Nach einer mehr als einjährigen Arbeit musste die Kommission aber ihr Scheitern eingestehen und den Auftrag zurückgeben. Das zeigt, wie tief der deutsche Partikularismus noch immer verwurzelt ist. Der uralten Sehnsucht der Deutschen nach Geborgenheit in einem Ganzen stand immer die Angst entgegen, dass das neue, größere Ganze nicht die gleiche Geborgenheit bieten könne wie das kleinere, an das man gewöhnt ist. Nur wenn das neue eine gleich starke emotionale Aura hatte, waren sie bisher bereit, das alte aufzugeben, was in ihrem Fall eine Art ideologischer Umpolung bedeutete. Da mit dem kleinen Ganzen die Werte von Heimat und Gemütlichkeit verbunden waren, musste das große Ganze mit Gefühlen von Ehrfurcht und Erhabenheit besetzt sein, um die gleiche Geborgenheit zu vermitteln. Das Zweite und das Dritte Reich hatten diese Aura. Ob das vereinigte Europa den Deutschen das gleiche Gefühl vermitteln kann, ist fraglich. Zur Zeit sieht es eher so aus, als würden sie sich wieder stärker auf das kleinere Ganze zurückziehen, obgleich sie sich anfangs für das große des vereinten Europas durchaus erwärmten. Dass der Spatz in der Hand besser ist als die Taube auf dem Dach, scheint ein Grundsatz zu sein, von dem die Deutschen erst dann abgehen, wenn ihnen die Taube als Adler erscheint.

Religiöses Patt

Die Deutschen sind ein tief religiöses Volk, allerdings aus Gründen, die aus der Sicht der Theologie nicht einer gewissen Zweideutigkeit entbehren. Ihr Glaube steht nicht zur Debatte, im Gegenteil. Aber das Seelenheil scheint nicht immer die Hauptsorge der deutschen Gläubigen zu sein. Sie suchen eifrig Antworten auf konkrete Probleme, eine geistige Hilfe bei ihrer Suche nach dem Absoluten oder einen sentimentalen Trost für ihren Weltschmerz. In manchen Punkten ist ihre Religion vor allem Religiosität, was deren Ausübung einfacher, aber zugleich auch schwieriger macht. Gleichzeitig sind die Deutschen bei der Ausübung ihrer Religion keineswegs passiv. Sie reflektieren, analysieren und interpretieren sie, und setzen sie gegebenenfalls auf die Anklagebank. Nicht von ungefähr war Luther Deutscher und ist die Reformation das größte Abenteuer, das die Deutschen je unternommen haben. Die Romanen haben ein leidenschaftliches Verhältnis zur Religion, bei den Deutschen hingegen sind es Beziehungen, die sich auf den Intellekt gründen.

Was Bernard Nuss hier über die Deutschen sagt, muss jeden, der die Zahlen deutscher Kirchgänger kennt, verwundern. Wenn kaum jeder Zehnte am religiösen Leben teilnimmt, muss man sich fragen, ob dann von einem «tief religiösen Volk» die Rede sein kann. Andererseits sind unter den 80 Millionen Deutschen je 26 Millionen Mitglied einer der beiden großen Kirchen und führen Monat für Monat ungefähr 8 Prozent ihrer Einkommensteuer als Kirchensteuer ab, so dass es dem ausländischen Beobachter erscheinen muss, als gäbe es hier zwei Staatskirchen. Bezogen auf die Einwohnerzahl war der Prozentsatz der Kirchenmitglieder vor der deutschen Vereinigung noch sehr viel höher. Erst durch die große Zahl konfessionsloser Ostdeutscher sank er beträchtlich. Trotz der hohen Mitgliederzahlen ist aber von dem, was Nuss als Religiosität beschreibt, in Deutschland wenig zu spüren. Allenfalls im katholischen Süddeutschland findet noch echtes religiöses Leben statt. Im protestantischen Norden erschöpft sich die Kirchenmitgliedschaft bei den meisten in den vier Zeremonien, zu denen man die Kirche braucht: Taufe, Konfirmation, Trauung und Beerdigung. Trotzdem ist das, was Nuss schreibt, nicht ganz falsch. «Tief religiös» sind die Deutschen zwar nicht, jedenfalls nicht in der Weise, wie man das über die Amerikaner sagen kann, aber dass ihre Religiosität «auf den Intellekt» gründet, ist offenkundig.

Ob es typisch deutsch war, dass die Reformation von Deutschland ausging, mag man bezweifeln, aber dass «die Reformation das größte Abenteuer» war, «das die Deutschen je unternommen haben», ist unbestreitbar. Man muss sich nur klar machen, was damals für Luther und seine Anhänger auf dem Spiel stand. Es waren nicht nur die blutigen Sanktionen seitens der Kirche und der sie stützenden Staatsmacht, die sie zu fürchten hatten. Selbst der Tod auf dem Scheiterhaufen, wie ihn Jan Huss erlitten hatte, wäre als Märtyrertod mit dem Blick auf die ewige Seligkeit noch zu ertragen gewesen. Doch eben diese ewige Seligkeit stand für alle, die Luther folgten, auf dem Spiel. Wenn Menschen, die im Glauben an die alleinseligmachende Kraft der Kirche aufgewachsen sind, sich von ihr abwenden, um auf einem anderen Weg das Seelenheil zu erlangen, dann erforderte das einen Mut, von dem man sich heute kaum eine Vorstellung machen kann; denn damals war die Hölle für die Menschen noch etwas, das ihnen bildhaft als Ort unerträglicher Qualen präsent war, während sich heute kaum jemand dadurch erschrecken lässt. Erst wenn man sich klar macht, dass die meisten der heutigen Katholiken große Teile der offiziellen Lehre gar nicht mehr ernst nehmen und trotzdem nicht wagen aus der Kirche auszutreten, kann man den Mut der Anhänger Luthers ganz ermessen. Insofern hat Nuss recht, wenn er die Reformation als das größte Abenteuer der Deutschen bezeichnet. Und es war ein Abenteuer fast aller Deutscher; denn in wenigen Jahrzehnten wurde der größte Teil Deutschlands und Österreichs protestantisch.

Das Abenteuer fand ein Ende, als nach dem Tridentinischen Konzil die Gegenreformation einsetzte, die schließlich in den Dreißigjährigen Krieg mündete. Was zur nationalen Erhebung und Einigung des deutschen Volkes hätte führen können, endete mit der Vernichtung der bürgerlichen Stadtkultur und der Reduzierung der Bevölkerung um mehr als die Hälfte. Noch tiefgreifender war die Wirkung dieses Krieges auf die Mentalität der Deutschen. Nachdem ihr Abenteuer sie in den Abgrund geführt hatte, waren sie von religiösem Eifer kuriert. Sie fügten sich dem absolutistischen Prinzip des *cuius regio, eius religio*, wonach der Landesherr die Religion bestimmt. Damit war die Zeit missionarischer Religiosität vorbei. Die katholische Kirche in Süddeutschland widmete sich dem prunkvollen Ausbau ihrer Klöster und Bischofskirchen, die Protestanten im Norden richteten ihre Religiosität nach innen und brachten den Pietismus hervor, der dann unter dem Banner der Aufklärung im 18. Jahrhundert in eine philosophisch fundierte Weltfrömmigkeit überging. In Preußen gewährte Friedrich II. seinen Untertanen Religionsfreiheit; in Österreich löste Joseph II. 1300 Klöster auf und führte die staatliche Priesterausbildung und –besoldung ein. Sieht man einmal von Bismarcks Kulturkampf ab, in dem sich für kurze Zeit die beiden Kirchen noch einmal feindlich gegenüberstanden, kann man sagen, dass seit dem Dreißigjährigen Krieg in Deutschland ein religiöses Patt herrschte, das von allen Seiten respektiert wurde. Aus diesem Patt bezog die deutsche Philosophie des 18. und 19. Jahrhunderts ihre Kraft; denn die Energie, die sich im 17. Jahrhundert, dem *saeculum theologicum*, auf religiösem Gebiet verausgabte, floss im 18. und 19. Jahrhundert in die Philosophie. Viele der deutschen Denker kamen aus Pfarrhäusern, studierten zunächst Theologie und wandten sich dann der Philosophie zu. Dadurch erhielt die deutsche Religiosität jene intellektuelle Fundierung, von der Bernard Nuss sprach. Sie entschärfte die religiösen Konflikte und ließ beide Kirchen zu Bestandteilen des politisch-sozialen Lebens werden. Ein vergleichender Blick auf Amerika soll dieses Kapitel beschließen. Die Amerikaner, deren Religiosität viel mehr von missionarischem Eifer geprägt ist, haben der Gefahr von Konflikten dadurch vorgebeugt, dass sie eine strikte Trennung von Staat und Religion in ihre Verfassung schrieben. Für sie ist Religion ein emotionales Bedürfnis, zu dessen Befriedigung es keiner elaborierten Theologie bedarf. Für Deutsche ist die Zugehörigkeit zu einer Kirche Bestandteil ihrer sozialen Integration, weshalb sie mit Religion die Vorstellung eines theologischen Gerüsts verbinden.

Legalismus

Dass Deutschland zu viele Gesetze hat, pfeifen die Spatzen von den Dächern. Schon vor Jahren wurde der Vorschlag gemacht, eine grundlegende Reform des bundesrepublikanischen Staatswesens mit der ersatzlosen Streichung von zehntausend Gesetzen zu beginnen. Die als Legalismus bezeichnete Regulierungswut lastet nach Meinung von Fachleuten wie ein Fluch auf dem Land. Selbst der Laie wird vermuten, dass es zuviel Gesetze gibt, wenn er sieht, dass im deutschen Bürgerlichen Gesetzbuch allein vier Paragraphen nötig sind, um die Eigentumsrechte an ausgeschwärmten Bienenvölkern zu regeln. Doch von Sinn und Unsinn einzelner Gesetze soll hier nicht die Rede sein, sondern von den Gründen, weshalb die Deutschen so entschieden mehr Wert auf die Verrechtlichung ihres Lebens legen als andere Völker.

Das deutsche Rechtswesen ist, anders als zum Beispiel das englische, systematisch aufgebaut. Die Systematik besteht darin, dass von einem Grundgesetz Einzelgesetze und von diesen Rechtsverordnungen abgeleitet werden, so dass sich eine alle Rechtsverhältnisse umfassende Pyramide ergibt. Wenn in einer so strukturierten Rechtsordnung etwas verändert werden soll, muss oft erst ein übergeordnetes Rahmengesetz verabschiedet werden, das dann durch Einzelgesetze und Rechtsverordnungen ausgefüllt wird. Für deutsche Bürger bedeutet die Existenz des Grundgesetzes ein hohes Maß an Sicherheit; denn die ersten zwanzig Artikel, die die Grundrechte enthalten, dürfen überhaupt nicht und die übrigen nur mit einer Zweidrittel-Mehrheit der gesetzgebenden Organe geändert werden. Wenn man als Deutscher hört, dass es in England überhaupt kein Gesetz gibt, das nicht mit einfacher Mehrheit des Parlaments geändert oder abgeschafft werden kann, wird einem wohl ein wenig mulmig. Trotzdem hat sich das englische System durch ein hohes Maß an Stabilität wie an Liberalität ausgezeichnet, weil die fehlenden gesetzlichen Regeln durch tradierte Konventionen und Rituale ersetzt wurden. Die Deutschen, die keine vergleichbare Tradition kannten, mussten solche Konventionen ihrerseits durch Gesetze ersetzen. Garant der Rechtssicherheit war für Engländer das Parlament. Da die Deutschen jahrhundertelang keine solche Kontrollinstanz hatten, mussten sie die staatliche Rechtsordnung als ihren Beschützer ansehen. Während das englische Recht noch immer großenteils auf dem ungeschriebenen Common Law beruht, das durch keinen Gesetzgebungsakt erlassen wurde, sondern als Gewohnheitsrecht von Anfang an in der kollektiven Erinnerung des Volkes existierte, ist für die Deutschen das Recht etwas, das durch eine Autorität gesetzt wird. Insofern geht ihre Rechtstradition zumindest strukturell auf den Absolutismus zurück, nur mit dem Unterschied, dass der absolute Souverän jetzt das demokratisch gewählte Parlament ist und dass dieses seinerseits der höchsten Autorität, der Verfassung, untersteht. Das ist ein strikt vertikales System, während das englische Recht ein horizontales Moment enthält. Die Amerikaner haben ihr Recht nach dem Modell des englischen entwickelt, nur ist die Horizontalität bei ihnen noch stärker ausgeprägt; denn sie vertrauen ganz auf das Prinzip von *checks and balances*, das die Grundstruktur ihrer gesamten Staatsverfassung bestimmt. Obwohl es natürlich auch in Amerika eine Hierarchie von gerichtlichen Ebenen gibt, ist das charakteristische Strukturmerkmal das Gleichgewicht von Verteidigung und Anklage vor einem unparteiischen Richter. Amerikaner und Engländer vertrauen darauf, dass sich in diesem Gleichgewicht vor den Schranken des Gerichts die gerechte Seite durchsetzen wird. Deutsche vertrauen darauf, dass ein übergeordneter Richter die Wahrheit herausfinden wird. Eigentlich hätten die Deutschen durchaus Grund, ihren Richtern gegenüber misstrauisch zu sein; denn nach dem Zusammenbruch des Dritten Reichs wurde kein einziger für die Todesurteile, die er im Dienst eines Unrechtsstaats verkündete, zur Rechenschaft gezogen. Trotzdem vertrauen die meisten auf die Rechtsprechung. Es gibt gegenwärtig auch keinen Anlass, dies nicht zu tun. Solange die gesetzgebenden Organe gerechte Gesetze verabschieden, werden deutsche Richter sie auch umsetzen. Rechtstreue galt schon zur Zeit Friedrichs des Großen als eine preußische Tugend. Illustriert wird sie durch eine bekannte, oft zitierte Anekdote. Als Friedrich sich in seinem Schloss Sanssouci durch die Geräusche einer nahe gelegenen Windmühle gestört fühlte und deren Abriss befahl, strengte der Müller eine Klage an und gewann, was der Anekdote zufolge dem König Hochachtung vor seinen eigenen Richtern abnötigte. Während unter den Politikern die Fälle von Korruption in den letzten Jahrzehnten stetig zunahmen, ist das deutsche Rechtswesen offenbar noch immer weitgehend frei davon.

Das Systematische des deutschen Rechts entspricht einer allgemeinen Vorliebe der Deutschen; denn ein System bedeutet Ganzheit. Auch hier hilft ein Blick auf England zum besseren Verständnis. England zeigte bereits im Hochmittelalter in vielen Bereichen eine Tendenz zum Individualismus. Schon im 13. Jahrhundert bahnte sich der philosophische Empirismus an, der vom Einzelphänomen ausging und die Allgemeinbegriffe nur als bloße Namen gelten ließ. Im Rechtswesen entsprach dem das *case law*, das Fallrecht, das die Rechtsprechung nicht aus übergeordneten Rechtsnormen ableitet, sondern sich an früheren Einzelentscheidungen, den *precedents*, orientiert. Da die Rechtsprechung ein Gemeinwesen über Jahrhunderte hinweg stetig und in allen Bereichen durchdringt, darf man annehmen, dass eine solche Privilegierung der Einzelfallentscheidung auf Dauer einem individualistischen Denken Vorschub leistet. In Deutschland hatte sich unter dem Einfluss der Aufklärung eine am römischen Recht orientierte Systematik durchgesetzt, die danach vom Preußischen Landrecht über die Gesetzgebung des Deutschen Reichs bis in die Gegenwart fortwirkte. Ausländische Juristen sind oft voller Bewunderung für die luzide Systematik des deutschen Rechts. So haben die Japaner das deutsche Bürgerliche Gesetzbuch für ihr Land übernommen und es sogar noch vor den Deutschen in Kraft gesetzt. Dass die Systematik andererseits ein Hindernis für schnelle Reformen sein kann, zeigt sich immer wieder. Das gilt zum Beispiel für den gesamten Kultur- und Bildungsbereich, in dem Bund und Länder sich arrangieren müssen, weil sie keine höhere Instanz über sich haben. Es gilt auch für ethische Entscheidungen wie die zur Genforschung, zum Schwangerschaftsabbruch und ähnlichen Problemfeldern, für die es noch keine verbindlichen Rechtsnormen gab oder gibt. Auf diesen Feldern hat sich das englische Rechtswesen mit seinem pragmatischen *case law*-Denken als viel reformfähiger erwiesen.

Das Deutsche in der deutschen Kultur

Das auffälligste Merkmal der deutschen Kultur ist ihre Regionalisierung. Selbst heute noch verteidigen die sechzehn Bundesländer hartnäckig ihre Kulturhoheit. Dabei sind einige dieser Länder selber wieder in Regionen unterteilt, die einst von unterschiedlichen Germanenstämmen besiedelt wurden und noch heute eine eigene kulturelle Identität für sich beanspruchen. So umfasst zum Beispiel das Bundesland Bayern die Kulturregionen Oberpfalz, Franken, Bayern und Schwaben, wobei selbst das Kernland in Oberbayern und Niederbayern zerfällt. Für die Kultur Deutschlands bedeutet diese Regionalisierung einerseits Vielfalt und damit Reichtum, andererseits Kleinteiligkeit und damit schwache Ausstrahlung über die deutschen Grenzen hinaus. Außerdem stellt sich die Frage, welche Eigentümlichkeiten bloß regional und welche typisch deutsch sind. Sie lässt sich am einfachsten dadurch beantworten, dass man von dem ausgeht, was Deutsche seit Jahrhunderten als deutsch ansahen, und dass man das an konkreten Manifestationen der deutschen Kultur überprüft. Selbsteinschätzungen der Deutschen gibt es in großer Fülle. Kein anderes Volk Europas scheint so unablässig nach der Bestimmung des eigenen Wesens gesucht zu haben, was für sich schon als typisch deutsch gilt. Selbst wenn viele Aussagen von Deutschen über die Deutschen auf Vorurteilen beruhen, ist doch anzunehmen, dass sie nicht ganz unbegründet sind. Wenn man die Masse der Selbstzeugnisse, in denen deutsches Denken und Fühlen von Deutschen kommentiert wird, zusammen mit den kulturellen Manifestationen, in denen es zum Ausdruck kommt, gewissermaßen übereinander kopiert, zeichnet sich ein Profil ab, das mit auffälliger Konstanz in der deutschen Kultur wiederkehrt. Die Grundzüge dieses Profils sollen im Folgenden aufgezeigt werden. Auch wenn vieles heute aus der Realität verschwunden ist, wird es doch durch die kulturelle Überlieferung immer wieder neu verinnerlicht, so dass es sowohl im Selbstbild wie im Fremdbild der Deutschen fortbesteht. Zu einem nicht geringen Teil besteht das typisch Deutsche heute nicht in dem, was die Deutschen tatsächlich sind, sondern darin, was sie selbst und andere dafür halten, wobei das Erwartete oft die Wirklichkeit entsprechend färbt.

Weltbürgertum und Provinzialismus

Was der deutschen Kultur insgesamt am meisten fehlt, ist weltstädtische Urbanität. Das kann nicht verwundern, wenn man bedenkt, dass die Deutschen bis zur Reichsgründung von 1871 keine Hauptstadt hatten, von der Urbanität hätte ausstrahlen können. Bevor Berlin diese Rolle übernahm, hatte im deutschen Sprachraum nur Wien urbanes Flair, doch blieb die Ausstrahlung der Habsburger Residenz auf Österreich beschränkt. Unter Friedrich dem Großen hätte Berlin zum Zentrum des kulturellen Aufbruchs der Goethezeit werden können, wenn der Preußenkönig statt Garnisonen zum Beispiel eine Universität gegründet hätte. Doch die wurde erst nach der Niederlage gegen Napoleon eingerichtet, und bis zur vollen Entfaltung einer urbanen Bürgerkultur dauerte es noch einmal ein halbes Jahrhundert. Erst in den Romanen von Theodor Fontane klingt der urbane Ton an, den man in England schon bei Defoe und in Frankreich bei Mme de La Fayette spürt. Vorher war Heinrich Heine der einzige, aus dessen Werk urbane Weltläufigkeit spricht; doch der fand in Deutschland zu wenig Resonanz und ging deshalb nach Paris, dem Zentrum europäischer Urbanität. Statt Urbanität kannte die deutsche Kultur nur zwei weit auseinander gehende Tendenzen: sie war entweder weltbürgerlich oder provinziell. Eine Ausnahme machte dabei nur die Musik, die als Weltsprache die nationalen Grenzen leicht überschritt, wobei sie durchaus ihre nationale Färbung beibehielt.

Woran erkennt man Urbanität? Im gesellschaftlichen Umgang zuerst am Vorhandensein einer Konversationskultur. Die gab es in England und Frankreich auf hohem Niveau, während sie sich in Deutschland auf kleine Zirkel beschränkte; und auch dort wurde weniger mit dem Florett des eleganten Smalltalks als mit dem schweren Säbel tiefgründiger Debatten gefochten. Das zweite Merkmal von Urbanität ist Ironie. In einem städtischen Milieu, in dem Menschen eng beieinander leben, können sie nur dadurch Streit vermeiden, dass sie ironische Distanz zueinander herstellen. In England und Frankreich ist Ironie ein Grundzug der Kultur. In Deutschland verdient nicht einmal die von August Wilhelm Schlegel so benannte «romantische Ironie» diesen Namen; denn sie zielte nicht auf distanzierende Relativierung, sondern auf die Synthese von Gegensätzen.

Das Fehlen von Urbanität macht die deutsche Literatur des 19. Jahrhunderts für Engländer und Franzosen nahezu ungenießbar. Es ist schwer vorstellbar, dass man in London oder Paris die Romane von Wilhelm Raabe gelesen und die Stücke von Friedrich Hebbel aufgeführt haben könnte. Echte Urbanität kam überhaupt erst im Berlin der zwanziger Jahre auf und verschwand dann gleich wieder, als die Nationalsozialisten ihre provinzielle Blut-und-Boden-Kultur durchsetzten. Dort, wo die deutsche Kultur nicht provinziell ist, spricht aus ihr ein hochgebildetes, humanes Weltbürgertum, für das Goethe der großartigste Repräsentant war. Bei manchen großen Künstlern ging allerdings das Weltbürgerliche eine eigentümliche Symbiose mit dem Provinziellen ein. Ein typisches Beispiel dafür ist Jean Paul, der als Weltbürger auch das Publikum in England und Frankreich erreichte, dessen Werk aber dennoch von der Gemütlichkeit der deutschen Provinz durchweht wird. Einen Hauch des Provinziellen hat die deutsche Literatur bis heute behalten. Man braucht nur einmal die Romane des Amerikaners John Updike mit denen von Martin Walser und die Stücke von Harold Pinter mit denen von Peter Handke zu vergleichen um zu verstehen, weshalb die beiden Deutschen es schwer haben, im Ausland Gehör zu finden, während der Brite und der Amerikaner die Sprachgrenzen leicht überwinden. Dass Martin Walser in einem kleinen Ort am Bodensee lebt und Günter Grass sich in ein Dorf in Holstein zurückgezogen hat, ist ein weiteres Zeichen für das Fehlen einer urbanen Tradition. Noch heute spielt die Gesellschaft in der deutschen Literatur eine viel geringere Rolle als die Psyche des Individuums. Dem Provinziellen der deutschen Kultur sind aber auch einige ihrer schönsten Früchte zu verdanken, nämlich der überaus reiche Märchenschatz, den die Brüder Grimm sammelten, und der ebenso reiche Volksliederschatz, den Clemens von Brentano und Achim von Arnim in *Des Knaben Wunderhorn* zusammentrugen. Allerdings hat auch das eine Kehrseite: Da die deutsche Lyrik bis über Gottfried Benn hinaus die Volksliedstrophe als Standardform pflegte, fand sie keinen urbanen Ton, wie er zum Beispiel in Frankreich durch Charles Baudelaire und in England durch Robert Browning eingeführt wurde.

Den Engländern schreiben wir traditionell Commonsense zu, den Franzosen Esprit, den Russen die «russische Seele». Alle drei «Seelenvermögen» wurden und werden von den Deutschen geschätzt, doch mit Einschränkungen. Unter Commonsense verstehen wir den gesunden Menschenverstand, der sich im Alltag bewährt, ansonsten aber im Verdacht steht ziemlich platt zu sein. Esprit schätzen wir im Salon und im Feuilleton, vermuten darin aber eine gewisse Oberflächlichkeit; und in der russischen Seele sehen wir eine sympathische Sentimentalität, die zu tatenlosem Selbstmitleid disponiert. An die Stelle von Commonsense und Esprit trat bei den Deutschen der Geist; und für das Seelische bevorzugten sie den Begriff ‹Gemüt›. Bis zu Kant standen allerdings auch sie im Lager der europäischen Aufklärung und sprachen von Vernunft, Verstand und Gefühl, um die unterschiedlichen Vermögen des Bewusstseins zu benennen. Erst als sich bei Fichte, auf Kantischem Boden, der spekulative Idealismus mit dem Pathos der nationalen Erweckung im Kampf gegen Napoleon verband, begann die Selbstidolatrie des deutschen Geistes. In Fichtes fünfter Rede an die deutsche Nation heißt es:

Nach allem wird der ausländische Genius die betretenen Heerbahnen des Altertums mit Blumen bestreuen und der Lebensweisheit, die leicht ihm für Philosophie gelten wird, ein zierliches Gewand weben; dagegen wird der deutsche Geist neue Schachten eröffnen und Licht und Tag einführen in ihre Abgründe und Felsmassen von Gedanken schleudern, aus denen die künftigen Zeitalter sich Wohnungen erbauen. Der ausländische Genius wird sein ein lieblicher Sylphe, der mit leichtem Fluge über den seinem Boden von selbst entkeimten Blumen hinschwebt und sich niederläßt auf dieselben, ohne sie zu beugen, und ihren erquickenden Tau in sich zieht; […] der deutsche Geist ein Adler, der mit Gewalt seinen gewichtigen Leib emporreißt und mit starkem und vielgeübtem Flügel viel Luft unter sich bringt, um sich näher zu heben der Sonne, deren Anschauung ihn entzückt.

In der vorangegangenen vierten Rede hatte Fichte gesagt, dass «der Deutsche eine bis zu ihrem Ausströmen aus der Naturkraft lebendige Sprache redet, die übrigen germanischen Stämme eine nur auf der Oberfläche sich regende, in der Wurzel aber tote Sprache»; und er zieht daraus den folgenden Schluss:

Aus demselben Grunde ist es einem Volk der ersten Art mit aller Geistesbildung rechter eigentlicher Ernst, und es will, daß dieselbe ins Leben eingreife, dagegen einem von der letztern Art diese vielmehr ein genialisches Spiel ist, mit dem sie nichts weiter wollen. Die letztern haben Geist; die erstern haben zum Geist auch noch Gemüt.

Mit Fichtes *Reden* beginnt die fatale deutsche Tradition geistiger Überheblichkeit, die bis zum Untergang des Dritten Reiches anhielt. Unzählige Repräsentanten der deutschen Kultur stießen ins gleiche Horn und deklarierten den Geist zur Essenz wahren Deutschtums. So schrieb Richard Wagner:

Kein Volk hat sich gegen Eingriffe in seine innere Freiheit, sein eigenes Wesen gewehrt wie die Deutschen: mit nichts ist die Hartnäckigkeit zu vergleichen, mit welcher der Deutsche seinen völligen Ruin der Fügsamkeit unter ihm fremde Zumutungen vorzog. Dies ist wichtig. Der Ausgang des Dreißigjährigen Krieges vernichtete das deutsche Volk; daß ein deutsches Volk wieder erstehen konnte, verdankt es aber doch einzig eben diesem Ausgang. Das Volk war vernichtet, aber der deutsche Geist hatte bestanden. Es ist das Wesen des Geistes, den man in einzelnen hochbegabten Menschen «Genie» nennt, sich auf den weltlichen Vorteil nicht zu verstehen. Was bei anderen Völkern endlich zur Übereinkunft, zur praktischen Sicherung des Vorteils durch Fügsamkeit führt, das konnte den Deutschen nicht bestimmen: zur Zeit als Richelieu die Franzosen die Gesetze des politischen Vorteils anzunehmen zwang, vollzog das deutsche Volk seinen Untergang; aber, was den Gesetzen dieses Vorteils sich nie unterziehen konnte, lebte fort und gebar sein Volk von neuem: der deutsche Geist.

Wer diese trotzig-abstruse Götterdämmerungsphilosophie liest, weiß, dass Hitler nicht nur wegen der Musik ein Wagner-Verehrer war, sondern weil er in dem Komponisten einen Geistesverwandten spürte. Noch mitten im Untergang versprach der Diktator dem deutschen Volk eine triumphale Wiedergeburt. Wie sehr der Begriff ‹Geist› bis zum Ende des Zweiten Weltkriegs für das deutsche Wesen reklamiert wurde und danach fast ganz aus der Diskussion verschwand, lässt sich am Titel eines Buches ablesen, das eine kluge, kenntnisreiche, zugleich aber typisch deutsche Analyse des deutschen Geistes bietet. Es stammt aus der Feder des Philosophen und Soziologen Helmuth Plessner und erschien 1935 unter dem Titel *Das Schicksal des deutschen Geistes im Ausgang seiner bürgerlichen*

Epoche. Bei der Neuausgabe des Buches im Jahr 1959 muss dem Autor wohl klar geworden sein, dass ein solcher Titel nach dem Umschlagen des deutschen Geistes in schlimmsten Ungeist wie Hohn klingen musste. Deshalb kam das Buch jetzt unter dem Titel *Die verspätete Nation. Über die politische Verführbarkeit bürgerlichen Geistes* heraus. Plessner beschreibt darin die deutsche Innenwelt mit großem Scharfsinn, doch ganz und gar in der Manier der deutschen Geisteswissenschaft, für die Geschichte nicht in erster Linie von Machtverhältnissen und ökonomischen Zwängen, sondern von geistigen Kräften bestimmt wird. Diese Sicht historischer Prozesse hat das Schrifttum der deutschen Kulturwissenschaften bis in die Mitte des 20. Jahrhunderts bestimmt und tritt auch heute noch deutlicher hervor als in Frankreich und England, wo Geschichte viel stärker auf materielle Faktoren wie Geographie und Ökonomie zurückgeführt wird.

Der Geist ist gewissermaßen die väterliche Autorität, der als mütterliches Element das Gemüt gegenübersteht. Während die Philosophen sich vor allem mit ersterem beschäftigten, schöpften die Künstler aus letzterem und schufen Werke, die auf eine spezifisch deutsche Weise gemüthaft-sentimental waren. Auch wenn die beiden Begriffe heute ihre Aura verloren haben, steht der Geist im deutschen Bildungswesen noch immer in hohem Ansehen, und das Gemüt, das mit diesem Wort nur noch selten bezeichnet wird, prägt dennoch die deutsche Alltagskultur, sei es auch nur in Form von Gemütlichkeit.

Kultur der Innerlichkeit

Die deutsche Nation ist die gründlichste, innerlichste, folglich auch beschaulichste unter den europäischen Nationen, mehr ein Volk der Gedanken als der Tat. Wenn aber die Tat nichts ist ohne den zeugenden Gedanken und nur erst durch den Gedanken ihre weltgeschichtliche Bedeutung erhält, so dürfen wir wohl sagen, daß diese beschauliche Nation dennoch eigentlich die Weltgeschichte gemacht hat. Dieser Hang, die Dinge in ihrer ganzen Tiefe zu nehmen, scheint von jeher der eigentliche Beruf der germanischen Stämme zu sein.

Diese Charakterisierung der Deutschen stammt aus der Feder des romantischen Dichters Joseph Freiherr von Eichendorff, dessen Lyrik so deutsch wie sonst nur noch die von Hölderlin ist. Allerdings fehlen bei ihm die Erhabenheitsschauer, die Hölderlin als der von den Blitzen der Götter getroffene Dichter auf seine Leser zu übertragen versucht. Stattdessen hat er die deutsche Innenwelt mit Bildern von ahnungsvoll rauschenden Wäldern, dämmernden Abendlandschaften und wandernden Musikanten ausgestattet, die zum festen Inventar des deutschen Bewusstseins gehören. Die Figur, die er dem strebenden Faust und dem verschlafenen Michel entgegenstellte, ist der Taugenichts, der in seligem Gottvertrauen durch die Welt wandert und zuletzt für sein reines Gemüt mit einem bescheidenen Glück belohnt wird. Noch kurz vor Ende des Ersten Weltkriegs pries Thomas Mann in seinen *Betrachtungen eines Unpolitischen* den Taugenichts als den Inbegriff seines deutschen Kulturideals, das er auf die Formel «machtgeschützte Innerlichkeit» bringt.

Innerlichkeit ist zu einem festen Begriff geworden, der eine spezifische Qualität der deutschen Kultur beschreibt. Während andere Nationen, vor allem die Briten, die Welt eroberten und durch den Erwerb von Kolonien nach außen expandierten, blieb den Deutschen mangels politischer und militärischer Macht nichts anderes übrig als sich nach innen zu entfalten. Das taten sie mit deutscher Gründlichkeit und ließen die Bäume ihrer Innenwelt so hoch in den Himmel wachsen, dass sie schließlich deren Früchte für reale Himmelskörper hielten. Wie sehr die harte Realität aus dieser Kultur der Innerlichkeit verdrängt wurde, erkennt man daran, dass gerade die realistischste Kunstform des 19. Jahrhunderts, der Roman, in der deutschen Literatur kaum zum Zuge kam. Der einzige bedeutende Realist, Theodor Fontane, veröffentlichte seinen ersten Roman im Alter von 59 Jahren, als Stendhal, Balzac, Flaubert, Dickens, Thackeray, Tolstoi und Turgenjew längst ihre Meisterwerke publiziert hatten. Was in deutscher Sprache an bedeutenden Romanen geschrieben wurde, waren meist Bildungsromane in der Nachfolge von Goethes *Wilhelm Meister*, wobei die bedeutendsten nicht einmal von Deutschen stammen: nämlich *Der grüne Heinrich* des Schweizers Gottfried Keller und *Der Nachsommer* des Österreichers Adalbert Stifter. Am innerlichsten waren die Deutschen in den beiden Kulturbereichen, die zu ihrer ureigensten Domäne wurden, in der Musik und der spekulativen Philosophie. Beide sollen gesondert betrachtet werden.

Wie sehr die Deutschen das Gefühl hatten, zwischen der aufgeklärten Zivilisation Westeuropas und dem Irrationalismus der russischen Seele eine dritte – und, wie sie glaubten, höherwertige – Kultur zu haben, in der Geist und Gemüt vereint seien, zeigte sich in den patriotischen Äußerungen deutscher Geistesgrößen zur Zeit des Ersten Weltkriegs. Prominentestes Zeugnis ist das oben erwähnte Buch Thomas Manns, worin dieser mit einer aus heutiger Sicht unbegreiflichen Naivität die deutsche Utopie der «machtgeschützten Innerlichkeit» gegen die von ihm verachtete liberal-demokratische westliche Zivilisation verteidigte. Dass die von ihm so hoch geschätzte Innerlichkeit mit ihrer antidemokratischen Autoritätsgläubigkeit den Weg zu Hitler ebnete, ist ihm nicht einmal später zu Bewusstsein gekommen, als er sich entschieden gegen Hitler wandte. Jedenfalls hat er sich von jenem fatalen Buch nie distanziert.

Obwohl die Deutschen sich ihrer Kultur der Innerlichkeit erst im 19. Jahrhundert voll bewusst wurden und sie danach als etwas Besonderes gegenüber den westlichen Kulturen ansahen, gehen die Anfänge weit zurück. Eine frühe Ausprägung war schon die deutsche Mystik im Spätmittelalter. Danach blieben der nach innen gerichtete Blick und die Sehnsucht nach allumfassender Geborgenheit Kennzeichen der deutschen Kultur, wie sich bei der Betrachtung der deutschen Künste noch zeigen wird. In der Renaissance ist Innerlichkeit das, was die deutschen Künstler auf den ersten Blick von ihren italienischen Zeitgenossen unterscheidet. Bei Dürer zeigt sie sich schon daran, dass er als erster und so hartnäckig wie kein anderer zu seiner Zeit die Selbsterforschung zu einem Gegenstand seiner Kunst machte, indem er eine lange Reihe von Selbstporträts schuf, von denen eines der frühesten, das 1492 im Alter von 21 Jahren gezeichnete mit in die Hand gestütztem Kopf, einen Gestus der introspektiven Nachdenklichkeit zum Ausdruck bringt, wie er danach in der deutschen Malerei oft wiederkehrt. Noch ausgeprägter ist die Innerlichkeit bei Tilman Riemenschneider. Der Kopf des Schriftgelehrten vom Creglinger Marienaltar, in dem ein Selbstbildnis vermutet wird (Abb. 12), ist mit dem nach innen gerichteten Blick typisch für das Werk dieses Künstlers, den die Deutschen spätestens seit der Romantik als besonders deutsch empfanden, während ihn zum Beispiel das englische Nachschlagewerk *The Oxford Companion to Art* (1970) überhaupt nicht erwähnt. Auch der andere große Holzschnitzer und Bildhauer jener Zeit, Veit Stoß, weist diesen Zug auf, wie man an der Abbildung des Marienkopfes von der Skulptur *Der englische Gruß* in der Nürnberger Lorenzkirche ablesen kann (Abb. 11). Noch im 20. Jahrhundert finden wir die gedankenvolle Innenschau

Abb. 11: Veit Stoß, Marienkopf aus *Englischer Gruß*
(1517–1518; St. Lorenz, Nürnberg).
Abb. 12: Tilman Riemenschneider, Schriftgelehrter vom Creglinger
Marienaltar (vermutetes Selbstporträt; 1505–1510).

bei zahlreichen Künstlern, so bei Käthe Kollwitz und Emil Nolde,
wie die beiden Beispiele zeigen (Abb. 13 und 14). Im Dritten Reich
wurde um die deutsche Innerlichkeit ein regelrechter Kult betrieben.
Ulrich Christoffels Buch *Deutsche Innerlichkeit* (1940) führt den
Leser durch ein halbes Jahrtausend deutscher Kultur und zeigt darin
diese spezifisch deutsche Qualität auf, wobei man fairerweise erwäh-
nen muss, dass darin kompromittierende Bekenntnisse zum Nationalsozialismus fehlen. Trotzdem hat man bei der Lektüre das ungute
Gefühl, dass die von Christoffel so einfühlsam und poetisch be-
schworene deutsche Weltsicht die Heraufkunft der faschistischen
Barbarei erst möglich gemacht hat, wenn es bei ihm heißt:

Diese deutsche Empfindung, die in jeder Stunde Unendliches in sich fühlt
und nach Unendlichem verlangt, sucht nun in Vergangenheit und Gegenwart, in den Menschen und den Dingen nur «das Lebendige, das nach Flam-
mentod sich sehnt» (Goethe), die «Kraft der Minne, die Nähe und Weite
umschlingt» (Wolfram von Eschenbach), das Wirkende und Werdende, das
jeder Begrenzung und jedem Stillstand widerstrebt.

Abb. 13: Käthe Kollwitz, *Nachdenkende Frau*
(Lithographie, 1920).
Abb. 14: Emil Nolde, *Prophet*
(Holzschnitt, 1912).

Ästhetik des Erhabenen

Als sich im 18. Jahrhundert die von Alexander Gottlieb Baumgarten begründete Ästhetik als Teildisziplin der Philosophie etablierte, begann die Suche nach den Grundphänomenen der ästhetischen Wahrnehmung. Der Engländer Edmund Burke glaubte sie im Schönen und im Erhabenen gefunden zu haben. In seiner Schrift *A Philosophical Enquiry into the Origin of our Ideas of the Sublime and Beautiful* (1757) führte er das Schöne als Anziehungsmoment auf den sexuellen Arterhaltungstrieb und das Erhabene als Angstmoment auf den Selbsterhaltungstrieb zurück. Was Burke empirisch-psychologisch zu erklären versuchte, deutete Kant in seiner *Kritik der Urteilskraft* (1790) theoretisch als Reaktionsweisen des menschlichen Erkenntnisvermögens, wobei auch er die beiden Phänomene in den Mittelpunkt stellte und jedem von ihnen ein Buch der genannten Schrift widmete. Die beiden Phänomene lassen sich in der Kulturgeschichte der Menschheit weit zurückverfolgen. Ein flüchtiger Blick genügt, um festzustellen, dass in der klassischen Antike das Schöne, in der mittelalterlichen Architektur das Erhabene und in der Renaissance wieder das Schöne als Wirkung der Kunst angestrebt wurde. Auf die philosophische und psychologische Erklärung muss hier verzichtet werden. Nur soviel sei gesagt, dass Burkes Schrift ein erneutes Interesse am Erhabenen wachrief, nachdem dieses in der Zeit des Klassizismus in den Hintergrund getreten war. Allerdings war es in England dank Shakespeare und Milton nie so weit vom Klassisch-Schönen verdrängt worden wie in Frankreich.

Die Deutschen nahmen Burkes Schrift begierig auf. Schon vorher hatten sie Miltons erhabenes Epos *Paradise Lost* als einen neuen, ihnen gemäßeren Ton in der Dichtung begrüßt. Als Klopstock, Milton nacheifernd, 1748 mit der Veröffentlichung seines *Messias* begann, wurde die Erhabenheitsrhetorik zur bevorzugten Dichtersprache, deren Pathos sich unter dem Einfluss der ab 1768 auf deutsch erscheinenden Ossiandichtungen des Schotten James MacPherson noch steigerte und dann im Sturm und Drang ekstatische Formen annahm. Auch später hat die deutsche Literatur den hohen Ton beibehalten. Die gleiche Tendenz ist in der bildenden Kunst zu beobachten. Zwar gab es auch in Deutschland klassizistische Malerei und Architektur, doch als typisch deutsch empfand man hier seit Goethes begeistertem Aufsatz über das Straßburger Münster die Gotik. Deshalb war es nur folgerichtig, dass im 19. Jahrhundert im Zuge des anschwellenden Nationalismus die unfertigen gotischen Bauten des Mittelalters zu Ende gebaut wurden. In der Musik ist das Erhabenheitspathos so typisch deutsch, dass man sich Richard Wagner in einer anderen Nation gar nicht vorstellen kann. Bei der Betrachtung der deutschen Kunst wird noch gezeigt werden, wie in den Bildern Caspar David Friedrichs das Erhabene Einzug in die deutsche Malerei hielt. Ein besonders bekanntes Bild eines anderen Malers sei schon hier erwähnt: die *Toteninsel* von Arnold Böcklin (Abb. 15). Das Bild fand so großen Zuspruch, dass der Maler nach der ersten Fassung von 1880 noch mindestens vier weitere malte, von denen jede etwas verändert ist. Die hier wiedergegebene ist die dritte aus dem Jahre 1883, die 1980 für die Berliner Nationalgalerie angekauft wurde, nachdem sie zeitweilig im Besitz Adolf Hitlers war. Obwohl diese Fassung heller als die erste ist, scheint von ihr doch die gleiche Wirkung auszugehen: die Beschwörung von Erhabenheit durch Dunkelheit und Todesnähe. Sentimentale Todessehnsucht spielt auch im Kitsch des späten 19. und frühen 20. Jahrhunderts eine große Rolle. Wenn man sich ver-

Abb. 15: Arnold Böcklin, *Die Toteninsel* (3. Fassung, 1883).

gegenwärtigt, welche mystische Verehrung dieses Bild im deutschen Publikum wachrief, wird man sich kaum wundern, dass so viele, berauscht von Vaterlandserhabenheit, geradezu todessüchtig in die Trommelfeuer des Ersten Weltkriegs stürmten.

Was mag der Grund für die deutsche Vorliebe für das Erhabene gewesen sein? Für kurze Zeit hatten sich auch die Briten durch Burke für Erhabenheit gewinnen lassen. Dort aber klang die Ossianbegeisterung rasch ab und das Pathetische verschwand nahezu ganz aus der Literatur. Auch in der bildenden Kunst nahm der englische Geschmack eine andere Richtung, wobei dies keine Rückkehr zum Klassisch-Schönen war. Vielmehr stellte man den beiden von Burke diskutierten Begriffen einen dritten an die Seite, das Pittoreske. Dieses Ideal wurde danach so typisch für die englische Kultur, dass David Watkin seinem Buch über *The Picturesque in Architecture, Landscape and Garden Design* den Obertitel *The English Vision* (1982) gab. Stellt man die Definitionen der drei Begriffe nebeneinander, lässt sich leicht erraten, weshalb die Briten sich für das Pittoreske, die Deutschen hingegen für das Erhabene entschieden. Pittoresk ist etwas, das durch eine quasi-natürliche Unregelmäßigkeit gefällt, weil darin alle einzelnen Elemente mit großer Freiheit nebeneinander existieren. Erhaben ist das, was als Ganzes einen überwältigenden Eindruck macht, weil sich alle Teile dem Gesamteindruck unterordnen und in ihm förmlich aufgelöst werden. Beiden ästhetischen Kategorien steht das Schöne gegenüber, bei dem alle Teile so perfektioniert sind, dass sie sich in ein harmonisches Ganzes einfügen. Spekuliert man nun darüber, welches ästhetische Ideal in welcher Gesellschaft bevorzugt wird, lassen sich verschiedene Möglichkeiten denken. Eine Gesellschaft, in der sich individueller Freiheitsdrang und zentrale Staatsordnung die Waage halten, wird vermutlich das Schöne favorisieren. Dort, wo Bürger sich einen starken Freiheitsdrang und eine eher schwache Staatsautorität leisten können, wird das Pittoreske vorherrschen. Wo aber die Sehnsucht nach einem staatlichen Ganzen so groß ist, dass die Bürger bereit sind, ihre Einzelfreiheit darin aufgehen zu lassen, wird man sich für das Erhabene entscheiden. Frankreich, England und Deutschland bestätigen diese Vermutungen durch ihre jeweilige ästhetische Tradition. Der französische Garten, der englische Landschaftspark und die deutsche Liebe zum Wald sind symptomatisch für die drei unterschiedlichen Präferenzen. Wenn im Folgenden nacheinander die bildende Kunst, die Musik und die Literatur betrachtet werden, wird diese Vermutung reichlich Bestätigung finden. Sogar in der Philosophie, wie sich zeigen wird, ist die Tendenz zur Auflösung der Teile im Ganzen zu beobachten.

Bis zum Untergang des Dritten Reichs hielt das deutsche Streben nach Erhabenheit an, das sich hier zu einem Rausch erhabener Kollektiverlebnisse steigerte, wie die Aufmärsche der Nazis und ihre Parteitage in Nürnberg beweisen. Dabei ging es unübersehbar darum, den Einzelnen durch eine ehrfurchtgebietende Autorität so einzuschüchtern, dass er sich wie ein Wassertropfen von der großen Flutwelle aufnehmen und emportragen ließ. Übrigens hatte Friedrich Hebbel mit einem ähnlichen Bild die Wirkung der Tragödie zu erklären versucht, wobei er die tragischen Helden mit Eisstücken verglich, die in das Ganze wieder eingeschmolzen werden müssen und so durch ihre Vernichtung den Wert des Ganzen bestätigen. Die bis in die Mitte des 20. Jahrhunderts anhaltende Verherrlichung des Tragischen als eines erhabenen Erlebnisses fügt sich in das hier entworfene Bild. Bei der Betrachtung der einzelnen Künste wird sich noch zeigen, wie sehr sie alle auf eine Ästhetik des Erhabenen ausgerichtet waren. Heute ist von der deutschen Erhabenheitsbesessenheit kaum noch etwas zu spüren – glücklicherweise, möchte man hinzufügen, wenngleich es Anzeichen eines Wiedererwachens gibt.

Deutsche Philosophie

Schon bevor Madame de Staël in ihrem Buch *De l'Allemagne* (1810) Deutschland als ein Land der Dichter und Denker beschrieb, konnte man sinngemäß das Gleiche in Hölderlins «Gesang der Deutschen» aus dem Jahr 1799 lesen. Dass Deutschland große Denker hatte, war spätestens seit Kant unbestreitbar. Hoch geachtete Philosophen gab es hier auch vorher schon, man denke nur an Gottfried Wilhelm Leibniz und Christian Wolff, deren Philosophie als Leibniz-Wolffsche Schule die deutschen Universitäten bis zu Kant beherrschte. Doch als aus Frankreich und England neue, radikale Ideen des Empirisimus und Rationalismus nach Deutschland kamen, gehörten die Deutschen erst einmal zur Nachhut der europäischen Philosophie. Kant bekannte, dass er durch den Empirismus David Humes «aus seinem dogmatischen Schlummer geweckt» wurde. Da außer dem Empirismus auch der bürgerlich-realistische Roman Fieldings und Richardsons, die *moral sense*-Philosophie Shaftesburys, die psychologische Ästhetik Edmund Burkes, der Landschaftsgarten und die ossianische Dichtung aus England kamen, hatten die deutschen Dichter und Denker zunächst das Gefühl, als Zwerge auf den Schultern englischer Riesen zu stehen, ganz zu schweigen von den französischen Riesen Montesquieu, Rousseau, Voltaire, d'Alembert und Diderot.

Bis zu Kant stand die deutsche Philosophie auf europäischem Boden, wobei er selber den Kulminationspunkt repräsentiert; denn er fasste den von Descartes ausgehenden kontinentalen Rationalismus mit dem von Locke herkommenden englischen Empirismus zu einer Philosophie zusammen, die an Stringenz schwer zu übertreffen war. Kant hatte sich zum Ziel gesetzt, die Reichweite des menschlichen Denkens auszumessen, wobei er zwei Grenzen zog: eine nach unten und eine nach oben. Die untere Grenze waren die Sinne, die die Quelle «synthetischer Urteile a posteriori» sind, was heißen soll, dass sie Erkenntnis liefern, die nicht schon im Bewusstsein enthalten ist, sondern durch Erfahrung gewonnen wird. Die obere Grenze ist das Bewusstsein selber, das durch die «reine Anschaung» seiner eigenen kategorialen Struktur zu «synthetischen Urteilen a priori» kommt, das heißt zu einer Erkenntnis, die nicht auf äußerer Erfahrung beruht. Jenseits der beiden Grenzen liegt nach Kant die dem Denken unzugängliche Welt des «Dings an sich». Damit ist ein Transzendieren in die Bereiche der traditionellen Metaphysik philosophisch nicht zulässig. Doch Kant gab sich mit dem Humeschen Skeptizismus nicht zufrieden. Wenn das Bewusstsein den Bereich zwischen den Grenzen, die von ihm so genannte «transzendentale Einheit der Apperzeption», auch nicht verlassen kann, muss es doch drei grenzüberschreitende Postulate aufstellen, ohne die die Vernunft an sich selber zweifeln – oder besser verzweifeln – müsste. Es sind die denknotwendigen Annahmen der Existenz Gottes, der Freiheit des Willens und der Unsterblichkeit der Seele.

Kant hat das Denken der europäischen Aufklärung auf einen unübersteigbar scheinenden Höhenzug geführt, von dessen Gipfel aus er wie einst Moses in ein gelobtes Land schaute, das zu betreten er seiner eigenen Philosophie verbot, das sich aber die deutschen Philosophen, die nach ihm auf den Plan traten, als ihr ureigenstes und nun nicht mehr europäisches, sondern typisch deutsches Territorium eroberten. Aus dem Kantischen Gottespostulat wird bei Hegel der Weltgeist, in dem sich die subjektive «Einheit der Apperzeption» objektiviert. Aus dem Postulat des freien sittlichen Willens wird der irrationale Wille, den Schopenhauer als Willen zum Leben zu überwinden trachtete und den Nietzsche als Willen zur Macht als die entscheidende Triebkraft des Weltgeschehens ansah. Und aus der Unsterblichkeit der Seele, die ja eine außerzeitliche Existenz voraussetzt, wird bei Heidegger das allem Seienden vorausliegende Sein, das sich im Dasein des Menschen in die Zeit entlässt. Hegel, Nietzsche und Heidegger haben die von Kant gezogenen Grenzen überschritten: der erste nach oben, der zweite nach vorn, der dritte nach unten. Zumindest hier stimmt Taylors Behauptung von der Maßlosigkeit der Deutschen. Auf dem Gebiet der Philosophie waren sie in der Tat maßlos.

Auf das Denken der genannten Philosophen inhaltlich einzugehen ist im Rahmen dieses Buches nicht möglich. Es ist auch nicht nötig; denn es geht hier nicht um die Schlüssigkeit ihres Denkens, sondern um die Art und Weise der Problemstellung. Kant und seine unmittelbaren Schüler standen noch im Lager der europäischen Aufklärung, für die Vernunft das Organ des Denkens, der Wille das

Organ ethischer Entscheidungen und das Sein ein Prädikat des Seienden war. Danach verließ die deutsche Philosophie den Pfad der Aufklärung. Jetzt wurde die Vernunft als objektiver Weltgeist, der Wille als irrationale Weltkraft und das Sein als ein letzter Urgrund verstanden, der sich nur mit raunenden Dichterworten beschwören lässt. Schon bald nach Kants Tod wurde in Deutschland über die Aufklärung im Ton der Geringschätzung und Verachtung gesprochen. Sie galt als platte Vernünftelei. Wo im 18. Jahrhundert Zweifel und Kritik das Denken geleitet hatten, war es nun der Glaube an erhabene Werte, der sich mit nationalem Pathos verband und die Philosophie zu einer deutschen Ersatzreligion werden ließ.

Wie tief die antiaufklärerische Tradition im deutschen Denken verwurzelt ist, zeigt sich noch an dem Buch, das nach dem Krieg zum Kultbuch der kritischen Generation wurde. Es ist Horkheimers und Adornos *Dialektik der Aufklärung*. Hier wird der Aufklärung selber jenes Umschlagen in Barbarei in die Schuhe geschoben, das doch ganz offensichtlich erst durch die Abkehr von ihr möglich wurde. England und Amerika, die bei der Fahne der Aufklärung blieben, haben weder einen Hitler noch ein Auschwitz hervorgebracht. Und auch in Frankreich brach während der Revolution nur für kurze Zeit die aufgeklärte Rationalität zusammen. Danach kehrte die *grande nation* zu ihr zurück. Im Grunde handelt es sich bei Adornos Buch, das, wie man weiß, größtenteils von ihm und nicht von Horkheimer stammt, um eine subtile Verleumdung der Aufklärung. Adorno war zwar ein erbitterter Gegner Heideggers, dessen irrationale Seinshuberei er als «Jargon der Eigentlichkeit» geißelte, doch hinter seiner kritischen Rationalität verbarg sich die tiefe Sehnsucht nach allem, was die deutsche Romantik der Aufklärung entgegenstellte. Überall da, wo er über Dichter wie Eichendorff oder über deutsche Musiker schreibt, scheint bei ihm die deutsche Antiaufklärung durch, der Traum vom unbeschädigten Leben und von der Rückkehr in den Stand der Unschuld. Er bekämpfte nicht nur den faschistischen Ungeist der Deutschen, sondern mit gleicher Leidenschaft und gleicher Bitterkeit all das, was man unter Amerikanismus zusammenfassen kann: die moderne Kulturindustrie, die Massenunterhaltung, *soap operas*, den Jazz, kurzum, alles Triviale, das den Ansprüchen eines typisch deutschen Gebildeten nicht genügte.

Die 68er Bewegung ließ das utopistische Denken in Deutschland noch einmal mächtig aufschäumen, nun allerdings nicht mehr auf idealistischem, sondern auf marxistisch-materialistischem Fundament. Danach kehrte auch hier die gleiche Nüchternheit ein, die die deutsche Gegenwartskultur insgesamt charakterisiert. Falls Jürgen Habermas der repräsentativste deutsche Denker der Gegenwart ist, als der er im angelsächsischen Ausland angesehen wird, darf man annehmen, dass die deutsche Philosophie auf den verlassenen Pfad der Aufklärung zurückgekehrt ist. Heute sind zwar Hegel, Nietzsche und Heidegger noch immer Denker, von denen eine starke Wirkung ausgeht, doch im Ganzen hat der Drang in die Höhe, die Tiefe und die utopische Zukunft deutlich nachgelassen. Es scheint sogar, als sei das deutsche Denken aus seinen Tiefen inzwischen so vollständig aufgetaucht, dass es sich nun in hellerem Licht bewegt als das einst so rationale französische, das um seine irrlichternde Sonne Jacques Derrida kreist wie einst das deutsche um Hegel und später um Heidegger. Von den drei deutschen Sternen war Hegel zweifellos der hellste, Heidegger der dunkelste und Nietzsche der mit der härtesten Strahlung. Habermas wirkt im Vergleich mit ihnen wie nüchternes Tageslicht. Trotz der durchgängigen Ernüchterung ist aber die Sehnsucht nach Tiefe noch nicht aus der deutschen Philosophie verschwunden, wie aus der anhaltenden Wirkung Heideggers zu ersehen ist. Mit der angelsächsischen analytischen Philosophie, für die sauberes Denken mit der logischen Überprüfung jeder einzelnen Aussage beginnt, tun sich deutsche Philosophen noch immer schwer.

Zur Ernüchterung der deutschen Philosophie trug auch ihr allgemeiner Statusverlust bei. Heutzutage erwartet kaum noch jemand von ihr, dass sie letzte Wahrheiten verkündet. Die Zeit der philosophischen Systeme scheint endgültig vorbei zu sein. Statt nach Totalerklärungen des Seins zu suchen, widmen sich die Philosophen jetzt der Klärung des Denkens in Einzelbereichen des menschlichen Daseins. Auf den Feldern von Ethik, Ästhetik, Gesellschafts-, Rechts- und Staatslehre warten unzählige Probleme auf philosophische Durchdringung. Es sind Felder, auf denen die deutsche Philosophie viel von der englischen und amerikanischen lernen kann.

Deutsche Kunst

Als dieses Kapitel bereits geschrieben war, erschien Volker Gebhardts Buch *Das Deutsche in der deutschen Kunst* (2004). Eine detaillierte Auseinandersetzung mit ihm würde den Rahmen unserer Betrachtung sprengen und ist auch kaum nötig, da es die Ansichten des Verfassers nicht widerlegt. Nachdem bis zum Ende des Dritten Reichs das Betonen des Deutschen ein zentrales Anliegen der Kunsthistoriker war, war ebendies aus begreiflichen Gründen danach verpönt. Wer nach 1945 weiter darauf beharrte, lief Gefahr, als deutschtümelnder Vertreter der ewig Gestrigen, wenn nicht als unverbesserlicher Nazi angesehen zu werden. Bei nüchterner Betrachtung müsste aber jedem klar sein, dass beide Positionen gleichermaßen falsch sind. Dass sich die einzelnen Nationen in ihren Künsten unterschiedlich ausdrücken, ist ebenso offensichtlich wie die Tatsache, dass sich die nationalen Künste, zumal die nichtsprachlichen, über alle Grenzen hinweg wechselseitig beeinflussen, anregen und befruchten. Kunst ist immer das Resultat einer Wechselwirkung zwischen Produktion und Rezeption. Ein Künstler mag noch so unabhängig vom Publikumsgeschmack sein, wenn er gänzlich unbekannt bleibt, wird er auch der Nachwelt nicht bekannt werden. Umgekehrt gilt freilich auch, dass zeitgenössischer Ruhm schnell verblasst, wenn das Werk nicht ausreichend Widerstandskraft gegen das populäre Verlangen nach bloß Gefälligem entfaltet. Insofern ist Kunst zwar immer Ausdruck von Individuellem, zugleich aber auch Reflex von Kollektivem. Das muss nicht notwendig etwas Nationales sein. Da es aber im Wesen des Nationalen liegt, nach kollektiver Identität zu streben, wird es früher oder später dazu kommen, dass bestimmte Züge in der Kunst, die mit mehr als zufälliger Häufigkeit wiederkehren, als nationaltypisch empfunden werden. Wenn im Folgenden solche Züge in den drei Bereichen der bildenden Kunst in Deutschland aufgezeigt werden, kann es sich selbstverständlich nur um Aussagen handeln, die sich auf subjektive Eindrücke des Verfassers und auf ebenso subjektive Eindrücke anderer Autoren stützen.

Wollte man das Deutsche in der deutschen Kunst exakt nachweisen, müsste man statistisch arbeiten, was im Falle der Kunst kaum möglich sein dürfte.

Architektur

Die Architektur ist die Kunstform, die dem Ausdruckswillen des Künstlers den größten Widerstand entgegensetzt; denn der Architekt kann nur bauen, was die Gesetze der Statik zulassen. Erst wenn diese entdeckt sind, können sie zu persönlichen Ausdrucksmitteln werden. Deshalb spielt in der Baukunst der internationale Erfahrungsaustausch eine noch größere Rolle als in Malerei und Skulptur. So gut wie alles, was in Deutschland an Architektur geschaffen wurde, lässt sich auf nichtdeutsche Vorbilder zurückführen. So gab es antike Tempel, Paläste, Villen und Brücken auf deutschem Boden bereits, als von Deutschland noch gar keine Rede sein konnte. Auch die mittelalterliche Baukunst hat außerdeutsche Ursprünge. Charakteristisch für ihre erste Stilepoche, die lange Zeit wie die Epoche danach mit dem zunächst abwertend gemeinten Namen ‹Gotik› belegt wurde und erst im 19. Jahrhundert die Bezeichnung ‹romanisch› erhielt, ist die massige Bauweise mit Rundbögen und schweren Tonnengewölben. Sie hielt sich in Deutschland länger als in Frankreich, wo sich schon im 12. Jahrhundert die leichtere Bauform mit Spitzbögen und großen Fensterflächen herausbildete, auf die im 19. Jahrhundert die Bezeichnung ‹Gotik› eingeschränkt wurde. Mit Goethes begeistertem Aufsatz über das Straßburger Münster begann sich in Deutschland die Vorstellung auszubreiten, dass die Gotik eine spezifisch deutsche Kunstform sei. Tatsächlich war sie aber ein Stil, der erst spät von den Deutschen übernommen wurde (Abb. 16). Lässt man die großen Bauwerke auf deutschem Boden vor dem geistigen Auge vorüberziehen und vergleicht sie mit Bauten der jeweils entsprechenden Zeit in anderen Ländern, scheint es so, dass sie – bei vielfacher Übereinstimmung in den Grundformen und in der Bautechnik – durch eine besondere Betonung des Raums hervorstechen. Schon in der Romanik ist der vorherrschende Eindruck der einer festungsartigen Umhüllung eines bergenden Raums. Die Dome von Aachen, Trier, Speyer, Mainz, Worms und Naumburg, die Abteikirchen Maria Laach und Münstereifel sowie die romanischen Kirchen Kölns – um nur einige herausragende Beispiele zu nennen – sind Deutschlands gewichtigster Beitrag zur mittelalterlichen Architektur; sie alle beeindrucken weniger durch ein prunkvolles Äußeres als durch ihren Innenraum. Als in Marburg eines der frühesten Beispiele gotischer Baukunst, die Elisabethkirche, entstand, baute man nicht wie in Frankreich eine dreischiffige Kirche mit reichem äußeren Schmuck, sondern eine karge Hülle für eine einzige große Halle. Zwar kehrte man bei den weiteren gotischen Bauten zunächst zum dreischiffigen französischen Vorbild zurück, doch im Spätmittelalter setzte sich schließlich die Hallenkirche als spezifisch deutscher Beitrag zur mittelalterlichen Baukunst durch, wobei die aus Schwäbisch Gmünd stammenden Parler diese Bauform bis nach Prag und Wien trugen. Wenn man sich daran erinnert, dass das, was heute von den meisten Deutschen zuerst mit der mittelalterlichen Baukunst ihres Landes assoziiert wird – nämlich die hohen Türme der Dome und Münster von Köln, Regensburg, Ulm, Soest und Meißen –, erst im 19. Jahrhundert hinzugefügt wurde, wird deutlich, wie sehr es zunächst um die Umhüllung des Raums und erst viel später um die Repräsentation nach außen ging. Raumbetont ist auch die gesamte deutsche Architektur des Barock. Wer an sie denkt, wird sich weder an imposante Kuppeln noch an prunkvolle Fassaden erinnern, sondern an Räume wie die, die Johann Balthasar Neumann in der Wallfahrtskirche Vierzehnheiligen (Abb. 17) und in der Würzburger Residenz mit ihrem berühmten Treppenhaus schuf. Selbstverständlich sind Schlösser und Kirchen zuerst einmal Räume mit bestimmten Funktionen; und dafür, dass nach der Realisierung der Räume die Repräsentation nach außen in so vielen Fällen nicht mehr vollendet wurde, lassen sich mit dem Niedergang der Städte im 16. Jahrhundert und danach im Dreißigjährigen Krieg handfeste Gründe benennen. Trotzdem drängt sich dem Verfasser der Eindruck auf, dass die Deutschen dem Raum mehr Bedeutung beimaßen als dem äußeren Baukörper. Das würde das bisher entworfene Bild der deutschen Mentalität bestätigen, worin die Sehnsucht nach Geborgenheit ein zentrales Moment ist. Für weiteres kunsthistorisches «Beweismaterial» fehlt hier der Raum. Doch um wenigstens ein Beispiel aus der Gegenwart zu nennen, sei an die Berliner Philharmonie erinnert, deren Äußeres wohl niemand als besonders eindrucksvoll bezeichnen würde, die aber innen zu den schönsten Konzertsälen der Welt zählt. Es sei aber gleich

Abb. 17: Innenraum der Wallfahrtskirche Vierzehnheiligen
von Johann Balthasar Neumann (1743–1772).

Gegenüber liegende Seite
Abb. 16: Das Straßburger Münster, das für den jungen Goethe
der Inbegriff deutscher Baukunst war.

hinzugefügt, dass es sich hier um moderne Architektur handelt, für die es auf der ganzen Welt vergleichbare Beispiele gibt, so dass man allenfalls von einer Übereinstimmung von Bau und Mentalität, aber nicht von einem ursächlichen Zusammenhang sprechen kann.

Mag die behauptete Raumbetonung spekulativ sein, nicht spekulativ ist die Aussage, dass sich in der deutschen Architektur des 19. Jahrhunderts eine besondere Neigung zum Erhabenen zeigt. Es wurde bereits gesagt, dass viele der erhabensten Beispiele gotischer Architektur erst im 19. Jahrhundert entstanden, nachdem die Deutschen die Gotik zu ihrer Kunst erklärt hatten. Gebhardt zeigt in seinem Buch, dass die Kenner in Deutschland zu jener Zeit längst eingesehen hatten, dass die Gotik nicht der Ausdruck deutschen Wesens sein konnte. Das hinderte die Deutschen aber nicht, den 1842 begonnenen Weiterbau des Kölner Doms, der gewaltigsten Bauruine in Mitteleuropa, als nationale Großtat zu feiern. Der preußische König Friedrich Wilhelm IV. brachte dies bei der Grundsteinlegung mit patriotischen Worten zum Ausdruck. Weitere Turmbauten folgten unter anderem in Ulm, Regensburg, Soest und Meißen. Am weitesten ging der Wagner-Verehrer Ludwig II. von Bayern, der mit Neuschwanstein (1869–1886) die Apotheose der deutschen Erhabenheitsträume schuf. Dem gleichen Verlangen, nur in klassisch-antikem Stil, entsprach bereits die 1830–1842 von Leo von Klenze im Auftrag Ludwigs I. erbaute Walhalla bei Donaustauf. Die Architektur des 19. Jahrhunderts war ein Kostümfest der Stile. Doch welchen Stil man auch wählte, bei Bauten von nationaler Bedeutung ging das Bestreben dahin, eine erhabene Wirkung zu erzielen; denn das entsprach der kollektiven Sehnsucht der Deutschen nach Aufgehobensein im großen Ganzen, wobei das Emporgehoben-Werden und das Sich-geborgen-Fühlen die charakteristischen Momente waren. Selbst Karl Friedrich Schinkel, dessen Bauten sich durch klassische Schlichtheit auszeichnen, träumte anfangs den Traum der Erhabenheit, nur konnte er ihn nicht in Stein verwirklichen, sondern nur auf der Leinwand. Er malte gotische Kathedralen, die erhaben von einem Hügel herab auf mittelalterliche Städtchen oder romantische Landschaften schauten. Allerdings hielt er diese Bilder später für eine Jugendsünde. Den Gipfel erreichte der deutsche Erhabenheitswahn in den Entwürfen Albert Speers für die Reichshauptstadt Berlin, die unter anderem eine gigantische, 320 Meter hohe Kuppelhalle erhalten sollte, in der die Peterskirche Platz gehabt hätte.

Malerei

Maler können beim Bildaufbau aus Linien und Farben weit mehr Originalität entfalten als Architekten, doch erfinden auch sie ihre Bildsprache nicht aus dem Nichts, sondern orientieren sich an Vorbildern, denen sie entweder nacheifern oder gegen die sie angehen. Vor allem aber müssen sie ihre Kunden zufrieden stellen. Und da die Käufer von Bildern und Graphiken um ein Vielfaches zahlreicher sind als die Auftraggeber von Bauten, ist zu erwarten, dass sich in der Malerei nationaltypische Züge früher und deutlicher ausbilden. Aus heutiger Sicht werden die meisten Kunstliebhaber schon die *Madonna im Rosenhag* von Stefan Lochner als sehr deutsch empfinden. Dabei ist allerdings zu bedenken, dass die überlieferte deutsche Kunst heute durch eine Brille gesehen wird, die seit der Romantik deutschnational eingefärbt ist. Selbst wenn man die deutschtümelnde Tendenz des 19. Jahrhunderts bis hin zum Ersten Weltkrieg auszublenden versucht, kann man sich ihrer Nachwirkung nicht ganz entziehen. 1926 erschien ein Buch, das bereits an früherer Stelle erwähnt wurde und das den anspruchsvollen Titel trägt: *Deutscher Genius. Ein Sammelwerk aus deutscher Vergangenheit und Gegenwart für Haus und Schule*, herausgegeben von Hanns Martin Elster. Dem hohen Anspruch des Titels entspricht der Name dessen, der das Geleitwort schrieb: Thomas Mann. Das Erscheinungsdatum lässt erwarten, dass die Auswüchse des Wilhelminismus keinen Eingang in das Sammelwerk gefunden haben; und der Name des Geleitwortschreibers sollte dafür bürgen, dass auch der heraufziehende Nationalsozialismus vor der Tür blieb. Das Buch, auf das später noch einmal Bezug genommen wird, präsentiert nicht nur eine Anthologie von Texten, die der Herausgeber als charakteristisch für den deutschen Geist ansah, es enthält zudem 24 Bildtafeln und 100 weitere Illustrationen, die das Deutsche veranschaulichen sollen. Auf den 24 Bildtafeln sieht man zwölf Werke von Dürer und zwölf von Rembrandt. Dass Dürer so prominent vertreten ist, verwundert nicht; denn spätestens seit der Romantik gilt er neben Matthias Grünewald als der deutscheste unter den deutschen Renaissancemalern. Überraschender ist dagegen, dass Rembrandt zu den Deutschen gezählt wird, doch im 19. Jahrhundert hatten die Deutschen ihn genauso für sich in Anspruch genommen wie im 18. Jahrhundert

Shakespeare. Dürer und Rembrandt müssen demnach etwas haben, was die Deutschen als typisch für ihre Nation empfinden. Unter den 100 Illustrationen im Text befinden sich außer drei weiteren Werken von Dürer und einem von Rembrandt insgesamt fünfzehn Stiche von Ludwig Richter, der damit in der Zahl der Abbildungen knapp vor den beiden Großen liegt. Schlägt man die abgedruckten Werke von Lucas Cranach und Holbein der Seite Dürers und die von Moritz von Schwind und Wilhelm von Kaulbach der Seite Richters zu, so stehen die Abbildungen in ihrer Mehrzahl für zwei unterschiedliche, aber zweifellos typische Züge der deutschen bildenden Kunst, wobei noch zu fragen ist, welche Stellung Rembrandt zwischen den beiden einnimmt.

Was an Dürer nicht nur aus deutscher Sicht, sondern auch in den Augen von Ausländern typisch deutsch ist und ihn von den Malern der italienischen Renaissance unterscheidet, ist das Expressive seiner Kunst. Während die Italiener von Botticelli über Leonardo bis hin zu Raffael, Giorgione und Tizian ein Ideal klassischer Schönheit anstrebten, zeichnet sich Dürers Kunst, vor allem in den Kupferstichen, durch eine unklassische Expressivität aus, die wie ein Nachklang der Gotik anmutet. Noch mehr davon findet sich in Grünewalds Isenheimer Altar, der deshalb von vielen als das deutscheste Bildwerk überhaupt empfunden wird (Abb. 18). Zum Expressiven kommt ein Moment des Innig-Intimen hinzu, das der gesamten deutschen Renaissancemalerei eine charakteristische Färbung gibt. Martin Schongauers *Geburt Christi* und Lucas Cranachs *Ruhe auf der Flucht* (Abb. 19), beide in der Berliner Gemäldegalerie, haben etwas von familiärer Intimität, das den Betrachter anders berührt als das am gleichen Ort befindliche Bild *Maria das Kind verehrend* von Fra Filippo Lippi, das die Innigkeit auf eine klassisch-schöne Weise ausdrückt. Die eigentümliche Verbindung von Expressivität und Innigkeit zeigt sich besonders klar in der Graphik, da hier die Konturen des Holzschnitts und des Kupferstichs dem Bild einerseits eine expressive Schärfe und andererseits eine intime Einfachheit bis hin zur Einfalt geben. Nach Dürer trat erst wieder mit Jakob Elsheimer ein bedeutender Maler auf den Plan, der das typisch Deutsche hat. Doch seine kleinformatigen Bilder blieben lange Zeit unbeachtet, so dass im Bewusstsein der Deutschen nicht er, sondern Caspar David Friedrich der nächste typisch deutsche Maler nach Dürer ist. Bei ihm verselbständigt sich das, was sich bei Altdorfer und dem frühen

Cranach, den Hauptvertretern der so genannten Donauschule, schon andeutete, nämlich die Einbettung der Figuren in eine romantische Landschaft. Als er für die Hauskapelle des Grafen von Thun-Hohenstein auf Schloss Tetschen sein berühmtes *Kreuz im Gebirge* (1807/08) malte, von dem später unzählige Reproduktionen an deutschen Wohnzimmerwänden hingen, sah der Kammerherr von Ramdohr das Bild bei einem Atelierbesuch und schrieb darüber eine scharfe Kritik, worin er dem Maler die Abkehr von der «ästhetischen» Landschaftsmalerei und die Hinwendung zu einem unseriösen «Mystizismus» vorwarf. So ungerecht die Kritik sein mochte, so genau traf sie den Sachverhalt; denn in der Tat verließ Friedrich die traditionelle Ästhetik des Schönen und wandte sich dem Erhabenen zu, das danach Einzug in die deutsche Malerei hielt. In keinem seiner Bilder tritt der Erhabenheitsgestus so ostentativ, ja, geradezu aufdringlich hervor wie in seinem *Wanderer über dem Nebelmeer* (Abb. 20). Die stolze Pose, mit der hier ein Herr in Stadtkleidung den Nebel der Gewöhnlichkeit ‹transzendiert›, mutet wie ein Symbol für das idealistische Streben der deutschen Romantik an. Das Bild muss auch in den Augen nichtdeutscher Kunsthistoriker besonders repräsentativ sein; denn die Herausgeber zweier in mehreren Sprachen herausgebrachter Gesamtdarstellungen der europäischen Romantik wählten es für den Buchumschlag. Doch so deutsch Friedrichs Malerei aus heutiger Sicht auch erscheinen mag, wirklich entdeckt haben die Deutschen ihn – ähnlich wie Hölderlin – erst, als sich der Erhabenheitskult durchgesetzt hatte, der mit der Reichsgründung einen mächtigen Schub erhielt.

Doch bevor die Deutschen sich ganz der Einschüchterung durch das Erhabene hingaben, galt ihre Liebe in weit stärkerem Maß den Malern, die das Gemüt ansprachen. Das waren solche wie Moritz von Schwind, Carl Spitzweg und ganz besonders Ludwig Richter, dessen überaus populäre Buchillustrationen archetypische Vorstellungen deutscher Gemütlichkeit in fast jeden Haushalt trugen. Spitzweg und Richter mögen keine gleichwertigen Gegenpole zu Dürer und Friedrich sein, doch sie stehen für etwas, das sowohl auf trivialer wie auf höchster künstlerischer Ebene ein charakteristisches Element der deutschen Kunst ist. Was Böcklins *Toteninsel* und Spitzwegs kauzige Idyllen wie *Der Gartenfreund* (Abb. 21) miteinander gemein haben, ist das einhüllende Dunkel, das die deutsche Malerei des 19. Jahrhunderts durchgängig prägt. Während in Eng-

Abb. 18: Die beiden Mitteltafeln von Matthias Grünewalds
Isenheimer Altar (1512–16).

land mit Turner und in Frankreich mit Courbet die Entdeckung des
Lichts einsetzte, das bei den Impressionisten förmlich explodiert,
lastet auf der deutschen Malerei das Dunkel Rembrandts. Nacht
und Dunkelheit wurden in Deutschland seit der Romantik als Ausdruck metaphysischer Geborgenheit empfunden. Eben deshalb war
Rembrandt für die Deutschen jener Zeit der Maler schlechthin, den
sie nicht nur als Künstler, sondern auch als moralische Instanz ver-
ehrten. Julius Langbehns Buch *Rembrandt als Erzieher* (1890) war
bis zum Zweiten Weltkrieg eines der meistgelesenen Bücher in

Abb. 19: Lucas Cranach, *Die Ruhe auf der Flucht* (1504).

Deutschland und trug wesentlich dazu bei, das deutsche Bildungs-
bürgertum für jene Sehnsucht nach Geborgenheit empfänglich zu
machen, die die Geschichte der deutschen Mentalität wie ein Leitmotiv durchzieht.

Die seriöse deutsche Malerei des 20. Jahrhunderts hat zwar das

Abb. 20: Caspar David Friedrich, *Wanderer über dem Nebelmeer* (1818).

Erhabenheitspathos aufgegeben, doch das Expressive blieb weiterhin ihr Markenzeichen. Lovis Corinth, die Expressionisten, Max
Beckmann und Otto Dix sind typische Beispiele. Dix blieb der expressionistischen Malweise bis zu seinem Tode 1969 treu, wobei er
seine frühere Ausdruckskraft allerdings weitgehend verlor. Das
hielt aber die «Neuen Wilden», zu denen Maler wie Georg Baselitz,
Markus Lüpertz und Karl Horst Hödicke gezählt werden, nicht da-

Abb. 21: Carl Spitzweg, *Der Gartenfreund* (um 1860).

von ab, den Expressionismus ein weiteres Mal auferstehen zu lassen. Auch in der DDR war er der vorherrschende Stil, wofür Bernhard Heisig, Willi Sitte und Harald Metzkes prominente Beispiele sind. Selbst die Neue Sachlichkeit, der vielleicht originellste deutsche Beitrag zur Kunst des 20. Jahrhunderts, hatte etwas Expressives. Verschwunden ist dagegen das andere Merkmal der deutschen Malerei. Paul Klee scheint der letzte gewesen zu sein, der die Poesie der

Innerlichkeit noch einmal zum Blühen brachte, ohne sich in sie ein-zuspinnen. Während Franz Marc mit seinen mystischen Naturbil-dern eine deutsche Lokalgröße blieb, schuf Paul Klee dank seiner spielerischen Ironie eine Bildersprache, die in der ganzen Welt ver-standen wird.

Bildhauerei

Noch deutlicher als in der Malerei kommt das Expressive in der deutschen Bildhauerei zum Ausdruck. Schon an früherer Stelle wurden der Bamberger Reiter und die Stifterfiguren des Naumbur-ger Doms als Bildwerke genannt, in denen die Deutschen etwas Na-tionaltypisches sahen. Als noch deutscher gilt Tilman Riemen-schneider, der als Beispiel für Innerlichkeit angeführt wurde. Wie Dürer als Maler so strebte er als Bildhauer und Holzschnitzer ganz offensichtlich nicht nach dem Schönheitsideal der italienischen Re-naissance, sondern nach jener Verbindung von Expressivität und Intimität, die die deutsche Malerei seiner Zeit auszeichnet. Man könnte einwenden, dass er nördlich der Alpen kaum Zugang zu den Zeugnissen der Antike hatte und deshalb auf die gotischen Vorbil-der angewiesen war. Doch das fehlende Interesse am klassischen Schönheitsideal in der deutschen Kunst ist so nicht zu erklären; denn auch die wenigen bedeutenden Bildhauer, die auf Riemen-schneider und Veit Stoß folgten, strebten Expressivität und nicht klassische Schönheit an. Bei Balthasar Permoser und Andreas Schlüter mag man noch von einem europäischen Epochenstil, dem Barock, sprechen, doch bei Wilhelm Lehmbruck und Ernst Barlach werden Deutsche wie Nichtdeutsche den Eindruck haben, dass es sich um typisch deutsche Künstler handelt. In Barlachs *Fries der Lauschenden* (Abb. 23) ist die Innerlichkeit buchstäblich mit Hän-den zu greifen, und Lehmbrucks *Emporsteigender Jüngling* (Abb. 22) hat das gleiche expressive Erhabenheitspathos wie Friedrichs *Wan-derer*. Selbst in jüngster Zeit tragen die Monumentalskulpturen An-selm Kiefers diese typisch deutschen Züge. Auch Joseph Beuys, der sich in seiner Theorie entschieden gegen den einschüchternden Kunstanspruch wandte und stattdessen für eine demokratische Ausübung von Kreativität durch jedermann plädierte, hat mit sei-nen Werken Objekte geschaffen, die von einer Aura des Mystischen

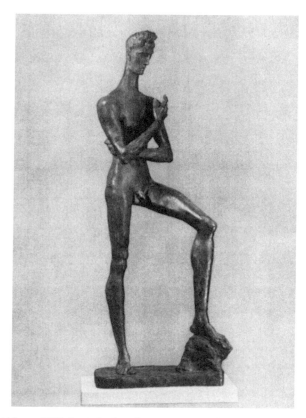

Abb. 22: Wilhelm Lehmbruck, *Emporsteigender Jüngling* (1913).

und Bedeutungsvollen und damit des Autoritativen umgeben sind. Das Gemütvoll-Innige spielt in der Bildhauerei dagegen eine geringe Rolle, da es allzu nahe am Nippes-Kitsch steht. Trotzdem fand die Berliner Bildhauerin Renée Sintenis mit ihren kitschverdächtigen Tierfiguren auch bei anspruchsvollen Kritikern Anerkennung. Während ihre Kleinskulpturen nur das harmlose Bedürfnis nach sentimentaler Niedlichkeit befriedigten, das im Gartenzwerg seinen typisch deutschen Ausdruck findet, appellierten die beiden prominentesten Bildhauer der Nazizeit, Josef Thorak und Arno Breker, an die entgegengesetzte Sehnsucht nach Erhabenheit und einschüch-

Abb. 23: Ernst Barlach, *Der Empfindsame – Der Wanderer – Die Träumende* (aus *Fries der Lauschenden*; 1935).

ternder Größe. Gegen den Hintergrund des bisher Ausgeführten ist leicht zu sehen, dass es sich bei ihren Monumentalskulpturen nicht um den Ausdruck einer zeitweiligen Verirrung eines verblendeten Volkes handelt, sondern um eine weit zurückreichende deutsche Tradition, die selbst nach dem Ende des Nationalsozialismus weiterwirkte. So fand Arno Breker auch nach dem Krieg bis zu seinem Tode 1991 noch Auftraggeber, wenngleich die seriöse Kunstkritik jetzt nur noch Verachtung für ihn übrig hatte.

Deutsche Musik

Eine Kultur ohne weltanschauliche Tiefe, ohne den persönlichen Einsatz aus ihr und für sie ist in deutscher Selbstauffassung undenkbar. In diesem spekulativen Bekennertum bleibt sie, wenn auch indirekt, protestantisch. Darum bevorzugt die deutsche Kultur der Neuzeit Musik und Philosophie als ihre Ausdrucksgebiete, welche bedeutsamerweise diesen Zug miteinander gemeinsam haben, daß sie in Konflikt mit der normalen sprachlichen Mitteilung liegen. Das Eigentliche der Musik läßt sich in Worten nicht sagen. Vokalmusik ist immer an der Oberfläche. Sie erlebte ihre Blüte in Italien, nicht in Deutschland. Erst da, wo die Rede verstummt, beginnt die Musik. Und erst da, wo die Rede zerbricht, dann, wenn sie der über alles hinweggleitenden Mitteilung entrissen und zum Gegenstand des Nachdenkens gemacht wird, beginnt die Philosophie.

So erklärt Helmuth Plessner das Aufblühen von Musik und Philosophie in Deutschland. Beides führt er darauf zurück, dass der deutsche Protestantismus «seine Energien seit der Aufklärung nicht im kirchlichen Glaubensleben voll entfalten» konnte, weshalb er nach «Ausgleich in weltlichen Ersatzbildungen» suchte. Musik und Philosophie werden so als spezifische Ersatzreligionen der deutschen Protestanten gedeutet. Diese These steht auf wackligen Füßen. Zunächst einmal: Haben Katholiken wie Mozart, Schubert und Bruckner, obgleich der Nationalität nach Österreicher, weniger zur deutschen Musik beigetragen als die deutschen Protestanten? Des Weiteren: Sind die Motetten von Heinrich Schütz, die Kantaten und Passionen von Bach, die Lieder von Beethoven, Schubert und Schumann keine Vokalmusik? Gewiss, der Belcanto erlebte seine Blüte in Italien, doch das Lied ist so deutsch, dass die deutsche Bezeichnung dafür als Fremdwort ins Englische und in andere Sprachen übernommen wurde. Dass die Deutschen angesichts der großen Zahl genialer Komponisten die Musik voller Stolz als ihre nationale Kunst betrachten, ist verständlich; doch das muss nicht heißen, dass diese Kunst einer spezifischen Disposition des deutschen Geistes entsprungen ist.

Damit eine Kunst sich entfalten kann, sind gewisse materielle Voraussetzungen erforderlich. So muss zum Beispiel für die Kunst des Dramas ein genügend großes Theaterpublikum, für die Malerei ein finanzkräftiger Käuferkreis und für die Architektur das Repräsentationsbedürfnis einer Führungselite vorhanden sein. Ein großes Publikum braucht auch die Oper, deren Aufführung sehr kostenaufwändig ist. Anders verhält es sich mit Konzertmusik. Ist erst einmal ein Orchester vorhanden, können neue Kompositionen in rascher Folge aufgeführt werden. Die Landesfürsten hielten sich ständige Orchester außerhalb des kommerziellen Opernbetriebs. Hier nun hatte Deutschland eine Trumpfkarte; denn wegen der großen Zahl kleiner und kleinster Staaten gab es eine Vielzahl von Residenzen, in denen Orchester darauf warteten, mit neuen Kompositionen beliefert zu werden. Bremers *Handlexikon der Musik* zählt am Schluss der Ausgabe von 1905 66 «wichtigste Musikstädte» auf. Davon liegen 44 in Deutschland. Die übrigen sind mit wenigen Ausnahmen die Hauptstädte der europäischen Staaten, wobei für Österreich außer Wien auch noch Salzburg und Graz genannt werden. In dieser Liste tauchen so kleine Orte wie Bückeburg, Sondershausen, Meiningen, Köthen, Altenburg und Gotha auf, die zusammen nicht einmal halb so viele Einwohner wie zum Beispiel Manchester hatten, das in der Liste fehlt. Dass eine solche Fülle von Musikstädten für aufstrebende Komponisten ein reiches Betätigungsfeld war, leuchtet unmittelbar ein. Manche der genannten Orte hatten sogar Opernhäuser; doch für große Opern, die mit den italienischen konkurrieren konnten, waren nur in Großstädten wie Berlin, Dresden, München und Leipzig die Voraussetzungen gegeben. Für Orchesterstücke hingegen und mehr noch für Lieder, Klavier- und Kammermusik waren die Marktverhältnisse ideal. Genau das produzierten die deutschen Musiker.

Darüber hinaus spricht aber auch einiges dafür, dass die deutsche Affinität zur Musik nicht nur auf den Aufführungsbedingungen beruht. Das Musikerlebnis unterscheidet sich wesentlich von der Rezeption der übrigen Künste. Eine Lektüre kann man jederzeit unterbrechen; von Bildern kann man zurücktreten und sich auf einzelne Momente konzentrieren. Musikstücke dagegen können nur im Ganzen wirklich genossen werden, wobei der Hörer bei einem vollauf befriedigenden Stück das Gefühl hat, dass jede Note sich dem Ganzen unterwirft und in ihm aufgeht. Das ist eine Erlebnisweise, für die die deutsche Mentalität durch ihre historische Prägung besonders disponiert zu sein scheint. Auch wenn es eine unbeweisbare Vermutung bleibt, scheint das Musikerlebnis der deutschen Sehnsucht nach Aufgehobensein in einem Ganzen zu entsprechen, während zum Beispiel die Komödie dieser Sehnsucht entgegensteht; denn dort ist alles auf die Distanzierung durch Gelächter angelegt. Für die Vermutung spricht deshalb auch, dass die deutsche Literatur so wenige spielbare Komödien hervorgebracht hat.

Was ist nun aber das Deutsche an der deutschen Musik? Wenn es überhaupt so etwas gibt, wird man es nur durch den Vergleich mit der Musik anderer Völker herausfinden können. Händel war Deutscher, und doch werden die meisten seine Musik als weniger deutsch empfinden als die von Bach. Das Festlich-Repräsentative, das aus seiner Konzert- und Chormusik spricht, wirkt viel stärker nach außen als die Musik von Bach, in der die Deutschen mehr Innerlichkeit und Tiefe spüren. Der Unterschied erinnert an den zwischen Rubens und Rembrandt. An künstlerischer Vollkommenheit dürften sich die beiden kaum etwas nehmen. Doch in der Wirkung unterscheiden sie sich sehr. Händel schrieb den größten Teil seiner Musik für das Publikum der Weltstadt London, Bach schrieb die seine für das viel kleinere Publikum an den Höfen von Weimar und Köthen und später für die Leipziger Kantorei. Händel kommunizierte als genialer Musiker mit einer urbanen Gesellschaft, der Thomaskantor Bach kommunizierte mit einem viel kleineren Publikum. Das lässt vermuten, dass Händels Musik mehr an den kultivierten Geschmack der Musikliebhaber appellierte, während Bachs Musik sich stärker an die subjektive Innerlichkeit des Einzelnen richtete. Noch viel stärker als bei Bach, bei dem das Sinnliche der Töne durch technische Kunstfertigkeit so intellektualisiert ist, dass seine Kunst zu Mozarts Zeiten als spröde empfunden wurde, tritt das Unmittelbare und Rauschhafte der Musik bei Beethoven und den Romantikern hervor. Im 19. Jahrhundert bildete die deutsche Musik zwei Tendenzen aus, die danach für sie typisch wurden: ein Streben nach dem Erhabenen und Weihevollen, wie es in der Sinfonik vorherrscht und in Wagners Musikdramen den Gipfel erreicht, und eine subjektive Innigkeit, die vor allem im Lied zum Ausdruck kommt. Was dagegen weitgehend fehlt, ist die schiere Lebenslust, die man bei Vivaldi und seinen Landsleuten spürt. Nach Haydn und Mozart ist Mendelssohns «Italienische Sinfonie» eines der seltenen Beispiele für unsentimentale Vitalität und Heiterkeit. In Deutschland ist klassische Musik in der Tat E-Musik; denn ob erhaben oder innig, sie ist in aller Regel ernst.

Ob die Deutschen heute noch in der hier beschriebenen Weise auf Musik reagieren, ist fraglich. Wilhelm Furtwängler scheint der letzte gewesen zu sein, der das Deutsche mit ganzer Inbrunst zelebrierte. Danach wurden, schon wegen der Internationalisierung des Konzertwesens, die nationaltypischen Züge mehr und mehr verwischt. Herbert von Karajan ist vielleicht der Meilenstein, der den Übergang von einer bewusst deutschen zu einer internationalen Form des Musiklebens am deutlichsten sichtbar – oder besser: hörbar – machte. Auf eine Abkehr von der Innerlichkeit deutet auch die in den 1960er Jahren aufgekommene Liebe zur Barockmusik hin, in der sinnliche Motorik an die Stelle von Pathos und Innigkeit tritt. Doch selbst wenn das typisch Deutsche aus der heutigen Musik verschwunden sein sollte, haben die Deutschen zumindest ihr reiches Musikleben bewahrt. Angeblich gibt es in Deutschland mehr Opernhäuser als im Rest der Welt. Das Gleiche dürfte für die Zahl der ständigen Sinfonieorchester gelten, unter denen die Berliner Philharmoniker international das höchste Ansehen genießen. Aber auch sie schaffen es nicht, für die zeitgenössische Musik ein breiteres Publikum zu gewinnen. Das scheint das Los der modernen Musik weltweit zu sein. Ebenso bedauerlich ist am anderen Ende des Musiklebens das Verschwinden der Volkslieder aus dem Gedächtnis der Deutschen. Von den zahllosen Liedern, die noch vor fünfzig Jahren an den Schulen gesungen wurden, sind den Kindern heute nur noch wenige bekannt. Auch aus den Volksmusiksendungen in Funk und Fernsehen sind authentische Volkslieder weitgehend verschwunden und durch eine Mischung aus Pop-Musik und Folklore ersetzt worden. Ob man die alten Lieder überhaupt noch singen kann, ohne den Verdacht von Kitsch und reaktionärer Deutschtümelei zu wecken, ist fraglich. Eine Verarmung der kollektiven Erinnerung des deutschen Volkes ist ihr Verschwinden aber auf jeden Fall.

Deutsche Literatur

Wenn von deutscher Literatur in ihrer Gesamtheit die Rede ist, wird wohl jeder zuerst an das Massiv denken, das als «Weimarer Klassik» aus der Gipfelreihe deutscher Poesie herausragt. Und doch ist gerade das Klassische für die deutsche Literatur untypisch. Selbst in Goethes Werk gibt es nur eine kurze klassische Phase in der Mitte seines Schaffens, während das Frühwerk vom gänzlich unklassischen Sturm und Drang und das Spätwerk zunehmend von romantischen Zügen geprägt ist. Wenn man unter Klassik ein Kunstideal versteht, das Schönheit, ausgewogene Proportionen, menschliche Maße, geistige Klarheit und Vermeidung jeglicher Exzesse anstrebt, dann ist davon in der deutschen Literatur wenig zu finden. Typisch für sie ist das Gegenteil: Statt eines normativen Idealismus findet man idealistische Höhenflüge, statt rationaler Klarheit eine Neigung zum Kauzigen und zur Idylle. Verstiegenheit und Versponnenheit sind ihre charakteristischen Extreme. Es sind die gleichen Tendenzen wie in der bildenden Kunst und der Musik. Gewiss gab es auch Dichter, auf die das nicht zutrifft. So steht zum Beispiel Lessing, obwohl er einer der ersten Bewunderer Shakespeares in Deutschland war, in seiner aufklärerischen Klarheit näher an der von ihm kritisierten französischen Klassik als am Werk des Briten. Auch Theodor Fontane weist keinen der oben genannten Züge auf. Seine Romane könnten wohl auch der englischen oder französischen Literatur angehören. Doch die beiden, so hoch sie von Deutschen geschätzt werden mögen, sind nicht typisch für die deutsche Literatur.

Würde man Deutsche und Ausländer befragen, welche Dichter und welche Werke sie als typisch deutsch empfinden, wären wohl weder Lessing noch Fontane unter den zuerst Genannten. Weit vor ihnen würden Hölderlin, Kleist, Novalis, Eichendorff, Jean Paul, Friedrich Hebbel, Wilhelm Raabe und Rainer Maria Rilke rangieren. Noch viel deutscher sind allerdings Dichter, die im Ausland gar nicht zur Kenntnis genommen wurden. So kann man sich Dramen wie die von Ernst Barlach auf einer Bühne in London oder New

York schwer vorstellen. Auch Romane wie die von Hans Henny Jahnn und Gedichte wie die von Peter Huchel sind zu deutsch, um im Ausland Interesse zu finden. Die romantische Innerlichkeit der Lyrik, das Fehlen urbaner Konversation im Roman und die problemorientierte Tiefgründelei im Drama machen einen Großteil der deutschen Literatur für Ausländer ungenießbar. Der einzige Dichter, dem es gelang, das Deutscheste an der deutschen Lyrik, nämlich den naiv-romantischen Volksliedton, ins Ausland zu transportieren, war Heinrich Heine. Und es gelang ihm nur, weil er ein durch und durch urbaner Dichter war, der seine deutsch-romantischen Seifenblasen bis zum schönsten Schillern aufblies, um sie dann mit einem ironischen Nadelstich platzen zu lassen. Das ließ ihn in den Augen deutscher Kritiker als nicht ganz seriös erscheinen. Doch gerade die Vermeidung der romantischen Unmittelbarkeit macht seine Ehrlichkeit und Authentizität aus. Von allen späteren deutschen Lyrikern fand nur noch Rilke im Ausland Anerkennung. Das ist insofern erstaunlich, als er die deutsche Tendenz zur Innerlichkeit auf die Spitze trieb, indem er den «Weltinnenraum» zu seinem Gegenstand machte. Doch gerade damit ließ er das Provinzielle hinter sich und wurde zum Sprachrohr des Allgemeinmenschlichen.

Von den Dramatikern hat nur Bertolt Brecht den Sprung in die Weltliteratur geschafft. Seine holzschnittartig simplifizierte Darstellungsweise ist durch die kosmopolitische Thematik gegen den Vorwurf des Provinziellen gefeit. Außer ihm gibt es keinen deutschen Dramatiker, der sich auf den Bühnen des Auslands so selbstverständlich behauptet wie auf den deutschen Shakespeare, Calderón, Molière, Goldoni, Tschechow, Wilde und Shaw. Goethes Meisterwerke *Tasso* und *Iphigenie* sind für ein urbanes Publikum zu undramatisch und Schillers zweifellos dramatische Stücke zu pathetisch und idealistisch, während Kleists Stücken die Unübersetzbarkeit ihrer Sprache im Wege steht. Am ehesten hätte es wohl Georg Büchner in die Weltliteratur geschafft, wenn er nicht schon mit 23 Jahren gestorben wäre. Nach dem Krieg wurden nur zwei deutsche Dramen von den Bühnen des Auslands erfolgreich angenommen: Rolf Hochhuths *Der Stellvertreter* und Peter Weiss' *Die Verfolgung und Ermordung Jean Paul Marats dargestellt durch die Schauspielgruppe des Hospizes zu Charenton unter Anleitung des Herrn de Sade* (1964), die beide durch ihre Thematik sowohl die Idealisierung als auch die Flucht in die Innerlichkeit ausschließen.

Auch auf dem Gebiet der erzählenden Prosa hatte sich die deutsche Literatur weit von der englischen, französischen und russischen Epik entfernt. Während dort psychologisch-realistische Gesellschaftsromane geschrieben wurden, widmeten sich die deutschen Erzähler mangels eines literaturwürdigen Gesellschaftslebens dem idealistisch-didaktischen Bildungsroman. Anschluss an den europäischen Realismus fand der deutsche Roman erst mit Fontane. Hätte der Neuruppiner und Wahlberliner, der zwei Jahre vor Flaubert geboren wurde, nicht erst mit 59, sondern schon mit 30 Jahren seinen ersten Roman veröffentlicht, wäre er vielleicht außerhalb Deutschlands wahrgenommen worden. So aber blieb er ein Zuspätgekommener, dem Jüngere wie Flaubert, Tolstoi und Dostojewski vorausgeeilt waren. Von den Romanciers des 20. Jahrhunderts zählen nur Thomas Mann und Franz Kafka zur Weltliteratur, was bei dem letztgenannten weniger verwundert, weil seinem Werk die typisch deutschen Züge gänzlich fehlen. Thomas Manns Romane dagegen könnten deutscher kaum sein. Doch was bei anderen provinzielle Innerlichkeit bleibt, wird bei ihm durch die kritische Distanz seiner Ironie ins Kosmopolitische gehoben, wodurch seine Werke auch für Nichtdeutsche genießbar werden.

Wie beim Drama gab es auch unter den deutschen Romanciers der Nachkriegszeit nur einen einzigen, der zur Weltliteratur vorstieß, nämlich Günter Grass mit der *Blechtrommel*. Das war nach dem Krieg der erste deutsche Roman – und er blieb bis heute der einzige –, der den Mief der deutschen Provinz aus weltbürgerlicher Perspektive ironisiert, ohne dabei in die deutsche Tradition des nach Tiefsinn strebenden Kunstbemühens zu verfallen. Die übrigen Autoren anspruchsvoller Romane wurden zwar teilweise in fremde Sprachen übersetzt, aber mit wenig Enthusiasmus aufgenommen. Weit mehr Leser fanden und finden im Ausland Autoren, die von deutschen Kritikern mit spitzen Fingern angefasst und, wenn überhaupt, mit noch spitzerer Feder rezensiert werden. Es sind Unterhaltungsschriftsteller wie zum Beispiel Johannes Mario Simmel. Heute hat sich manches vom typisch Deutschen aus der deutschen Literatur verflüchtigt; doch die Neigung zum Individuellen auf Kosten des Gesellschaftlichen und zum hohen Kunstanspruch auf Kosten der Unterhaltung ist noch immer stärker ausgeprägt als in anderen Literaturen. Beim Drama rührt das vor allem daher, dass das deutsche Theater nicht wie im elisabethanischen England aus einem kommerziellen Unterhaltungsbetrieb, sondern aus dem anspruchsvollen Hoftheater hervorgegangen ist. Auch sonst verbinden die meisten Deutschen mit seriöser Literatur immer noch geistige Anstrengung. Im Vergleich mit den gesellschaftskritischen Romanen amerikanischer Gegenwartsautoren wie Norman Mailer, Philip Roth, Don DeLillo, John Updike und vielen anderen wirkt die deutsche Gegenwartsliteratur eigentümlich zahnlos.

Melancholie bis hin zur Larmoyanz und ein Bemühen um Poetizität ist selbst in den jüngsten Neuerscheinungen ein Grundzug, den man in dieser Form in der englischsprachigen Literatur nicht findet. In der französischen trifft man ihn schon eher, nur ist er dann weltläufiger und ironisch gebrochener. Wenn englische oder amerikanische Autoren mit der Welt hadern, geißeln sie die Missstände der Gesellschaft, sei es ironisch, sarkastisch oder mit kaltem Realismus. Wenn deutsche Autoren mit der Welt hadern, geißeln sie sich selber, indem sie ihr Leiden zelebrieren. Der wütendste unter ihnen und darum der in Deutschland am höchsten geschätzte war der Österreicher Thomas Bernhard. Wenn er zuweilen mit Beckett verglichen wurde, könnte der Vergleich kaum abwegiger sein; denn bei Beckett ist das Leiden an der Welt vollkommen objektiviert, bei Bernhard behält es den Ton einer persönlichen Jeremiade. ‹Weltschmerz› war eines der deutschen Urworte. Die Vermutung liegt nahe, dass die bezeichnete Sache etwas ebenso Deutsches ist. Jedenfalls zieht sich von Goethes Werther bis zu Thomas Bernhard, Elfriede Jelinek und anderen zeitgenössischen Autoren eine Tradition der larmoyanten Klage über den Zustand der Welt, die es in dieser Form bei unseren westlichen Nachbarn nicht gibt. In der noch heute spürbaren Subjektbezogenheit der deutschen Literatur wirkt die alte Tradition der Innerlichkeit nach. Erst die Popliteratur scheint sich davon zu lösen. Doch ehe die Popliteraten sich in der öffentlichen Wertschätzung neben gedankenschweren und tiefgründelnden Autoren wie Botho Strauß und Peter Handke werden behaupten können, wird es wohl noch eine Weile dauern. Die «Westintegration» der deutschen Kultur wäre wahrscheinlich schneller vorangeschritten, wenn sich die deutsche Gesellschaft nicht des jüdischen Bevölkerungsanteils beraubt hätte, der schon deshalb urbaner war, weil Juden vor allem in den Städten lebten. Es ist gewiss kein Zufall, dass der modernste deutschsprachige Autor, nämlich Kafka, ein Jude war, neben dem sich selbst Thomas Mann wie ein

Mann des 19. Jahrhunderts ausnimmt. Kafkas Werke sind alterslos; bei Thomas Mann hingegen hat man das Gefühl, dass seine Welt in jenem Jahr 1914 endete, in dem sein Held Hans Castorp aus dem *Zauberberg* mit Schuberts Lied vom Lindenbaum auf den Lippen in den Ersten Weltkrieg stürmt.

Das deutsche Aroma von Expressivität und Innerlichkeit ließe sich noch bei vielen anderen Autoren der jüngsten Vergangenheit und Gegenwart nachweisen, so bei Peter Huchel, Sarah Kirsch, Uwe Johnson, Siegfried Lenz und Peter Handke, um nur einige zu nennen. Auffällig ist, dass bildende Künstler und Musiker gerade durch typisch deutsche Züge im Ausland ihr Publikum finden, während das den Dichtern und Schriftstellern nicht gelingt. Anselm Kiefers Erhabenheitspathos und Stockhausens musikalische Mystik werden außerhalb Deutschlands um ihrer Exotik willen geschätzt, während von Sprachkünstlern mehr Realitätsnähe erwartet wird. Die eben erst mit dem Nobelpreis geehrte Elfriede Jelinek ist zwar Österreicherin, könnte in ihrer Kunst aber kaum deutscher sein. Ihre rabiate Kritik an ihrem Heimatland, an der Macht der Männer und an der Welt ganz allgemein steht in einer langen Tradition, die von Schillers *Die Räuber* bis in die Gegenwart reicht. Ähnlich rabiat begann einmal ein anderer Österreicher, Peter Handke, mit seiner *Publikumsbeschimpfung*, bevor er eine Wendung zu einer immer mystischer werdenden Innerlichkeit vollzog. Die anspruchsvolle deutsche Gegenwartsliteratur scheint sich mehr und mehr von ihrem Publikum zu lösen, was schon an den geringen Auflagen der meisten Autoren abzulesen ist. Nur wenige finden so viele Leser wie ihre Kollegen vor dem Zweiten Weltkrieg und wie heute die Werke, die aus dem Englischen und Amerikanischen übersetzt werden. Bei manchen Autoren hat man den Eindruck, dass sie sich im Schmollwinkel wohler fühlen als auf der Bestsellerliste. Eine lobenswerte Ausnahme macht da Günter Grass, der sich immer wieder in die Tagespolitik einmischt und in seinem Werk auf jede Larmoyanz verzichtet.

Deutscher Stil

Die deutsche Literatur hebt sich nicht nur inhaltlich durch ihre Höhenflüge und Idyllen von der englischen, französischen, russischen und amerikanischen ab, sondern bereits durch ihren Stil. Oft genügt es bei einem Roman die ersten drei Sätze zu lesen, um zu wissen, dass es ein deutscher ist und keiner, der ins Deutsche übersetzt wurde. Den folgenden Romananfang kann man sich in keiner der vier genannten Literaturen vorstellen, schon gar nicht, wenn man weiß, dass er nicht vor 150 Jahren, sondern 1943 erschienen ist:

Es ist unsre Absicht, in diesem Buch das Wenige festzuhalten, was wir an biographischem Material über Josef Knecht aufzufinden vermochten, den Ludi Magister Josephus III., wie er in den Archiven des Glasperlenspiels genannt wird. Wir sind nicht blind gegen die Tatsache, daß dieser Versuch einigermaßen im Widerspruch zu den herrschenden Gesetzen und Bräuchen des geistigen Lebens steht oder doch zu stehen scheint. Ist doch gerade das Auslöschen des Individuellen, das möglichst vollkommene Einordnen der Einzelperson in die Hierarchie der Erziehungsbehörde und der Wissenschaften eines der obersten Prinzipien unsres geistigen Lebens.

So beginnt Hermann Hesses *Glasperlenspiel*. Der ganze Roman ist in einem altmodisch-gravitätischen Stil geschrieben, der so klingt, als sei der Autor ein Zeitgenosse Goethes. Nun zählt Hermann Hesse nicht gerade zu den Modernisierern der deutschen Literatur. Trotz seiner immer noch beträchtlichen Leserschar gilt er eher als ein Erbauungsschriftsteller. Aber auch das nächste Beispiel klingt kaum moderner, wenn auch literarisch anspruchsvoller wegen des ironischen Untertons:

Mit aller Bestimmtheit will ich versichern, daß es keineswegs aus dem Wunsche geschieht, meine Person in den Vordergrund zu schieben, wenn ich diesen Mitteilungen über das Leben des verewigten Adrian Leverkühn, dieser ersten und gewiß sehr vorläufigen Biographie des teuren, vom Schicksal so furchtbar heimgesuchten, erhobenen und gestürzten Mannes und genialen Musikers, einige Worte über mich selbst und meine Bewandtnisse vorausschicke. Einzig die Annahme bestimmt mich dazu, daß der Leser – ich sage besser: der zukünftige Leser; denn für den Augenblick besteht ja noch nicht die geringste Aussicht, daß meine Schrift das Licht der Öffentlichkeit erblicken könnte, es sei denn, daß sie durch ein Wunder unsere umdrohte Festung Europa zu verlassen und denen draußen einen Hauch von den Geheimnissen unserer Einsamkeit zu bringen vermöchte; – ich bitte wieder ansetzen zu dürfen.

So beginnt Thomas Manns 1947 erschienener Roman *Doktor Faustus. Das Leben des deutschen Tonsetzers Adrian Leverkühn erzählt von einem Freunde*, worin die irrationale Verblendung der Deutschen zur Zeit des Nationalsozialismus im Teufelspakt eines genialen Künstlers widergespiegelt wird. Das Thema des Romans hätte zum Zeitpunkt seines Erscheinens kaum aktueller sein können; doch stilistisch wirkt er neben Joyce, Kafka, Faulkner oder Céline auf eine spezifisch deutsche Weise antiquiert. Einem englischen Leser muss ein so beginnender Roman altmodischer erscheinen als Laurence Sternes *Tristram Shandy* aus den Jahren 1759–1767.

Die beiden hier zitierten Romananfänge sind keine Extrembeispiele, sondern typisch für den größten Teil der deutschen Literatur bis zur Mitte des 20. Jahrhunderts und in vielen Fällen darüber hinaus. Ob man Werke von Hermann Broch, Hans Henny Jahnn, Elisabeth Langgässer oder anderen zur Hand nimmt, überall begegnet einem ein ambitioniertes stilistisches Schauturnen, das sich im günstigsten Fall an Kleist, im schon weniger günstigen an der gravitätischen Altersprosa Goethes oder der poetisierenden Sprache von Novalis orientiert und sich im ungünstigsten Fall zu einem hölderlinisierenden Schwulst versteigt. Erst nach dem Zweiten Weltkrieg, als die Deutschen mit der modernen amerikanischen Literatur bekannt wurden, wich das Schauturnen einem nüchternen, an der Alltagssprache orientierten Stil. Aber auch jetzt noch spürt man bei vielen Autoren das angestrengte Bemühen um Poetizität. Die gravitätische Umständlichkeit, mit der Uwe Johnson erzählt, die barocken Sprachdrechseleien, die das Markenzeichen von Günter Grass sind, oder die angestrengte Intellektualität bei Botho Strauß sind unterschiedliche Ausprägungen ein und desselben Strebens nach stilistischem Niveau.

Noch viel extremer ist die stilistische Kraftmeierei in den Geisteswissenschaften und der Philosophie. Während die englische Haltungsethik dem Sprecher und Schreiber das stilistische Muskelspiel geradezu verbietet, weil ein Gentleman sich die Anstrengung seines Denkens nicht anmerken lassen darf, erlaubt die deutsche Leistungsethik nicht nur, sondern fordert den Sprecher oder Schreiber geradezu dazu auf, den intellektuellen Schweiß auf der Stirn zu zeigen und seine geistige Überlegenheit in der Sprache sichtbar zu machen. Als Adorno einmal nach einem Rundfunkvortrag Briefe von Zuhörern bekam, die sich über seinen häufigen Gebrauch von Fremdwörtern beklagten, reagierte er darauf mit einem kleinen Aufsatz unter dem Titel «Wörter aus der Fremde». Darin rechtfertigt er sein stilistisches Imponiergehabe mit folgenden Worten:

Versuche der Formulierung, die, um die gemeinte Sache genau zu treffen, gegen das übliche Sprachgeplätscher schwimmen und gar sich bemühen, verzweigtere gedankliche Zusammenhänge getreu im Gefüge der Syntax aufzufangen, erregen durch die Anstrengung, die sie zumuten, Wut. Der sprachlich Naive schreibt das Befremdende daran den Fremdwörtern zu, die er überall dort verantwortlich macht, wo er etwas nicht versteht.

Adorno, der Wortführer der Ideologiekritik, unterstellt hier denjenigen, die sich an seinen Fremdwörtern stießen, eine Spießermentalität, die er an anderer Stelle als «Rancüne» bezeichnet. Dabei war er blind für die eigene Ideologiebefangenheit. Das Zurschaustellen der geistigen Anstrengung durch einen «Anstrengung zumutenden» Stil ist nichts weiter als der Ausdruck der deutschen Tüchtigkeitsideologie. Der gesunde Menschenverstand müsste jedem sagen, dass es eine größere Leistung ist, verzweigte Gedanken klar und leicht fasslich auszudrücken. Der «Jargon der Tüchtigkeit» will aber nicht nur verstanden werden, sondern den Leser einschüchtern und ihm imponieren.

Deutscher Film

In den 1920er Jahren galt der deutsche Film als die qualitätvolle Alternative zu Hollywoods Unterhaltungskino. Damals schufen Regisseure wie Robert Wiene, Friedrich Wilhelm Murnau und Fritz Lang Filme, die bis heute Klassiker geblieben sind. Wienes *Das Cabinett des Dr. Caligari* (1920), Murnaus *Nosferatu* (1922) und Fritz Langs *Dr. Mabuse* (1922), *Die Nibelungen* (1924) und *Metropolis* (1927) sind von einer expressionistischen Bildersprache geprägt, die zum Markenzeichen des deutschen Films wurde. In den 1930er Jahren ging das Expressionistische bei Leni Riefenstahl und anderen ins Monumentale über, und auch das entsprach einer langen deutschen Stiltradition. Während des Dritten Reichs verlor der deutschsprachige Film nicht nur einige seiner besten Regisseure – darunter Ernst Lubitsch, Fritz Lang, Robert Siodmak und Billy Wilder, die in die USA gingen –, er wurde zudem für Propagandazwecke so instrumentalisiert, dass selbst Filme von künstlerischer Qualität dadurch entwertet wurden. Nach dem Kriege entwickelten sich in der DDR und der Bundesrepublik unterschiedliche Traditionen. Auf beiden Seiten der Grenze gab es achtbare Filme, aber wenig Herausragendes. In der Bundesrepublik überwog anfangs der Heile-Welt-Kitsch der Heimatfilme und später anspruchslose Unterhaltung, in der DDR die kommunistische Propaganda. Gute Filme schufen u. a. Wolfgang Staudte, Helmut Käutner, Volker Schlöndorff und Alexander Kluge. Doch internationale Anerkennung fand der deutsche Film erst wieder in den 1970er Jahren, als mit Rainer Werner Fassbinder, Werner Herzog und Wim Wenders eine junge Garde antrat, die bezeichnenderweise an die Frühzeit des deutschen Films anknüpfte. Es war zwar kein Expressionismus, doch ein intensiver Realismus mit einer Tendenz zum Allegorisch-Parabolischen. *Paris, Texas* (1984) von Wim Wenders und mehr noch sein Film *Der Himmel über Berlin* (1987) haben zudem den vertrauten Hauch von Innerlichkeit, der im Ausland als typisch deutsch empfunden wurde. Fassbinder, Herzog und Wim Wenders beeindruckten ein relativ kleines Publikum von Kennern, das Massenpublikum erreichten sie nicht. Um mit Hollywood konkurrieren zu können, müssen Filme nicht nur technisch perfekt sein, sie müssen außerdem Themen von allgemeinem Interesse auf spannende, in der Regel sensationelle Weise darbieten. Das schaffte zum Beispiel Wolfgang Petersen mit *Das Boot* (1981). Doch da solche Filme millionenschwere Budgets erfordern, musste er nach Hollywood gehen, um erfolgreich zu sein. Was im Vergleich mit Hollywood besonders auffällt, ist das weitgehende Fehlen aktueller Zeitkritik. Während amerikanische Filmemacher mit ihrem Land oft scharf ins Gericht gehen, indem sie aktuelle Probleme und Skandale zum Thema machen, glänzt im deutschen Film die Gegenwartspolitik durch Abwesenheit. Kritisch befasst er sich fast nur mit der Nazi-Vergangenheit und allenfalls noch mit der nicht geleisteten Vergangenheitsbewältigung. Ansonsten handelt er von «Beziehungskisten» und den Problemen sozialer Benachteiligung, wobei weniger die Attacke gegen Missstände, als die larmoyante Klage darüber im Vordergrund steht.

Bei einem deutschsprachigen Publikum von fast 100 Millionen ist es verwunderlich, dass die heimische Filmproduktion so wenig bedeutende Filme hervorbringt, die ein großes Publikum erreichen. Deutschland hat hervorragende Schauspieler; es gibt auch gute Regisseure und exzellente Kameraleute, die aber im eigenen Land keine lohnenden Aufgaben finden. Es scheint so, als sei die Verbindung von Qualität und Erfolg nur mit den Mitteln Hollywoods zu erreichen, was bedeutet, dass Hollywood dank seiner Marktmacht die Konkurrenz immer übertreffen wird. Die internationale Reputation von Wim Wenders, Fassbinder und Herzog lässt vermuten, dass der deutsche Film im Ausland nur dann Anerkennung finden kann, wenn er ein bestimmtes deutsches Aroma hat, das heißt wenn er nicht mit dem perfekten Realismus der Amerikaner konkurriert, sondern auf Expressivität, symbolische Verdichtung und poetische Mittel setzt. Da diese Elemente aber aus der deutschen Kultur immer mehr schwinden und durch allgemein westliche ersetzt werden, wird der deutsche Film sich wohl oder übel an den Stil Hollywoods angleichen müssen. Was in Dichtung, Musik und Malerei noch möglich zu sein scheint, nämlich Kunst mit dem für Europa charakteristischen vertikalen Wertanspruch zu schaffen, geht im Massenmedium Film offenbar nicht mehr, weshalb sich die übrigen europäischen Filmnationen in einem ähnlichen Dilemma befinden.

Deutscher Kitsch

Kitsch ist – wie Kindergarten, Weltschmerz und Wanderlust – ein deutsches Wort, das als Fremdwort ins Englische und in andere Sprachen übernommen wurde. Das lässt vermuten, dass – wie bei den drei anderen Wörtern – die bezeichnete Sache etwas typisch Deutsches ist. Nun wird niemand im Ernst behaupten, die Deutschen hätten den Kitsch erfunden und die anderen Nationen damit angesteckt. Dennoch trat er in Deutschland besonders auffällig in Erscheinung. Doch bevor dem nachgegangen wird, muss erst einmal definiert werden, was Kitsch überhaupt ist. Dass es sich dabei nicht bloß um unvollkommene Kunst handeln kann, liegt auf der Hand, sonst hätte es Kitsch zu allen Zeiten und in allen Kulturen gegeben. Tatsächlich trat er aber erst in der Neuzeit auf, und der Begriff dafür wurde überhaupt erst im 20. Jahrhundert geprägt. Kitsch ist etwas, das auf irgendeine Weise unaufrichtig wirkt, sei es, dass es übermäßig sentimental oder übermäßig hochtrabend ist. Banal gesprochen könnte man sagen: das Kitschige bewegt sich auf einer Skala zwischen Schmalz und Schwulst. Die Pseudo-Kindlichkeit des sentimentalen Gemütlichkeitskitsches ist Schmalz, das hochgestochene Pathos des Erhabenheitskitsches ist Schwulst.

Erste Anzeichen des Kitschigen sind bei den Nachahmern Raffaels zu spüren. Danach dringt immer mehr davon in die bildende Kunst ein, bis sie im 19. Jahrhundert von Kitsch förmlich überschwemmt wird. Ähnliches lässt sich in der Literatur beobachten. Was kann der Grund dafür sein? Schmalzkitsch scheint der Sehnsucht nach Regression in die verlorene Kindheit zu entspringen. Typische Erscheinungsformen sind idealisierende oder verharmlosende Darstellungen einer heilen Welt. Schwulstkitsch hingegen entspricht eher einer Sehnsucht nach autoritativen Werten, auf die der Konsument seine Vorstellungen von Selbstachtung, Stabilität und Sicherheit projiziert. Regression und Projektion wären demnach die psychischen Mechanismen, die den Kitsch hervorbringen und die er seinerseits im Rezipienten auslöst. Regression ist, metaphorisch gesprochen, eine Bewegung nach unten, ein Sich-fallen-lassen in ein kindliches Stadium. Projektion ist eine Bewegung nach oben, die Identifikation mit einer Autorität. Da dies zwei entgegengesetzte vertikale Strebungen sind, liegt die Vermutung nahe, dass es sich hier um die Sehnsucht nach dem handelt, was durch den Horizontalisierungsprozess der Neuzeit verloren ging. Diese Erklärung macht auch verständlich, weshalb der Kitsch in Deutschland auf besonders fruchtbaren Boden fiel; denn hier wurde, wie an früherer Stelle dargelegt, am hartnäckigsten und längsten an der alten Vertikalität festgehalten.

Bei den europäischen Nachbarn befriedigt der Kitsch vor allem die emotionalen Bedürfnisse der weniger Gebildeten. In Deutschland aber gibt es ihn auf höchster künstlerischer Ebene. Große Dichter wie Rilke haben neben Meisterwerken schwülstige Gedichte produziert, die man nur als Kitsch bezeichnen kann. Seine berühmte *Weise von Liebe und Tod des Cornets Christoph Rilke* dürfte vor diesem Urteil kaum zu retten sein. Andere Autoren wie Rudolf Georg Binding, der mit seiner unsäglich kitschigen Novelle *Der Opfergang* zu seiner Zeit hoch geschätzt wurde, haben den Schwulst noch viel weiter getrieben. Im 20. Jahrhundert wurde der deutsche Buchmarkt mit hochtrabendem Kitsch geradezu überschwemmt. In der Zeit des Nationalsozialismus entwickelte sich der Kitsch schließlich zur Kulturform der ganzen Nation. Die auf den Nürnberger Parteitagen mit Lichtdomen zelebrierten Erhabenheitsorgien und die Monumentalskulpturen von Josef Thorak und Arno Breker sind Ausdruck eines Projektionskitsches, der das ganze Volk erfasst hatte. Das gleiche Ausmaß erreichte der Regressionskitsch der Blut-und-Boden-Kunst. Nach dem Krieg verschwand zwar der Erhabenheitskitsch aus der deutschen Populärkultur, dafür trieb der sentimentale Gemütlichkeitskitsch in den Heimatfilmen umso üppigere Blüten. Erst mit dem Vordringen der westlichen Unterhaltungskultur, in der das Erhabene durch das Sensationelle und das Kindlich-Naive durch freche Jugendlichkeit und respektlose Blödelei ersetzt wurde, ging das Kitschige mehr und mehr in das bloß Triviale über. Trotzdem spielt der sentimentale Regressionskitsch noch immer eine beträchtliche Rolle und die Sehnsucht nach dem Niedlichen wird auf breitester Front befriedigt, wofür die Gartenzwerge in deutschen Kleingartenkolonien sichtbares Zeugnis ablegen. Doch vom erhabenen Projektionskitsch sind die heutigen Deutschen zum Glück geheilt.

Deutscher Humor

In den Augen vieler Ausländer, vor allem der Briten, ist der deutsche Humor schwach entwickelt, falls überhaupt existent. Wenn man unter Humor die Bereitschaft versteht, eine psychische Spannung mit Gelächter abzureagieren, sollte man ihn eigentlich bei allen Menschen antreffen; denn Lachen und Weinen sind spezifisch menschliche Reaktionen. Sie haben etwas mit der Fähigkeit des menschlichen Bewusstseins zu tun, sich von sich selbst zu distanzieren und reale Handlungen durch Scheinhandlungen zu ersetzen. Das Tier kann in einer gespannten Situation nur angreifen oder fliehen; der Mensch kann die Spannung durch Lachen auflösen. Wer lacht, nimmt die Dinge nicht ganz ernst und zeigt sich damit respektlos gegenüber denen, die ernst genommen werden wollen. Deshalb gab es in streng hierarchischen Gesellschaften eine strikte Lachkontrolle. Ungeniert lachen durfte nur der König, der seine Würde nicht verlieren konnte, und das gemeine Volk, das keine Würde zu verlieren hatte.

Mit dem Beginn der neuzeitlichen Horizontalisierung und dem Zusammenrücken der Menschen in den Städten wurde der Humor als Spannungslöser immer wichtiger. Unter den Stadtbürgern nahm die Bereitschaft zu, dem Adel und den kirchlichen Autoritäten mit Gelächter die Stirn zu bieten und sich über die Bauerntölpel zu erheben. Die spätmittelalterliche Schwankliteratur ist voll von Geschichten, in denen ein Schelm genau dies tut. Damals steuerte Deutschland zwei Figuren zum europäischen Humor bei, deren Streiche in ganz Westeuropa nacherzählt wurden: Reineke Fuchs und Till Eulenspiegel, von denen der Erstgenannte zwar auf französische und niederländische Quellen zurückgeht, aber von Deutschland aus weiterwirkte. Niemand kann im Ernst behaupten, dass die Deutschen im Spätmittelalter keinen Humor gehabt hätten. Sie hatten den gleichen respektlos aufmüpfigen Bürgerhumor mit der Tendenz zu anarchischer Widerborstigkeit, den die Briten noch heute haben. Es war ein Stadtbürgerhumor, der mit Gelächter Standesunterschiede einebnete und damit den früher betrachteten Horizontalisierungsprozess beförderte. Als im Dreißigjährigen Krieg die deutsche Stadtkultur zerstört wurde, verschwand der Stadtbürgerhumor aus der deutschen Kultur. Wiedergeboren wurde er im 18. Jahrhundert im Zeichen der Aufklärung, doch jetzt nicht als Stadt-, sondern als Staatsbürgerhumor. Der Stadtbürgerhumor steht auf der Seite des Störers der Ordnung, der Staatsbürgerhumor auf der Seite der Ordnung. Man erkennt das leicht an den beiden wohl typischsten Formen des deutschen Humors, die noch heute die deutsche Fernsehunterhaltung von der englischen, französischen und amerikanischen unterscheiden: es sind auf der einen Seite die Gemütlichkeitssendungen mit Volksmusik und Heimatkulisse und auf der anderen das politische Kabarett, das im Namen der Moral die Verstöße der Mächtigen gegen die sittliche Ordnung geißelt. Der deutsche Humor ist entweder gemütlich oder moralisierend oder beides zugleich. Was in den Familiensendungen des Fernsehens und im politischen Kabarett getrennt erscheint, findet man bei zwei klassischen Vertretern des deutschen Humors, bei Wilhelm Busch und Heinrich Zille, vereint. Vor allem bei dem Letztgenannten ist das Moralisieren der sozialen Anklage in die Wärme eines bei aller Tristesse immer noch gemütlichen Milieus verpackt (Abb. 24).

Dass die Engländer ihren anarchisch-rebellischen Humor behielten und die Deutschen ihn gegen einen gemütlich-moralisierenden eintauschten, hat nichts mit größerem Freiheitsdrang der Briten und vermeintlicher Autoritätshörigkeit der Deutschen zu tun. Es war schlicht so, dass die Briten sich eine schwach ausgeprägte Ordnungsmacht leisten konnten, weil sie ihres Schutzes nicht bedurften, während die Deutschen nach dem Dreißigjährigen Krieg nichts nötiger hatten als ebendies. Als sie sich nach dem Zweiten Weltkrieg endlich zum parlamentarisch-demokratischen System bekehren ließen, kehrte auch bei ihnen der alte Stadtbürgerhumor zurück. In der ersten Nachkriegszeit dominierte zwar noch das gemütliche Moralisieren und es hielt sich bis heute als eine charakteristische Form deutscher Fernsehunterhaltung, doch daneben war der respektlosanarchische Humor mit seiner Tendenz zu Nonsense und Blödelei unaufhaltsam auf dem Vormarsch. Eine glückliche Synthese beider Formen des Humors gelingt Vicco von Bülow, besser bekannt als Loriot. Sein Humor hat die für den englischen Humor charakteristische Neigung zum skurril überdrehten Nonsense, doch treibt er dessen Grausamkeit in der Regel nicht ganz so weit, so dass er das

«Mutta, jib doch die zwee Blumtöppe raus –
Lieschen sitzt so jerne ins Jrüne!»
Abb. 24: Heinrich Zilles moralisierender Humor mit einem
Schuss Gemütlichkeit (aus *Mein Milljöh*, 1914).

deutsche Verlangen nach gemütvoller Wärme nicht zu sehr verletzt. Auch wenn der deutsche Humor das Kindlich-Naive, das im 19. Jahrhundert in Ludwig Richters Holzschnitten beispielhaft zum Ausdruck kam, inzwischen verloren hat, hat er doch etwas Typisches bewahrt, was sich bei einem nochmaligen Vergleich mit dem englischen Humor deutlich zeigt. Während dort der Humor dazu dient, sich in der Gesellschaft Ellbogenraum zu verschaffen, indem man sich die Mitmenschen mit Ironie und kleinen Bosheiten vom Leibe hält, strebt der deutsche Humor nach Integration in einen spannungsfreien Innenraum. Diesem Ziel dienen die beiden Grundtendenzen: das moralisierende Weglachen des Störenden und die Herstellung spannungsfreier Gemütlichkeit, wie sie im Karneval, beim Münchner Oktoberfest, in Biergärten oder sangesfroh bei Familienfesten zu beobachten ist.

Deutsche Flüche

Das Fluchen ist – wie Lachen und Weinen – eine spezifisch menschliche Form der psychischen Entlastung. Tiere können nicht fluchen, da ihnen die Sprache fehlt, die symbolisches Handeln ermöglicht. Ihnen bleibt nur physische Aggression oder Flucht. Menschen können den Erregungsdruck von Zorn, Angst, Scham oder Ekel dadurch mindern, dass sie ein sprachliches Ventil öffnen, indem sie fluchen. Damit die Entlastung wirksam wird, muss es sich um ein Ventil handeln, auf dem der Aggressionsdruck besonders groß ist. Das ist der Fall, wenn die natürlichen Alarmsysteme der Schmerz-, Angst-, Scham- und Ekelschranke aktiviert werden. Die an diesen Schutzwällen bereitgehaltene und nicht benötigte Abwehrenergie muss sich von Zeit zu Zeit entladen, und das geschieht durch das Fluchen. Der Grundbestand der Fluchwörter ist deshalb in den europäischen Kulturen weitgehend identisch. Es sind Flüche, die das Ventil in den tabuisierten Bereichen des Teuflischen, des Göttlichen, der Sexualität, der Fäkalsphäre und des Todes öffnen. Auffällig ist aber, dass die Gewichtung innerhalb dieser Sphären bei den einzelnen Nationen sehr unterschiedlich ist.

Die Deutschen benutzen mit Vorliebe Wörter wie ‹Mist›, ‹Scheiße›, ‹Kacke›, ‹Arschloch› und das bekannte Götz-Zitat. Offensichtlich ist – oder war – die Analsphäre bei ihnen in besonderem Maße tabuisiert, so dass eine Tabubruch an dieser Stelle große Entlastung bewirkt. Der Amerikaner Alan Dundes hat diese deutsche Vorliebe in seinem Buch *Sie mich auch! Das Hinter-Gründige in der deutschen Psyche* (1985) mit Beispielen aus fünf Jahrhunderten so reichlich belegt, dass man versucht ist, von einer nationalen Analobsession zu sprechen. Nach Freudscher Lehre ist ein analfixierter Mensch ordnungsliebend bis zur Pedanterie, gehorsam und autoritär, also genau das, was den Deutschen nachgesagt wurde. Aber selbst ohne diese Theorie wird man mit der Analsphäre immer das Bemühen um Sauberkeit verbinden, so dass schon die deutsche Sauberkeitsbesessenheit ausreicht, um zu erklären, weshalb die Verletzung dieses Tabus so große Entlastung bringt. In anderen Kulturen, zum Beispiel im alten Russland, bezogen sich die Flüche vor allem auf die religiöse Sphäre und das Inzesttabu. In England und Amerika ist die Sexualsphäre das unerschöpfliche Reservoir von Fluchwörtern. Hier ist das Wort *fucking* das meistgebrauchte Kraftwort, wobei es inzwischen so geläufig im Sinne von ‹verdammt› gebraucht wird, dass dabei die Bedeutung ‹ficken› kaum noch wahrgenommen wird.

Damit stellt sich die Frage: Wie kommt es, dass Deutsche beim Fluchen so gern die Ekelschranke des Fäkaltabus durchbrechen, während Engländer sich dafür die Schamschranke des Sexualtabus aussuchen? Ein Freudianer würde wahrscheinlich im ersten Fall an eine Analfixierung, im zweiten an eine Genitalfixierung denken und beides auf die frühkindliche Entwicklung zurückführen. Weshalb sollten sich aber die Kinder der beiden Völker so unterschiedlich entwickeln? Wäre nicht denkbar, dass es sich hier um eine Prägung handelt, die viel allgemeiner ist als der Aufbau der individuellen Persönlichkeit? Scham und Ekel sind soziale Schutzsysteme, die der Mensch zusätzlich zu den biologischen Schutzsystemen des Angst- und Schmerzempfindens entwickelt hat. Die Scham, die sich vor allem auf den Intimbereich bezieht, schützt ihn vor sexueller Aggression und ermöglicht ihm den Aufbau einer persönlichen Innenwelt. Der Ekel, der sich vor allem auf die Defäkation bezieht, zwingt ihn zu Ordnung und Reinlichkeit und ermöglicht somit ein geselliges Zusammenleben. Wenn dies richtig ist, wird man annehmen dürfen, dass Gesellschaften, die sich gegen andere Gesellschaften behaupten müssen, der Ekelschranke höhere Bedeutung beimessen, da Ordnung und Reinlichkeit das Gemeinwesen stärken. In Gesellschaften, die nicht unter diesem äußeren Druck stehen, wird das Hauptinteresse daran bestehen, gegen den sozialen Druck eine intime Innenwelt aufzubauen. Dafür ist die Schamschranke ein wichtiger Schutzwall. Das wäre eine plausible Erklärung dafür, dass die von außen bedrängten Deutschen so viel auf Ordnung und Sauberkeit geben, während die durch ihre Insellage geschützten Briten sich eine extreme Sittsamkeitsethik leisten konnten, die im Viktorianismus ihre prüdesten Blüten trieb. Auch heute noch ist die Prüderie in England und erst recht in den USA stärker ausgeprägt als in Deutschland, während hier, wie an früherer Stelle gesagt wurde, Sauberkeit höher im Kurs steht, selbst wenn in der Realität nicht mehr davon zu sehen ist als anderswo. Der Tabudruck ist zwar stark zurückgegangen, doch die sprachlichen Rituale des Fluchens sind geblieben.

Deutscher Ungeist

In keinem Land der westlichen Welt ist der Geist so sehr verehrt worden wie in Deutschland, und nirgendwo sonst ist er so sehr zum Ungeist entartet. Bei einem flüchtigen Blick auf die deutsche Bewusstseinsgeschichte mag es scheinen, als handle es sich dabei um etwas, das das deutsche Volk erst unter dem Druck der Hitlerdiktatur wie eine Krankheit befallen hatte. Wäre es so, hätte man aber erwarten dürfen, dass nur die verführbare Masse der Krankheit erliegen würde, während die Priester des Geistes sich dagegen gewehrt hätten. Tatsächlich waren es aber gerade die Priester, die den Ungeist propagierten. Lässt man die führenden Köpfe der deutschen Kultur jener Zeit Revue passieren, geht es schneller die Standhaften aufzuzählen als diejenigen, die halbherzig mitmachten, offen sympathisierten oder mit fliegenden Fahnen überliefen. Letztere konnten ihren Sündenfall nach dem Ende des Systems nicht vertuschen, während die übrigen Sympathisanten ihre Biographien oft dadurch frisierten, dass die kompromittierenden Fakten in Form von Parteimitgliedschaft in der NSDAP oder anbiedernden Artikeln in nationalsozialistischen Zeitschriften verschwiegen, entschuldigt oder relativiert wurden. Dass der berühmte Staatsrechtler Carl Schmitt den Nationalsozialismus begrüßte und Martin Heidegger sich in seinen Dienst stellte, war von Anfang an bekannt. Ebenso bekannt war, dass Gottfried Benn unverhohlene Sympathie für die Nazi-Ideologie zeigte und anfangs sogar am Ausschluss von Nazi-Gegnern aus der Preußischen Akademie mitwirkte, bis er bald selber zu den Verfemten gehörte. Bei anderen sickerten die kompromittierenden Tatsachen erst spät und oft nur zufällig durch. So galt Emil Nolde zunächst als geistiger Widerstandskämpfer, da er von den Nazis als entarteter Künstler geächtet und mit einem Malverbot belegt worden war, das er im heimatlichen Seebüll mit dem Aquarellieren seiner «ungemalten Bilder» unterlief. Erst sehr spät drang an die Öffenlichkeit, dass er überzeugter Antisemit war und eigentlich erwartet hatte, von den Nationalsozialisten als ein besonders deutscher Künstler geehrt zu werden. Selbst Adorno, der als Halbjude bedroht war und dem das völkische Denken und der Blut-und-Boden-Primitivismus zuwider gewesen sein mussten, biederte sich in einem Artikel in der Zeitschrift *Die Musik* bei Baldur von Schirach und Goebbels an, was erst 1963 bekannt wurde.

Die Liste der Sünder ließe sich um viele Seiten verlängern. Doch es geht hier nicht um das sattsam bekannte Thema der verweigerten Vergangenheitsbewältigung, sondern um die Beschreibung einer Krankheit der deutschen Kultur und um den Versuch, ihre Ursachen aufzudecken. Dazu bedarf es zunächst einer exakten Benennung ihrer Symptome. Diese fallen in zwei Kategorien: in das, wogegen sich die nationalsozialistische Ideologie wandte, und in das, wofür sie eintrat. Die Symptome der ersten Kategorie tragen die Adjektive ‹antisemitisch›, ‹antiliberal›, ‹antidemokratisch› und ‹antimodern›. Alles zusammen lässt sich auf den gemeinsamen Nenner ‹Antiaufklärung› bringen. An die Stelle dessen, was die Aufklärung mit den Werten der religiösen Toleranz, der politischen Gleichheit und Freiheit des Individuums, der Vernunft und des Fortschritts in Richtung Moderne auf ihr Panier geschrieben hatte, setzte der Nationalsozialismus ideologische Gleichschaltung, die Dominanz der nordischen Rasse, die Einschmelzung des Individuums in die Volksgemeinschaft und das Primat von Blut und Boden gegenüber der Vernunft. Es handelt sich bei dieser vollständigen Ersetzung des von der Aufklärung herkommenden Wertesystems um etwas, was man heute als Paradigmenwechsel bezeichnet, nur mit dem Unterschied, dass frühere Paradigmenwechsel wie zum Beispiel der zu Beginn der Neuzeit das Ergebnis des kulturellen Prozesses waren, während die Nazis versuchten, das Rad der Geschichte zurückzudrehen. Dieser reaktionäre Prozess setzte durchaus nicht erst mit der Hitlerdiktatur ein. Seine Anfänge reichen weit zurück ins 19. Jahrhundert. Auf die Abkehr der deutschen Kulturträger von der Aufklärung wurde bereits an früherer Stelle eingegangen. Die Sehnsucht zurück in die Geborgenheit einer Gemeinschaft ist ein Grundmotiv der deutschen Geschichte des 19. Jahrhunderts. Mit der Schrift *Die Christenheit oder Europa* (1799) von Novalis setzt in der deutschen Romantik die nostalgische Rückwendung in die vorreformatorische Religiosität des Mittelalters ein. Auf weltlichem Gebiet entsprach dem das Verlangen nach nationaler Geborgenheit, das schließlich durch die Reichsgründung erfüllt wurde.

Selbst diejenigen, die sich gegen die zunehmende Verdumpfung und Versumpfung des deutschen Geistes stemmten, arbeiteten dem Ungeist oft in die Hände, sei es, dass ihr Denken missbraucht wurde oder dass es auf eine kultiviertere Weise antiaufklärerisch war. So lieferte einer der Begründer der Soziologie, Ferdinand Tönnies, mit seinem Buch *Gemeinschaft und Gesellschaft* (1887) unfreiwillig Munition für die Antiaufklärer, die die Utopie einer ursprünglichen Volksgemeinschaft gegen die rationalisierten Formen moderner Gesellschaft ausspielten. Ludwig Klages, einer der Hauptvertreter der so genannten Lebensphilosophie, gibt seine antiaufklärerische Tendenz schon im Titel seines Buches *Der Geist als Widersacher der Seele* (1929–1932) zu erkennen. Selbst Dichter und Denker, die später Opfer des Nationalsozialismus wurden, haben an der Zerstörung des Geistes mitgewirkt, indem sie das Chthonisch-Primitive gegen das Urban-Zivilisierte, das Völkisch-Kollektive gegen das Individualistische und den Führerkult gegen die Demokratie propagierten. Wenn man liest, welches Denken im Kreis um Stefan George herrschte, aus dem der spätere Attentäter Graf Schenk von Stauffenberg kam, wird man sich nicht wundern, dass dieser Mann und viele seiner Mitverschwörer erst einmal auf den Ungeist des Nationalsozialismus hereinfielen, bevor ihnen das Verbrecherische des Systems aufging.

Lange bevor Hitler sein programmatisches Buch *Mein Kampf* (1926/27) herausbrachte, war der deutsche Buchmarkt bereits überschwemmt mit völkischer, rassistischer und antisemitischer Literatur. Ein typisches Beispiel dafür ist Julius Langbehns *Rembrandt als Erzieher. Von einem Deutschen* (1890), das in kurzer Zeit 45 Auflagen erreichte und damals in den Bücherschränken vieler Gebildeter stand. Um einen Eindruck vom Niedergang des deutschen Geistes zu geben, sei das Folgende aus H. Kellermanns Vorwort zur Volksausgabe von Langbehns Buch aus dem Jahr 1922 zitiert:

Die Grundlage des großen Erzieherbuches des Rembrandtdeutschen ist ein ausgeprägtes Deutschtum, die enge Verknüpftheit mit dem heimischen Boden, die sich in seiner Vorliebe für das Bauerntum, seiner Ablehnung gegen alle fremdstämmigen Elemente (das Judentum) ausspricht. Sein großer Lehrmeister war ihm hier der von ihm leidenschaftlich verehrte Paul de Lagarde; an dessen Werke weiterbauend ist er dem heutigen Rassegedanken, wie ihn nach Woltmanns Tod am stärksten Otto Hauser vertritt, zum Greifen nahegekommen. Gegen den platten, zersetzenden Geist der Aufklärung und des Liberalismus findet sein konservativer Sinn scharfe Worte, er schätzt jeden Stand nach seinen historischen Verdiensten und ist ein leidenschaftlicher Befürworter der von dem kleinen Geschlechte von heute verächtlich in den Staub getretenen Monarchie und des von ihr gepflegten Militarismus, den beiden Vorbedingungen eines mächtigen Deutschland. Den ausgesprochen aristokratischen Zug, der durch sein Wesen ging, die Verachtung alles Herdentums, die Betonung der Bedeutung der Individualität hat er mit Friedrich Nietzsche gemeinsam; aber er steht dabei fest auf dem völkischen Unterboden, der dem Philosophen von Sils Maria fehlt.

Derselbe Paul de Lagarde, der hier als Lehrmeister Langbehns genannt wird, hat in der früher schon mehrfach genannten Anthologie *Der deutsche Genius* das letzte Wort. Außer de Lagarde sind darin auch andere Wortführer des Deutschtums wie zum Beispiel Ernst Moritz Arndt reichlich vertreten. Ein deutscher Genius glänzt darin bezeichnenderweise durch Abwesenheit: Heinrich Heine. Die Anthologie hebt sich durch geistiges Niveau und humanistische Gesinnung von Langbehns Machwerk ab, segelt aber trotzdem mit dem gleichen Wind. Dass Thomas Mann dafür ein Geleitwort schrieb, beweist nur, wie sehr er selber noch in der Tradition der deutschen Innerlichkeit stand, die er 1917 in seinen *Betrachtungen eines Unpolitischen* gegen die westliche Zivilisation verteidigte. Erst als er den Ungeist am eigenen Leib zu spüren bekam, begann er sich zum westlichen Liberalismus zu bekehren, der ihm in den USA Zuflucht gewährte.

Heute scheinen die Deutschen von ihrer Neigung zum Irrationalismus weitgehend geheilt zu sein. Sie lassen sich zwar ebenso leicht wie die Menschen der übrigen westlichen Welt modische Esoterik und New Age-Quacksalberei aufschwatzen, doch am deutschen Wesen will zum Glück niemand mehr die Welt genesen lassen.

Die deutsche Gretchenfrage

Als Gretchen die berühmte Frage stellt: «Wie hast du's mit der Religion?», windet sich Faust und fängt an über Gott zu metaphyseln, womit Gretchen sich abspeisen lässt. Warum hat sie ihn nicht einfach gefragt, weshalb er sich mit dem Teufel verbündet habe, den sie als «ahnungsvoller Engel» doch schon am Geruch erkannte? Gretchens Ängstlichkeit und Fausts Ausweichen in pseudophilosophischen Schwulst zeigt wie im Brennglas das Verhältnis der Deutschen zu ihrem eigenen Teufelspakt. Bis heute gleicht ihre Auseinandersetzung mit der Vergangenheit der bekannten Katze, die um den heißen Brei herumschleicht. Ralph Giordano hat sogar die Unfähigkeit sich der Vergangenheit frontal zu stellen als die «zweite Schuld» der Deutschen bezeichnet. Nun hat es an Vergangenheitsbewältigung nach dem Krieg wahrhaftig nicht gefehlt. Die Erinnerung an die Schuld wurde zu einem festen Ritual und die Wiedergutmachung, soweit sie überhaupt möglich war, fand in der Bevölkerung breite Zustimmung. Trotzdem zieht sich durch die Diskussion wie ein roter und zuweilen brauner Faden die Vermeidung des Zentrums und ein Ausweichen an die Peripherie.

Am Anfang steht die nicht zu leugnende Tatsache, dass die große Mehrheit der Deutschen sich im Mai 1945 nicht befreit, sondern besiegt fühlte. Der Vorwurf der Kollektivschuld wurde zwar mit Recht zurückgewiesen; denn das wäre eine Beleidigung all jener Deutschen gewesen, die aktiv oder passiv widerstanden haben, und das waren die meisten der dreißig Prozent, die 1933 nicht Hitler, sondern die SPD oder KPD gewählt hatten. Da aber spätestens nach der Olympiade von 1936 gut zwei Drittel des deutschen Volkes auf Hitlers Seite standen, hätte man nach dem Krieg eine uneingeschränkte Anerkennung des von der Mehrheit mitbegangenen und vom ganzen Volk zu sühnenden Verbrechens erwartet. Stattdessen wurde zugedeckt, was sich zudecken ließ. Alle Blutrichter kamen ungeschoren davon und bezogen danach ihre Pensionen. Aufrichtige Deutsche, die unter Lebensgefahr Juden gerettet hatten, baten darum, dies nicht an die große Glocke zu hängen, weil sie berufliche

Nachteile fürchteten. Künstler und Intellektuelle, die sich kompromittiert hatten, frisierten ihre Biographien, und wenn das nicht ausreichte, begannen sie unter neuem Namen eine neue Karriere wie jener SS-Offizier, der unter dem Namen Hans Schwerte an der Technischen Hochschule Aachen ein hochangesehener Germanistikprofessor wurde und pikanterweise 1962 ein Buch über *Faust und das Faustische. Ein Kapitel deutscher Ideologie* publizierte. Vielleicht hat mancher der Kompromittierten ehrlich bereut und hätte lieber ein öffentliches Schuldbekenntnis abgelegt, doch das Klima in der Bundesrepublik war so, dass Reue nicht respektiert, sondern eher als antideutsch empfunden wurde. Bis in die 1960er Jahre waren die Deutschen so mit dem Wiederaufbau beschäftigt, dass sie ohne schlechtes Gewissen die Vergangenheit ausblenden konnten. Danach aber gingen mit den Auschwitzprozessen, der *Holocaust*-Serie im Fernsehen und dem Film *Schindlers Liste* – um nur einige Beispiele zu nennen – immer neue Wellen von Vergangenheitsbewältigung durch das Land, und mit jeder Welle wurden neue Schuldige bloßgestellt, die bis dahin unbehelligt geblieben waren. Alexander und Margarete Mitscherlich haben in ihrem Buch *Die Unfähigkeit zu trauern* (1967) versucht, auf psychoanalytische Weise zu erklären, weshalb die Deutschen sich mit ihrer Vergangenheit so schwer tun. Da die psychischen Mechanismen in allen Menschen die gleichen sind, kann ein solcher Ansatz nur allgemeinmenschliche Reaktionen beschreiben, nicht aber erklären, weshalb die Deutschen anders als andere Völker reagierten. Dafür muss es spezifische Gründe geben. Deshalb stellt sich die Frage: Wie konnte es zur ersten und zur zweiten Schuld der Deutschen kommen?

Bei der Frage nach den Gründen für das Aufkommen des Nationalsozialismus lassen sich die gleichen Vermeidungstendenzen beobachten wie bei der Schuldbewältigung. Die Gründe, die sich am besten für eine Entschuldigung eignen, sind am gründlichsten erforscht worden: die Auswirkung des Versailler Friedensdiktats und die Schuld der «Steigbügelhalter» der Nazis. Rückblickend lässt sich mit ziemlicher Sicherheit sagen, dass es zum Zweiten Weltkrieg nicht gekommen wäre, wenn Deutschland von den Siegermächten nach dem Ersten so gnädig behandelt worden wäre wie nach dem Zweiten. Es spricht auch eine hohe Wahrscheinlichkeit dafür, dass die braune Flut gestoppt worden wäre, wenn sich ihr die Linke geschlossen entgegengestellt hätte. Ein weiterer Versuch der historischen Relativierung löste in den 1980er Jahren den so genannten Historikerstreit aus, als Ernst Nolte die These aufstellte, dass Stalin mit seinen Verbrechen vorangegangen und Hitler ihm nur gefolgt sei. Was in der öffentlichen Debatte aber kaum jemals mit ganzer Schärfe ausgesprochen wurde, ist der Verrat am Volk, den der gewählte Reichstag mit der Zustimmung zum Ermächtigungsgesetz beging. Der Mann auf der Straße kann sich irren und dem falschen Kandidaten seine Stimme geben. Doch wenn ein demokratisch gewähltes Parlament sich selber abschafft, ist das so, wie wenn der Vormund das Vermögen seines Mündels einer dubiosen Firma übergibt, weil er von dieser erpresst wird. Ein gewählter Volksvertreter trägt eine höhere Verantwortung als der gewöhnliche Bürger. Darin besteht das Prinzip der repräsentativen Demokratie. Über den Reichstagsbeschluss ist in der Öffentlichkeit immer so geredet worden, als hätte sich nur dadurch ein Bürgerkrieg verhindern lassen. Ein Bürgerkrieg ist aber eine vergleichsweise gesunde Krise gegenüber der tödlichen Krankheit einer verbrecherischen Diktatur. In jenem Reichstag, der das Volk verraten hat, gab auch Theodor Heuss seine Zustimmung zu Hitlers Ermächtigung. Heuss hat als erster Bundespräsident durch seine hohe Bildung und seine liebenswürdige Persönlichkeit viel dazu beigetragen, dass Deutschland im Ausland wieder Sympathien fand. Er hat aber nie öffentlich bekannt, dass er an einem Verrat seines Volkes mitgewirkt hat. Dass ein Volk mit hohem Bildungsniveau auf eine Wirtschaftskrise damit reagiert, dass es sich in die Arme eines Diktators wirft, ist weder durch die Schärfe der Krise noch durch das nationale Trauma des Versailler Vertrags allein zu erklären. Als des Rätsels Lösung wird gewöhnlich auf die dämonische Faszination Adolf Hitlers verwiesen. Man stelle sich aber nur einmal vor, ein Mann wie er hätte in England versucht die Macht zu ergreifen. Er hätte im Hyde Park Reden halten können und wäre von den Briten als Marktschreier verlacht worden. Dämonisch wurde Hitler erst durch die Masse, die sich um ihn sammelte. Ohne sie wäre er der Hanswurst geblieben, als den ihn Charlie Chaplin parodierte. Die Dämonie lag nicht in Hitler, sondern im deutschen Ungeist, der ihm die Massen zutrieb. Um ihn in konzentrierter Form zu erleben, hätte man damals nur zu den Wagnerfestspielen in Bayreuth oder zu einem Germanistenkongress gehen müssen. Der wabernde Kitsch mit seiner deutschtümelnden Mystik, den die damalige Germanistik für Wissenschaft hielt, ist heute noch in Seminarbibliotheken nachzulesen.

In keiner westlichen Kultur ist der Kitsch so tief in die seriöse Kultur eingedrungen wie in Deutschland. Das einzige Bevölkerungselement, das dem deutschen Drang nach Erhabenheit und Innerlichkeit kritische Distanz entgegensetzte, waren die jüdischen Intellektuellen, die deshalb als Fremdkörper empfunden und schließlich wie Krankheitserreger ausgerottet wurden, wobei das «zersetzende» Intellektuellentum als Wesensmerkmal der Juden angesehen wurde. Die Utopie der Nationalsozialisten war im Unterschied zu der ethischen Utopie der Kommunisten eine ästhetische. Rasseneinheit, kraftvolle Schönheit, geordnete Marschkolonnen und erhabene Machtdemonstrationen sind ästhetische und keine ethischen Wertvorstellungen. Insofern war Nazideutschland eine grandiose Kitschinszenierung. Was hat das alles mit *Faust* zu tun? Nur wenige Deutsche haben diese Dichtung zu Ende gelesen, und noch weniger haben sie zu Ende gedacht. Am Schluss von *Faust II* ist der alternde Held mit einem groß angelegten Kolonisationsprojekt befasst, das er von seinen teuflischen Dienern durchführen lässt. Großspurig tönt er: «Solch ein Gewimmel möcht' ich sehn / Auf freiem Grund mit freiem Volke stehn.» Doch auf dem Grund, den er kultiviert, steht die Hütte von Philemon und Baucis und vor dieser stehen zwei Linden, die seine Sichtachse stören. So gibt er Befehl, die beiden zwangsweise umzusiedeln und die Linden zu fällen. Da es mit der Umsiedlung nicht gleich klappt, wird die Hütte abgefackelt und die beiden sterben darüber vor Schreck. Dieser Faust ist bereits der moderne Kitschmensch, der die Ethik der Ästhetik unterwirft. Immerhin genießt er «im Vorgefühl von solchem hohen Glück» zuletzt den «höchsten Augenblick» und spricht damit sein Todesurteil aus. Doch nicht Mephisto bekommt seine Seele, wie es dem Vertrag entsprochen hätte, sondern Engel tragen ihn empor, weil Goethes Credo lautete: «Wer immer strebend sich bemüht / Den können wir erlösen.» Sieht man, wie Mephisto in *Faust II* zuletzt nur noch als kosmischer Clown agiert, dann weiß man, dass Goethe so etwas wie Auschwitz nie für möglich gehalten hätte. Shakespeare tat einen tieferen Blick in die Abgründe der menschlichen Seele. Er wäre von Auschwitz weniger überrascht gewesen und er hätte seinen *Faust* nicht mit der Erlösung des Helden, sondern mit einem tragischen Untergang enden lassen.

Das Fatale am geistigen Zustand der Deutschen zur Zeit von Hitlers Machtergreifung war, dass sie die faustische Utopie für gut hielten und wie Goethes Faust glaubten, man könne sie mit ein wenig Gewalt, doch ohne allzu schlimme Verbrechen realisieren. Sie waren faustische Träumer und zugleich politisch so naiv wie der zipfelmützige Michel. Fast alles, was Hitler später getan hat, hatte er vorher angekündigt. Und wenn er auch nichts von systematischer Judenausrottung sagte, hätte sich jeder denken können, dass die Juden unter seiner Herrschaft entrechtet würden; das aber war für viele so legitim wie Fausts Zwangsumsiedlung von Philemon und Baucis. Wäre Hitler nicht der kleinbürgerliche Emporkömmling gewesen, der den Geschmack der Gebildeten verletzte, und hätte er nur ein wenig mehr Kultiviertheit an den Tag gelegt, wären die gebildeten Deutschen ihm noch williger gefolgt. Um dem Weltgeist in Gestalt des deutschen Wesens zu seiner erhabensten Erscheinungsform zu verhelfen, waren sie bereit, sich einem Führer zu unterwerfen und große Opfer zu bringen. Dass es auf Völkermord und Untergang hinauslaufen würde, hätten sich nur wenige alpträumen lassen. Shakespeare hätte es wahrscheinlich geahnt, und sein gleichaltriger Dichterkollege Christopher Marlowe, der das erste *Faust*-Drama schrieb und mit seinem zweiteiligen Stück *Tamburlaine the Great* eine Tragödie des Größenwahns schrieb, hätte es gewusst. Wenn Marlowe 1936, als Hitler nach der Olympiade die überwältigende Mehrheit des Volkes hinter sich hatte, ein Stück über ihn geschrieben hätte, dann hätte er ihm oder einem seiner Komplizen vielleicht etwas Ähnliches in den Mund gelegt wie das, was Göring zu seinem Verteidiger Haensel in Nürnberg sagte:

Wenn Sie wirklich etwas Neues machen wollen, so werden Ihnen die Guten dabei nicht helfen. [...]
Sie sind selbstgenügsam, faul, haben ihren lieben Gott und ihren eigenen Dickkopf [...]
Die Bösen, die etwas auf dem Kerbholz haben, sind gefällige Leute, hellhörig für Drohungen, denn sie wissen, wie man es macht, und für Beute. [...]
Was wissen Sie von den Möglichkeiten des Bösen! Wozu schreibt ihr Bücher und macht Philosophie, wenn ihr nur von der Tugend etwas wißt, und wie man sie erwirbt. Wer kann das Alte verbrennen? Doch nur, der nicht selber an dem Plunder hängt. [...]
Aber sie werden uns hängen, und jetzt werden wieder die Betschwestern kommen. [...]

Nein, sie werden nicht kommen, denn die Welt ist wach, und es wird weitergehen! Es wird weitergehen im Haß und aus dem Haß heraus! Die Welt brennt an allen Ecken!

Göring hielt sich nicht für böse, sondern für einen, der die Bösen benutzt, um eine neue Wertordnung zu schaffen. Er war wie alle verblendeten Gläubigen des Nationalsozialismus ein Kitschmensch, der das Ethische mit dem Ästhetischen vermengte und die Welt mit den Mitteln des Bösen verschönern wollte. Genau diese Verwechslung der Kategorien ist ein Wesensmerkmal des Kitsches. Heute ist der ästhetische Größenwahn des Erhabenheitskitsches aus der Mentalität der Deutschen gänzlich verschwunden. Statt an Größenwahn leiden sie jetzt eher am Gegenteil. Wenn draußen in der Welt die schweren Gewitter heraufziehen, möchten sie sich am liebsten aus allem heraushalten und sich in ihre Wohlstandsidylle verkriechen. Auch dafür hält Goethes *Faust* die treffenden Worte bereit. Vor dem Osterspaziergang des Helden hört man aus dem Munde eines biederen Bürgers, stellvertretend für alle, das Folgende:

Nichts Bessers weiß ich mir an Sonn- und Feiertagen
Als ein Gespräch von Krieg und Kriegsgeschrei,
Wenn hinten, weit, in der Türkei,
die Völker auf einander schlagen.
Man steht am Fenster, trinkt sein Gläschen aus
Und sieht den Fluß hinab die bunten Schiffe gleiten;
Dann kehrt man abends froh nach Haus,
Und segnet Fried' und Friedenszeiten.

Zwischen Angst und Sehnsucht –
Das Grundgefühl der Deutschen

Wenn die hier versuchte Analyse der deutschen Mentalität deren charakteristische Elemente zutreffend erfasst hat, ergibt sich ein Charakterbild, das wesentlich durch Angst und Sehnsucht bestimmt wird. Schon die dreißig Urworte lassen sich fast alle der einen oder anderen dieser Dispositionen zuordnen. Heimat, Gemütlichkeit, Feierabend und Verein sind emotionale Komplexe, die eine Sphäre der Geborgenheit anbieten, in die man sich aus Angst vor der Welt zurückziehen kann, während die Begriffe am Ende der Liste – Ursprung, Wesen, Ehrfurcht, Tragik, Totalität, das Absolute und der Staat – Gefühle ausdrücken, die sich auf ersehnte Ziele richten. Es zeigt sich darin ein Streben nach dem Höchsten, dem Tiefsten, dem Vollkommensten bis hin zum Verlangen nach völliger Auflösung im All, im Volk, im Wald oder im Nichts. Regression in die Geborgenheit und Projektion auf Ziele ewiger Sehnsucht wurden in diesem Buch als Grundtendenzen des Kitsches gedeutet, was die Vermutung stützt, dass der Kitsch in der deutschen Kultur eine größere Rolle spielte als anderswo. Auch das gute Dutzend Urworte in der Mitte – von Ordnung bis Einfalt – bezeichnet Wertvorstellungen, die der Angstabwehr entspringen und eine Sehnsucht nach Sicherheit, Stabilität und Verlässlichkeit ausdrücken.

Angst ist etwas, das ausländische Beobachter als so typisch deutsch empfinden, dass *German angst* inzwischen zu einem festen Begriff geworden ist. Dabei haben die heutigen Deutschen kaum einen Grund ängstlich zu sein. Sie leben in der längsten Friedensperiode ihrer Geschichte, und nichts deutet darauf hin, dass sich in naher Zukunft daran etwas ändern wird. Zwar gibt es Brandherde genug auf der Welt, und mancher Brand wie zum Beispiel der internationale Terrorismus macht auch vor den deutschen Grenzen nicht Halt. Doch im Vergleich mit den beiden Weltkriegen und der realen Gefahr der atomaren Vernichtung bis zum Ende des Kalten Krieges ist die Bedrohung durch den Terrorismus eher gering. Auch ökonomisch ist wenig zu befürchten. Die Deutschen haben die höchsten

Löhne, den längsten Urlaub, stabile Preise und ein soziales Netz, durch dessen Maschen niemand fallen kann. Weshalb malen sie dann bei den geringsten Anzeichen einer Krise immer gleich das Gespenst der Katastrophe an die Wand?

Wie sehr die Deutschen zu kollektiver Ängstlichkeit disponiert sind, lässt sich an den alltäglichsten Dingen beobachten. Jeder weiß, dass im Winter Schnee fällt, und doch wird jedes Jahr über das erste «Schneechaos» so berichtet, als sei man von einer Naturkatastrophe überrascht worden; und dann sind auch immer gleich Kritiker da, die feststellen, dass die Schneeräumdienste nicht gut genug vorbereitet waren. Wenn man im Fernsehen Zeuge wird, wie Amerikaner nach einem Hurrikan vor den Trümmern ihrer Häuser stehen und einfach nur sagen, nun müssten sie eben von vorn anfangen, gewinnt man den Eindruck, dass im Vergleich mit ihnen die Deutschen ein mutloses Volk sind. Die durchgängige Ängstlichkeit, mit der sie sich um die Zukunft, die Rente, die Sicherheit des Arbeitsplatzes, die Umwelt und den deutschen Wald sorgen, ist so deutlich höher als bei den westlichen Nachbarn, dass man nach den Ursachen fragen muss. Genetisch kann es nicht bedingt sein, sonst müssten die anderen germanischen Völker genauso reagieren. Also kann es nur historische Ursachen haben. Nun weist die deutsche Geschichte in der Tat ein typisches Angstmuster auf. Wann immer die Deutschen seit Beginn der Neuzeit in eine nationale Krise gerieten, haben sie darauf nicht mit einem mutigen Schritt nach vorn, sondern mit erhöhtem Streben nach Sicherheit reagiert. So haben sie nach dem Dreißigjährigen Krieg nicht die Chance zur Modernisierung genutzt, wie dies die Engländer mit der Glorreichen Revolution taten, sondern sich in der reaktionären Sicherheit des Absolutismus eingerichtet. Auch nach dem Ende der napoleonischen Besetzung kam es nur zu marginalen Reformen; der Rest war Restauration, weshalb die Epoche danach ja auch unter dieser Bezeichnung in die Geschichtsbücher eingegangen ist. Gegen Ende des Ersten Weltkriegs gelang den Deutschen endlich eine Revolution. Doch auch diesmal wollten sie aus Angst vor dem Chaos dem gewählten Parlament nicht vertrauen und statteten in der Weimarer Verfassung den Präsidenten mit soviel Macht aus, dass damit der Weg zur Diktatur geebnet war. Nach dem Ende des Zweiten Weltkriegs war es dann umgekehrt die Angst vor der Diktatur, die die Verfasser des Grundgesetzes leitete; und so schrieben sie eine Ordnung fest, die die Selbstblockade der beiden parlamentarischen Kammern bei entgegengesetzten Mehrheiten unvermeidlich macht, so dass die Regierung in solchen Fällen nahezu handlungsunfähig wird.

Angst ist das eine Grundgefühl der Deutschen, das andere ist eine ebenso irrationale Neigung zu utopischer Sehnsucht. Bei der Betrachtung des Urworts «Sehnsucht» wurde bereits gezeigt, wie obsessiv dieses Motiv die deutsche Literatur, Musik und Malerei durchzieht. Das sehnsüchtige Erwarten von Erfolgen bestimmt auch das Alltagsverhalten der Deutschen stärker, als das in anderen Nationen der Fall ist. Wenn ein Volk über Generationen hinweg auf die Wiederkehr des Kaisers Barbarossa wartet und sich nach nationaler Einheit, Sicherheit und Größe sehnt, wäre es ein Wunder, wenn sich diese kollektive Prägung nicht auch im Alltag der einzelnen Bürger zeigte. Ein Blick auf die Mentalität anderer Völker und deren Geschichte lässt vermuten, dass bei den Engländern die Enttäuschung der Hoffnung durch Skepsis und sarkastischen Humor, bei den Amerikanern durch Optimismus, und bei den Franzosen durch eine Mischung aus Lebenslust und Zynismus abgepuffert wird. Bei den Deutschen hingegen ist eine Disposition weit verbreitet, die dem bekannten «Himmelhoch jauchzend / zu Tode betrübt» aus Klärchens Lied in Goethes *Egmont* entspricht, wobei sich das Betrübtsein so auffällig in Form von Selbstmitleid und larmoyantem Jammern ausdrückt, dass dieses Verhalten inzwischen ebenfalls als typisch deutsch gilt. Das Oszillieren zwischen Angst und Sehnsucht charakterisiert das Verhalten der Deutschen im Großen wie im Kleinen. Was ihnen kollektiv zu fehlen scheint, ist der Mut, das Unvermeidliche durchzustehen und mit illusionsloser Hoffnung nach vorn zu schauen. In dieser Ängstlichkeit wurden sie leider immer wieder durch ihre Politiker bestärkt, die ihre Pappenheimer kannten und auf die Devise «Keine Experimente» setzten. Das letzte historische Ereignis, bei dem die Deutschen wahrhaft Mut bewiesen, liegt weit zurück. Es war die Reformation. Vielleicht hätten sie den gleichen Mut bei der Wiedervereinigung mobilisiert, wenn man sie dazu aufgefordert hätte. Rückblickend scheint es, als ob das der erste Moment in der deutschen Geschichte seit der Reformation war, wo die Deutschen kollektiv bereit waren, für eine gute Sache Opfer zu bringen und mutig voranzuschreiten. Helmut Kohl hätte die erste Wahl im vereinten Deutschland auch dann gewonnen, wenn er nicht «blühende Landschaften» versprochen, sondern an die Opferbereitschaft des ganzen Volkes appelliert hätte. Es ging ja nicht «um Blut, Schweiß und Tränen», wie in Churchills berühmter Rede bei Kriegsbeginn, sondern nur um den solidarischen Aufbau des vereinten Landes, der mit einer kollektiven Anstrengung, also mit Steuergeldern, hätte finanziert werden müssen. Die Vereinigung wäre die ideale Gelegenheit gewesen für eine Neuordnung der Länder, für die Modernisierung der Verfassung und für eine gerechtere Verteilung der Lasten. Stattdessen kam es wieder zu einer Restauration, was zum Beispiel bei der Klärung der Eigentumsverhältnisse an Grundstücken in der ehemaligen DDR im Prinzip «Rückgabe vor Entschädigung» deutlich wurde. Nachdem die historische Chance für den mutigen Schritt nach vorn vertan war, blieb wieder nur das Oszillieren zwischen Angst und Sehnsucht, zwischen Beschwichtigen und Vertrösten auf der einen und Hadern auf der anderen Seite. Während die neuen Mitgliedstaaten der Europäischen Union die Deutschen um ihren Wohlstand und ihre wohlgeordneten Verhältnisse beneiden, breitet sich hierzulande ein Klima der Angst aus, das in seinen schlimmsten Auswüchsen wie Endzeitstimmung anmutet, als stünde der Zusammenbruch des Sozialstaats bevor. Die Opfer, die die Deutschen 1990 zu bringen bereit waren, werden nun von ihnen als Verlust von Besitzständen empfunden. Politische Kommentatoren beklagen oft, dass die Politiker keine Visionen hätten. Doch Visionen würden nur die alte deutsche Krankheit der illusionären Sehnsucht wieder aufbrechen lassen. Was den Deutschen fehlt, ist die Bereitschaft zu der einfachen Erkenntnis, dass es ihnen so gut geht wie nur wenigen Völkern auf dieser Erde und dass sie im Herzen Europas als wirtschaftliche Drehscheibe der EU die besten Voraussetzungen für die Zukunft haben. Irgendwie scheinen sie unfähig zu sein, sich auf den nächsten Frühling zu freuen, ohne sich vorher vom ersten Schneefall ins Chaos gestoßen zu fühlen.

Die Deutschen sind immer noch ein tüchtiges Volk, bei dem fast alles funktioniert. Sie sind Exportweltmeister und technisch auf dem neuesten Stand. Weshalb schaffen sie es dann nicht, ihre Ängstlichkeit zu überwinden und auch in der Politik Nägel mit Köpfen zu machen? Was dem entgegensteht, ist ihre heiligste Kuh, das Prinzip der Besitzstandswahrung. Während sie sich für technische Neuerungen schnell gewinnen lassen, nehmen sie soziale Veränderungen nur dann hin, wenn es für alle etwas zu verteilen gibt. So kommt es zu dem absurden Widerspruch, dass auf der einen Seite die Liberalisierung der Ladenschlusszeiten als unsozial, auf der anderen die Einführung einer Geschwindigkeitsbegrenzung auf der Autobahn als Eingriff in die persönliche Freiheit empfunden wird. Es wird kritiklos hingenommen, dass ein Physiotherapeut seine teure Ausbildung selbst bezahlen muss, während der später sehr viel besser verdienende Arzt die seine vom Steuerzahler finanziert bekommt. Am irrationalsten sind die Ängste dort, wo sie an allgemein menschliche Tabus rühren. Dabei ist die Tabussphäre des werdenden Lebens für Deutsche ein besonders sensibler Bereich, weil im Dritten Reich das Recht auf Leben ruchlos missachtet wurde. Trotzdem muss man sich fragen, weshalb es ethisch verwerflich sein soll, eine künstlich befruchtete Eizelle vor der Einpflanzung in den Uterus auf genetische Defekte zu testen, wenn es gleichzeitig erlaubt ist, den Fötus aus dem Mutterleib abzutreiben, wenn er sich dort als defekt herausstellt. Ein solcher Widerspruch ist nur so zu erklären, dass man ein bestehendes Freiheitsrecht nicht antasten will, zugleich aber Angst davor hat, in ein anderes Schutzrecht einzugreifen. Am schärfsten zugespitzt hat sich dieser Widerspruch im Streit um die Stammzellenforschung. Wenn ein gesunder Fötus getötet werden darf, die Stammzellen eines getöteten Fötus aber nicht zur Rettung von Menschenleben benutzt werden dürfen, fällt es dem gesunden Menschenverstand schwer, das rationale Prinzip zu erkennen. Hier scheint das Handeln eher von einer irrationalen Angst diktiert zu werden. Da sich andere Völker mit solchen Problemen weniger schwer tun, muss es sich um Mentalitätsunterschiede handeln, deren Ursachen dieses Buch aufspüren wollte.

Im 19. Jahrhundert haben deutsche Kritiker ihr eigenes Volk immer wieder mit dem Zauderer Hamlet verglichen. Etwas Hamlethaftes prägt noch immer die deutsche Mentalität. Es ist eine Mutlosigkeit, die überall da, wo keine technischen, sondern politisch-soziale Entscheidungen zu treffen sind, das Handeln lähmt. Die Deutschen mochten sich selbstkritisch mit dem zipfelmützigen Michel vergleichen oder sich in nationaler Überheblichkeit für faustisch Strebende halten, typischer als diese Extreme war und ist für sie das Schwanken zwischen beiden. Die empirische Psychologie hat an Ratten gezeigt, dass Angst dann auftritt, wenn sich in der Psyche Appetenz und Aversion die Waage halten. In der deutschen Mentalität scheinen sich diese beiden Affekte seit Jahrhunderten gegenseitig zu blockieren. Dass die Deutschen als Volk an einer Hypertrophie des

Geistes litten und dadurch unfähig zu politischem Handeln wurden, war im 19. Jahrhundert bis zur Reichsgründung ein stereotyp wiederkehrendes Argument. Danach wurde aus dem handlungsunfähigen Hamlet ein faustischer Kolonisator, der die Welt nach seinem Bilde formen wollte. Heute sind die Deutschen zum alten Zaudern zurückgekehrt.

Um aber kein einseitiges Bild aufkommen zu lassen, sei ausdrücklich gesagt, dass es zwischen der ängstlichen Flucht in die Geborgenheit und der illusionären Sehnsucht nach dem Unerreichbaren immer auch den emotionalen Bereich gegeben hat, der dem oben erwähnten mittleren Dutzend der betrachteten Urworte entspricht. Ordnung, Pünktlichkeit, Tüchtigkeit, Fleiß, Gründlichkeit und Pflichtbewusstsein sind die Tugenden, dank derer die Deutschen sich bisher dem Wechselbad von Angst und Sehnsucht zum Trotz so erfolgreich behauptet haben. Obwohl es sich um Eigenschaften handelt, die erst im 19. Jahrhundert als deutsch empfunden wurden, müssen sie aus einem älteren Kern stammen; sonst wäre Deutschland nicht das Stehaufmännchen der europäischen Geschichte geworden, als das es sich immer wieder erwies. Dass es sich auch diesmal wieder aus seiner vergleichsweise harmlosen Schieflage aufrichten wird, können nur notorische Schwarzseher anzweifeln. Da aber die Deutschen selber die notorischsten Schwarzseher sind, werden ihnen die Anlässe zu angstvollem Klagen auch dann nicht ausgehen, zumal Anlässe für das Hochgefühl erfüllter Sehnsucht nicht zu erwarten sind. Bleibt zu hoffen, dass ihre praktische Nüchternheit irgendwann einmal die Neigung zu Angst und Sehnsucht verdrängt.

Ausblick

Bis 1990 war die Bundesrepublik der östliche Vorposten des Westens, der sich als Wertegemeinschaft verstand. Jetzt liegt Deutschland wieder in der Mitte Europas. Das macht die Renaissance alter Denkmuster mehr als wahrscheinlich. Zwar werden die Deutschen sich wohl nie wieder für einen Sonderweg entscheiden, doch dass sie sich mehr als europäische Mitte empfinden, zeichnet sich bereits ab. Da von Russland zur Zeit keine Bedrohung mehr ausgeht, kann es sich Deutschland leisten, ein Stück von Amerika abzurücken. Das wäre nicht weiter problematisch und eher eine normale Entwicklung, wenn die deutsche Mentalität eine so gefestigte Mitte hätte wie die französische oder britische. Dass es daran fehlt, ist inzwischen auch den deutschen Politikern aufgegangen. Während sie jahrzehntelang föderalistische Kleinstaaterei betrieben und zufrieden damit waren, dass der Wirtschaftsriese Deutschland politisch ein Zwerg blieb, wird jetzt im konservativen Lager nach einem neuen Nationalstolz gerufen und gegen den Multikulturalismus gewettert. Wer meint, das Multikulti-Projekt sei gescheitert, braucht nur einmal nach Amerika zu schauen, wo umgekehrt die Utopie des «Schmelztiegels» als gescheitert gilt und man sich mit der multikulturellen «Salatschüssel» abfindet, die mit lauter «Parallelgesellschaften» angefüllt ist.

Nationalstolz ist an sich nichts Schlechtes; und wenn er die Bürger zu mehr Verantwortung für das Gemeinwohl motiviert, ist er sogar etwas Gutes, wenngleich schwer einzusehen ist, wie man auf etwas stolz sein kann, das man nicht selber geleistet hat. Ein Nationalstolz aber, den ein Volk nicht spontan empfindet, sondern sich erst einreden und genehmigen lassen muss, öffnet dem demagogischen Missbrauch Tür und Tor. Selbst die Forderung nach einem «Verfassungspatriotismus» hat etwas Verqueres; denn die Verfassung zu respektieren ist selbstverständliche Bürgerpflicht. Vernünftiger wäre es, die alte Sehnsucht der Deutschen nach dem großen Ganzen auf das neue, sich einigende Europa zu lenken. Wenn die Kleinstaaterei der Bundesländer noch immer die deutsche Politik bestimmt, beweist das doch nur, das Deutschland im Bewusstsein der Deutschen eher ein ersehntes als ein tatsächliches Ganzes ist. Gerade die Deutschen müssten auf Grund ihrer historischen Prägung besser auf Europa vorbereitet sein als die meisten ihrer Nachbarn; denn schon dreimal war ihre Sehnsucht auf ein großes Ganzes gerichtet: auf das Heilige Römische Reich deutscher Nation, auf das Deutsche Reich Bismarcks und auf das Dritte Reich unter Hitler. Dass es zu einem vierten Deutschen Reich kommen könnte, ist nicht nur unwahrscheinlich, sondern ausgeschlossen. Trotzdem wird das Vereinigte Europa strukturell dem Heiligen Römischen Reich ähneln, allein schon deshalb, weil es große Teile davon erneut zusammenfasst. Den Deutschen müsste die Europäisierung deshalb leichter fallen als zum Beispiel den Briten und Franzosen, die durch ihre Geschichte an den Nationalstaat gewöhnt sind.

Die Behauptung, man brauche einen «gesunden» Patriotismus als Bollwerk gegen «ungesunden» Nationalismus, ist typisch für die deutsche Angst, hinter der die verdrängte Sehnsucht nach nationaler Größe lauert. Wenn Demographen feststellen, dass ungefähr fünfzehn Prozent der Bevölkerung ein rechtsextremistisches Weltbild haben – die Sinus-Studie von 1980 kam auf dreizehn Prozent –, dann dürfte das mit geringen Abweichungen den Verhältnissen in anderen westlichen Nationen entsprechen. Daran ist nichts Besorgnis erregend, solange die bewährten Mechanismen der pluralistischen Demokratie funktionieren. Die aber müssen so elastisch sein, dass sie auch Extreme aushalten, ohne dass gleich Panikstimmung ausbricht. Mit ein wenig gesundem Menschenverstand müsste sich jeder Deutsche sagen, dass er in einem ganz normalen Rechtsstaat lebt, der sich von anderen Rechtsstaaten nur durch die Erinnerung an eine historische Schuld unterscheidet. Dass der Umgang mit dieser Schuld besondere Sensibilität erfordert, ist selbstverständlich. Doch so zu tun, als lebten die Deutschen in der ständigen Furcht vor der «Auschwitzkeule», grenzt an Hysterie. Gegen diese Furcht das Bollwerk eines künstlichen Patriotismus aufzubauen, käme einer dritten Schuld gleich. Die Schatten, die die Vergangenheit wirft, werden weder durch die historische Entfernung noch durch ein solches Bollwerk kürzer, sondern einzig dadurch, dass die Sonne der Aufklärung höher steigt. Von deren Licht sollten sich die Deutschen nicht noch einmal abwenden.

Quellen

Abbildungen

S. 15 (Nr. 1) Der deutsche Michel. Zitiert nach: Adolf Glaßbrenner, *Unterrichtung der Nation*. Ausgewählte Werke und Briefe in 3 Bänden. Hg. v. Horst Denkler u. a. Bd. 3. informationspresse, c. w. leske verlag, Köln 1981.

S. 17 (Nr. 2a) Der Bamberger Reiter. Nach einer Fotografie von Prof. Walter Hege. Hans C. Schmiedicke Kunstverlag Markkleeberg-Leipzig o. J.

S. 17 (Nr. 2b) Figur der Uta im Naumburger Dom. Zitiert nach: Ernst Schubert, *Der Naumburger Dom*. Janos Stekovics. Halle a. d. S. 1997.

S. 18 (Nr. 3a) Kohlezeichnung eines jungen Mannes (signiert B. B.) (Kupferstichkabinett Berlin). Zitiert nach: *Köpfe der Lutherzeit*. Hg. Werner Hofmann. Prestel-Verlag München 1983.

S. 18 (Nr. 3b) Albrecht Dürer, Pinselzeichnung einer jungen Frau. (Albertina, Wien). Ebenda.

S. 31 (Nr. 4) Ludwig Richter, Holzschnitt aus: *Beschauliches und Erbauliches. Ein Familien-Bilderbuch*. Dritte Folge (1855). Zitiert nach: *Ludwig Richters Volkskunst. Sein Holzschnitt vom Keim bis zur Blüte* in planmäßiger Auswahl zusammengestellt und erläutert von Karl Budde. Leipzig 1978.

S. 53 (Nr. 5) Albrecht Dürer, *Ritter, Tod und Teufel*. Zitiert nach: Peter Strieder, *Dürer*. Bechtermünz Verlag Augsburg 1996.

S. 59 (Nr. 6) Anselm Feuerbach, *Iphigenie* (2. Fassung; Staatsgalerie Stuttgart). Zitiert nach: «In uns selbst liegt Italien». *Die Kunst der Deutsch-Römer*. Hirmer Verlag München 1987 (Katalog einer Ausstellung im Haus der Kunst).

S. 91 (Nr. 7) Das Hermannsdenkmal. Zitiert nach: Reinhold Stein, *Heilig Vaterland*. DSZ-Verlag München 2003.

S. 92 (Nr. 8) Hans Baldung, gen. Grien, *Martin Luther als Augustinermönch*. Zitiert nach: *Köpfe der Lutherzeit*.

S. 99 (Nr. 9) Ludwig Richter, *Lob des Weibes*. Aus: *Beschauliches und Erbauliches. Ein Familien-Buch*. Erste Lieferung (1851). Zitiert nach: *Ludwig Richters Volkskunst*.

S. 100 (Nr. 10) Hans Holbein, *Die Frau des Malers mit den Kindern Philipp und Katharina* (Kunstsammlung Basel). Zitiert nach: Oskar Bätschmann u. Pascal Griener, *Hans Holbein*. DuMont Buchverlag Köln 1997.

S. 128 (Nr. 11), Veit Stoß, aus *Englischer Gruß* (St. Lorenz, Nürnberg). Zitiert nach: *Veit Stoß*, Acht Fotos in Handabzügen. Hans C. Schmiedicke Kunstverlag Markkleeberg-Leipzig o. J.

S. 128 (Nr. 12). Tilman Riemenschneider: Schriftgelehrter vom Creglinger Marienaltar. Zitiert nach: *Tilman Riemenschneider*. Acht Fotos in Handabzügen. Hans C.Schmiedicke Kunstverlag Markkleeberg-Leipzig o. J.

S. 129 (Nr. 13) Käthe Kollwitz, *Nachdenkende Frau* (Lithographie). Zitiert nach: Fritz Schmalenbach, *Käthe Kollwitz*. Die blauen Bücher. Königstein i. Ts. 1965.

S. 129 (Nr. 14), Emil Nolde, *Prophet* (Holzschnitt). Zitiert nach: *Das große Lexikon der Graphik. Künstler, Techniken, Hinweise für Sammler*. Tigris Verlag Köln 1989.

S. 131 (Nr. 15) Arnold Böcklin, *Die Toteninsel* (3. Fassung 1883; Nationalgalerie Berlin). Zitiert nach: «In uns selbst liegt Italien». *Die Kunst der Deutsch-Römer*.

S. 140 (Nr. 16) Straßburger Münster. Zitiert nach: Robert Suckale, *Kunst in Deutschland. Von Karl dem Großen bis heute*. DuMont Buchverlag Köln 1998.

S. 141 (Nr. 17) Vierzehnheiligen. Zitiert nach: Robert Suckale. *Kunst in Deutschland*.

S. 146 (Nr. 18) Matthias Grünewald, Mitteltafeln des Isenheimer Altars. Zitiert nach: *Grünewald. Der Isenheimer Altar in Colmar*. Verlag E. A. Seemann Leipzig 1911.

S. 147 (Nr. 19) Lucas Cranach, *Die Ruhe auf der Flucht* (Gemäldegalerie Berlin). Zitiert nach: Robert Suckale, *Kunst in Deutschland*.

S. 148 (Nr. 20) Caspar David Friedrich, *Wanderer über dem Nebelmeer* (Kunsthalle Hamburg). Zitiert nach: Charles Sala, *Caspar David Friedrich und der Geist der Romantik*. Aus dem Franz. v. Veroniques Guegan-Mascyk u. Inga-Brita Thiele. Komet MA-Service u. Verlagsgesellschaft. Frechen 2001.

S. 149 (Nr. 21) Carl Spitzweg, *Der Gartenfreund* (Städtische Kunstsammlung Görlitz). Zitiert nach: Hans Joachim Neidhardt, *Deutsche Malerei des 19. Jahrhunderts*. E. A. Seemann Verlag Leipzig 1990.

S. 151 (Nr. 22) Wilhelm Lehmbruck, *Emporsteigender Jüngling* (Wilhelm Lehmbruck Museum Duisburg). Zitiert nach: *Wilhelm Lehmbruck*. Staatliche Museen Preußischer Kulturbesitz, Nationalgalerie Berlin 1973 (Ausstellungskatalog).

S. 152 (Nr. 23) Ernst Barlach, *Der Empfindsame – Der Wanderer – Die Träumende* (aus *Fries der Lauschenden*; Privatbesitz). Zitiert nach: Ernst Barlach, *Fries der Lauschenden*. Acht Fotos in Handabzügen. Hans C. Schmiedicke Kunstverlag Markkleeberg-Leipzig o. J.

S. 171 (Nr. 24) Heinrich Zille, Federzeichnung. Zitiert nach: *Das dicke Zillebuch*. Hg. v. Gerhard Flügge. Eulenspiegel Verlag Berlin 1971.

Textzitate

S. 11 *Die Geschichte der Deutschen ist eine...* Aus: A. J. P. Taylor, *The Course of German History. A survey of the development of German history since 1815. With a new introduction by Chris Wrigley*. London 2001. S. 1. (übers. v. Verfasser).

S. 25 *Die Krähen schrein...* Aus: Friedrich Nietzsche, «Vereinsamt». In: Karl Otto Conrady, *Das große deutsche Gedichtbuch*. Athenäum Verlag Kronberg i. Ts. 1977. S. 585.

S. 28 *Weshalb liebt der deutsche Mensch Adolf Hitler...* Ausspruch Robert Leys. Zitiert nach: Hermann Glaser, *Spießer-Ideologie. Von der Zerstörung des deutschen Geistes im 19. und 20. Jahrhundert und dem Aufstieg des Nationalsozialismus*. Neuausgabe mit einem neuen Vorwort. Fischer Taschenbuch Frankfurt a. M. 1985. S. 12.

S. 29 *Quellende, schwellende Nacht...* Aus: Friedrich Hebbel, «Nachtlied». In: *Das große deutsche Gedichtbuch*, S. 515.

S. 33 *Heilge Ordnung, segenreiche...* Aus: Friedrich Schiller, «Das Lied von der Glocke». Ebd. S. 321.

S. 33 *Das Pedantische aber, glaube ich...* Aus: Jacob Grimm, «Pedanterie». In: *Der deutsche Genius. Ein Sammelwerk aus deutscher Vergangenheit und Gegenwart für Haus und Schule*. Hg. v. Hanns Martin Elster mit einem Geleitwort von Thomas Mann. Deutsche Buch-Gemeinschaft Berlin 1926. S. 557.

S. 47 *Pflicht! Du erhabener, großer Name...* Aus: Immanuel Kant, *Kritik der praktischen Vernunft*. Hg. v. Karl Vorländer mit einer Bibliographie von Heiner Klemme. Felix Meiner Verlag Hamburg 1990. S. 101.

S. 48 *Tu die Pflicht, die dir am nächsten liegt...* Ein Carlyle-Zitat (übers. v. Verfasser). In: *The Oxford Dictionary of Quotations*. 3. Aufl. Oxford University Press Oxford 1979.

S. 49 *Üb immer Treu und Redlichkeit...* Aus: Ludwig Christoph Heinrich Hölty, «Der alte Landmann an seinen Sohn». In: *Das große deutsche Gedichtbuch*, S. 216.

S. 52 *Denk doch, was Demut ist!...* Aus: Angelus Silesius, *Cherubinischer Wandersmann*. Eingel. u. erläutert von Will-Erich Peuckert. Sammlung Dieterich Bd. 64. Dieterich'sche Verlagsbuchhandlung Leipzig o. J. S. 74.

S. 54 *Wie ist die Welt so stille...* Aus: Matthias Claudius, »Abendlied». In: *Das Große deutsche Gedichtbuch*, S. 197.

S. 55 *Was reif in diesen Zeilen steht...* Aus: Clemens Brentano, Ohne Titel. Ebenda S. 365.

S. 57 *Alle Eigenschaften, die den besonderen...* Aus: Bernard Nuss: *Das Faust-Syndrom. Ein Versuch über die Mentalität der Deutschen*. Bouvier Verlag Bonn/Berlin 1993. S. 177.

S. 60 *Der Griechentraum des einsamen Dichters...* Aus: Thomas Mann,

«Zitat zum Verfassungstag». In: *Politische Schriften und Reden*, Bd. 2. Moderne Klassiker. Fischer Bücherei. Frankfurt a. M. 1968. S. 143.

S. 62 *Soll Faust der Repräsentant der deutschen Seele sein...* Aus: Thomas Mann, «Deutschland und die Deutschen». In: *Politische Schriften und Reden*, Bd. 3. S. 165.

S. 63 *Und so trete denn endlich in seiner vollendeten Klarheit...* Aus: *Fichtes Reden an die deutsche Nation*. Eingeleitet von Rudolf Eucken. Insel Verlag Leipzig 1909. S. 126. (7. Rede)

S. 64 *Ursprung bedeutet hier jenes, von woher...* Aus: Martin Heidegger, *Der Ursprung des Kunstwerkes*. Mit einer Einführung von Hans-Georg Gadamer. Reclam Stuttgart 1960. S. 7.

S. 64 *Der Ursprung des Kunstwerkes, ...* Ebenda S. 89.

S. 65 *Kein Wesen kann zu Nichts zerfallen!...* Aus: Johann Wolfgang Goethe, «Vermächtnis». In: *Das große deutsche Gedichtbuch*, S. 284.

S. 69 *Das ursprünglich Tragische...* Aus: Georg Wilhelm Friedrich Hegel, *Ästhetik*. Nach der Ausg. Heinrich Gustav Hothos red. v. Friedrich Bassenge. Bd. II. Berlin 1965. S. 549.

S. 73 *Der Staat ist nicht um der Bürger willen da; ...* Aus: Georg Wilhelm Friedrich Hegel, *Vorlesungen über die Philosophie der Weltgeschichte*. Bd. I: *Die Vernunft in der Geschichte*. Hg. v. Johannes Hoffmeister. Felix Meiner Verlag Hamburg 1955. S. 112 (Philosophische Bibliothek Bd. 171a).

S. 75 *Infolge dieser – römischen – Anschauung...* Aus: Paul de Lagarde, «über die Klage, daß der deutschen Jugend der Idealismus fehle». In: *Deutsche über die Deutschen. Auch ein deutsches Lesebuch*, hg. v. Heinz Ludwig Arnold. C. H. Beck München 1972. S. 276.

S. 76 *O Täler weit, o Höhen...* Aus: Joseph Freiherr von Eichendorff, «Abschied». In: *Das große deutsche Gedichtbuch*, S. 384.

S. 77 *Wer hat dich, du schöner Wald...* Aus: Joseph Freiherr von Eichendorff, «Der Jäger Abschied». Ebenda S. 389.

S. 84 *Der alte Barbarossa, ...* Aus: Friedrich Rückert, «Barbarossa». Ebenda S. 409.

S. 88 *Das ist ein Rausch über allen Räuschen...* Aus: Ernst Jünger, *Der Kampf als inneres Erlebnis*. Mittler Berlin 1922. S. 53.

S. 98 *Ehret die Frauen, ...* Aus: Friedrich Schiller, «Würde der Frauen». In: *Sämtliche Werke*, Hanser Ausgabe Bd. 1. München 1987. S. 218.

S. 104 *Deutschland hat mit seinem unfruchtbaren Boden...* Aus: Bernard Nuss, *Das Faust-Syndrom*, S. 15.

S. 106 *Als ein Bollwerk zwischen Frankreich und Rußland...* Aus: Ernst Moritz Arndt, «Deutschlands Weltmission». In: *Der deutsche Genius*, S. 291.

S. 111 *Es liegt ohne Zweifel etwas in unserem...* Aus der am 4. 3. 1867 gehaltenen Rede vor dem Reichstag des Norddeutschen Bundes. In: *Die politi-*

schen Reden des Fürsten Bismarck. Histor.-krit. Gesammtausgabe besorgt v. Horst Kohl. 3. Bd. 1866–1868. Cotta'sche Buchhandlung Stuttgart 1893. S. 163.

S. 114 *Die Deutschen sind ein tief religiöses Volk,...* Aus: Bernard Nuss, *Das Faust-Syndrom*, S. 24.

S. 123 *Nach allem wird der ausländische Genius...* Aus: *Fichtes Reden an die deutsche Nation*. S. 87 (5. Rede).

S. 124 *Aus demselben Grund ist es einem Volk...* Ebenda S. 73. (Schluss der 4. Rede)

S. 124 *Kein Volk hat sich gegen Eingriffe...* Aus: Richard Wagner, «Was ist deutsch?». Zitiert nach: Richard Wagner, *Mein Denken*. Eine Auswahl der Schriften, hg. u. eingel. v. Martin Gregor-Dellin. Piper Verlag München 1982. S. 324.

S. 125 *Die deutsche Nation ist die gründlichste,...* Aus: Joseph Freiherr von Eichendorff, *Geschichte der poetischen Literatur Deutschlands*. In: *Werke und Schriften*. Neue Gesamtausgabe in 4 Bänden. Hg. v. Gerhard Baumann in Verbindung mit Siegfried Grosse. Bd. 4. Cotta'sche Buchhandlung Nachf. Stuttgart 1958. S. 11.

S. 128 *Diese deutsche Empfindung,...* Aus: Ulrich Christoffel, *Deutsche Innerlichkeit*. Piper Verlag München 1940. S. 11.

S. 153 *Eine Kultur ohne weltanschauliche Tiefe,...* Aus: Helmuth Plessner, *Die verspätete Nation*. suhrkamp taschenbuch wissenschaft. Frankfurt a. M. 1974. S. 103.

S. 162 *Es ist unsre Absicht, in diesem Buch das Wenige...* Aus: *Das Glasperlenspiel. Versuch einer Lebensbeschreibung des Magister Ludi Josef Knecht samt Knechts hinterlassenen Schriften* hg. v. Hermann Hesse. Suhrkamp Hausbuch 1957. S. 11.

S. 162 *Mit aller Bestimmtheit will ich versichern,...* Aus: Thomas Mann, *Doktor Faustus. Das Leben des deutschen Tonsetzers Adrian Leverkühn erzählt von einem Freunde*. Suhrkamp Berlin, Frankfurt a. M. 1949. S. 9.

S. 164 *Versuche der Formulierung,...* Aus: Theodor W. Adorno, «Wörter aus der Fremde». In: *Noten zur Literatur II*. Suhrkamp Frankfurt 1961. S. 110.

S. 176 *Die Grundlage des großen Erziehungsbuches...* Aus dem Vorwort von H. Kellermann zu *Rembrandt als Erzieher. Von einem Deutschen* (=Julius Langbehn). Illustrierte Volksausgabe. Alexander Duncker Verlag Weimar. S. VII.

S. 182 *Wenn Sie wirklich etwas Neues machen wollen...* Görings Worte zu seinem Verteidiger Haensel. Zitiert nach: Michael Freund, *Deutsche Geschichte von den Anfängen bis zur Gegenwart*. Fortgeführt von Thilo Vogelsang. Bertelsmann Verlag München 1979. S. 1444.

S. 183 *Nichts Bessers weiß ich mir...* Aus: Johann Wolfgang Goethe, *Faust*. In: *Goethes Werke*, Hamburger Ausgabe, Bd. 3. Christian Wegner Verlag Hamburg 1949. S. 34.

Literatur

Die hier aufgeführte Literatur zu einzelnen Aspekten des Buches ist nach Meinung des Verfassers entweder symptomatisch für den betreffenden Sachverhalt oder informativ und relevant für die kritische Auseinandersetzung mit ihm. Die Auflistung erfolgt chronologisch.

Anthologien

Hanns Martin Elster (Hg.), Der deutsche Genius. Ein Sammelwerk deutscher Vergangenheit und Gegenwart für Haus und Schule. Mit einem Geleitwort von Thomas Mann. Berlin 1926.

Heinz Ludwig Arnold (Hg.), Deutsche über die Deutschen. Auch ein deutsches Lesebuch. München 1972.

Ansgar Nünning und Vera Nünning (Hgg.), Der Deutsche an sich. Einem Phantom auf der Spur. München 1994.

Heinz Ludwig Arnold (Hg.), Deutschland! Deutschland? Texte aus 500 Jahren von Martin Luther bis Günter Grass. Frankfurt a. M. 2002. (Erweiterte Ausgabe des Buches von 1972.)

Johannes Thiele (Hg.), Das Buch der Deutschen. Alles, was man kennen muss. Bergisch Gladbach 2004.

Zum Bild Deutschlands und der Deutschen im Ausland

Sind die Deutschen wirklich so? Meinungen aus Europa, Asien, Afrika und Amerika. Eingeführt und zusammengestellt von Hermann Ziock. Herrenalb/Schwarzwald 1965.

Rolf Breitenstein, Der häßliche Deutsche. Wir im Spiegel der Welt. München 1968.

Brigitte Gayler (Hg.), Wie werden Deutsche im Ausland gesehen? Starnberg 1975.

Manfred Koch-Hillebrecht, Das Deutschenbild. Gegenwart, Geschichte, Psychologie. München 1977.

Ilio Tognoni und Rainer A. Roth (Hgg.), Deutschland im Blickpunkt. Die Bundesrepublik aus der Sicht prominenter Europäer. München 1977.

Günter Trautmann (Hg.), Die häßlichen Deutschen? Deutschland im Spiegel der westlichen und östlichen Nachbarn. Darmstadt 1991.

Wolfgang Leiner, Das Deutschlandbild in der französischen Literatur. 2. Aufl. Darmstadt 1991.

Günther Blaicher, Das Deutschlandbild in der englischen Literatur. Darmstadt 1992.

Ewald König (Hg.), Typisch deutsch. Wie uns die ausländische Presse sieht. München 1998.

Roger Willemsen, Die Deutschen sind immer die anderen. Berlin 2001.

Klaus Stierstorfer (Hg.), Deutschlandbilder im Spiegel anderer Nationen. Literatur, Presse, Film, Funk, Fernsehen. Reinbek 2003.

Katja Erler, Deutschlandbilder in der französischen Literatur nach dem Fall der Berliner Mauer. Berlin 2004.

Über die Deutschen

Goethe über die Deutschen. Hg. v. Hans-J. Weitz, mit einem Nachwort von 1949. Frankfurt a. M. 1978.

Madame de Staël, De l'Allemagne (1810). Deutsche Ausgabe (gekürzt): Über Deutschland. Hg. und eingeleitet von Anna Mudry. Berlin 1989.

Friedrich Ludwig Jahn, Deutsches Volksthum (1813). Hildesheim 1980.

Hiram Price Collier, Deutschland und die Deutschen. Vom amerikanischen Standpunkt aus betrachtet. Berlin 1914.

Werner Sombart, Händler und Helden. Patriotische Besinnungen. München/Leipzig 1915.

Houston Stewart Chamberlain, Deutsches Wesen. 2. Aufl. München 1916.

Helmuth Plessner, Das Schicksal deutschen Geistes im Ausgang seiner bürgerlichen Epoche (1935). Neuausgabe unter dem Titel: Die verspätete Nation. Über die politische Verführbarkeit bürgerlichen Geistes. Stuttgart 1959.

A. J. P. Taylor, The Course of German History. A survey of the development of Germany since 1815. London 1945. Neuausgabe: With a new introduction by Chris Wrigley. London 2001.

Willy Hellpach, Der deutsche Charakter. Bonn 1954.

Michael Schiff, Typisch deutsch. Für uns – von uns – gegen uns. Zitate, Schlagworte, Thesen dieses Jahrhunderts über Deutschland und die Deutschen. München 1966.

Axel Görlitz, Der unpolitische Deutsche. Paderborn 1967.

Wilhelm Backhaus, Sind die Deutschen verrückt? Ein Psychogramm der Nation und ihrer Katastrophen. Bergisch Gladbach 1968.

Werner Ross, Deutschland – typisch deutsch? Ein Deutscher sieht die Bundesrepublik von innen und außen. München 1976.

Martin und Sylvia Greiffenhagen, Ein schwieriges Vaterland. Zur politischen Kultur Deutschlands. München 1979.

Rainer A. Roth, Was ist typisch deutsch? Image und Selbstverständnis der Deutschen. Freiburg i. Br. 1979.

Anton Peisl und Armin Mohler (Hgg.), Die deutsche Neurose. Über die beschädigte Identität der Deutschen. Frankfurt a. M. 1980.

Gordon A. Craig, Über die Deutschen. München 1982.

Helge Pross, Was ist deutsch? Wertorientierungen in der Bundesrepublik. Reinbek 1982.

Werner Weidenfeld (Hg.), Die Identität der Deutschen. München 1983. (Auch als Bd. 200 der Schriftenreihe der Bundeszentrale für politische Bildung. Bonn 1983.)

Brigitte Sauzay, Die rätselhaften Deutschen. Die Bundesrepublik von außen gesehen. Stuttgart 1986.

Elisabeth Noelle-Neumann und Renate Köcher, Die verletzte Nation. Über den Versuch der Deutschen, ihren Charakter zu ändern. Stuttgart 1987.

Joachim H. Knoll, Typisch deutsch. Die Jugendbewegung. Beiträge zu einer Phänomengeschichte. Opladen 1988.

David Marsh, Deutschland im Aufbruch. Wien 1990.

Harold James, Deutsche Identität 1770–1990. Frankfurt a. M. 1991.

Christian Meier, Die Nation, die keine sein will. München 1991.

Erwin K. Scheuch, Wie deutsch sind die Deutschen? Eine Nation wandelt ihr Gesicht. Bergisch Gladbach 1991.

Norbert Elias, Studien über die Deutschen. Machtkämpfe und Habitusentwicklung im 19. und 20. Jahrhundert. Hg. v. Michael Schröter. Frankfurt a. M. 1992.

Johannes Gross, Über die Deutschen. Zürich 1992.

Robert Minder, Die Entdeckung deutscher Mentalität. Leipzig 1992.

Heleno Sana, Die verklemmte Nation. Zur Seelenlage der Deutschen. München 1992.

Richard W. B. McCormack, Unter Deutschen. Porträt eines rätselhaften Volkes. Frankfurt a. M. 1994. (Satire!)

Heimo Schwilk und Ulrich Schacht (Hgg.), Die selbstbewusste Nation. Anschwellender Bocksgesang und weitere Beiträge zu einer deutschen Debatte. Frankfurt a. M. 1994.

Klaus von See, Barbar, Germane, Arier. Die Suche nach der Identität der Deutschen. Heidelberg 1994.

Angelo Bolaffi, Die schrecklichen Deutschen – Eine merkwürdige Liebeserklärung. Berlin 1995.

Thomas Blank, «Wer sind die Deutschen? Nationalismus, Patriotismus, Identität – Ergebnisse einer empirischen Längsstudie», in: Aus Politik und Zeitgeschichte B 13, (1997). S. 38–46.

David Schoenbaum und Elizabeth Pond, Annäherung an Deutschland. Die Strapazen der Normalität. Berlin 1998.

Christian Graf von Krockow, Über die Deutschen. München 1999.

Frederick Kempe, Father/Land. A Search for the New Germany. London 1999.

Hermann Bausinger, Typisch deutsch. Wie deutsch sind die Deutschen? München 2000.

Beatrice Durand, Die Legende vom typischen Deutschen. Eine Kultur im Spiegel der Franzosen. Leipzig 2004.

Die Deutschen 60 Jahre nach Kriegsende. SPIEGELspecial vom 26. April 2005.

Faust und das Faustische

Günter Müller, Geschichte der deutschen Seele. Vom Faustbuch zu Goethes Faust. Freiburg i. Br. 1939.

Quirin Engasser, Der faustische Mythos. Ist «Faust» das heilige Buch der Deutschen? Rosenheim 1949.

Hans Schwerte, Faust und das Faustische. Ein Kapitel deutscher Ideologie. Stuttgart 1962.

Willi Jasper, Faust und die Deutschen. Berlin 1998.

Bamberger Reiter und Uta von Naumburg

Berthold Hinz, «Der ‹Bamberger Reiter›», in: Martin Warnke (Hg.), Das Kunstwerk zwischen Wissenschaft und Weltanschauung. Gütersloh 1970. S. 26–44.

Wolfgang Ullrich, Uta von Naumburg. Eine deutsche Ikone. Berlin 1998.

Volker Gebhardt, Das Deutsche in der deutschen Kunst. Köln 2004.

Der deutsche Michel

Tomasz Szarota, Der deutsche Michel. Die Geschichte eines nationalen Symbols und Autostereotyps. Osnabrück 1998.

Urworte, deutsch

Heimat

Celia Applegate, A Nation of Provincials. The German Idea of Heimat. Berkeley 1990.

Andrea Bastian, Der Heimat-Begriff. Eine begriffsgeschichtliche Untersuchung in verschiedenen Funktionsbereichen der deutschen Sprache. Tübingen 1995.

Joanna Jablkowska, Zwischen Heimat und Nation. Das deutsche Paradigma? Zu Martin Walser. Tübingen 2001.

Gemütlichkeit

Georg Seeßlen, Volk's Tümlichkeit. Über Volksmusik, Biertrinken, Bauerntheater und andere Erscheinungen gnadenloser Gemütlichkeit. Greiz 1993.

Brigitta Schmid-Lauber, Gemütlichkeit. Eine kulturwissenschaftliche Annäherung. Frankfurt a. M. 2003.

Feierabend

Jürgen Reulecke (Hg.), Fabrik, Familie, Feierabend. Beiträge zur Sozialgeschichte des Alltags im Industriezeitalter. Wuppertal 1978.

Geborgenheit

Hermann Glaser, Spießer-Ideologie. Von der Zerstörung des deutschen Geistes im 19. und 20. Jahrhundert. Freiburg 1964.

Verein

Otto Elben, Der volkstümliche deutsche Männergesang. Geschichte und Stellung im Leben der Nation. 2. Aufl. Tübingen 1887.
Otto Dann (Hg.), Vereinswesen und bürgerliche Gesellschaft in Deutschland. München 1984.

Ordnung, Fleiß, Sparsamkeit

Paul Münch (Hg.), Ordnung, Fleiß und Sparsamkeit. Texte und Dokumente zur Entstehung der «bürgerlichen Tugenden». München 1984.

Tüchtigkeit

Wilhelm Fraenger, Auf gut Deutsch. Kennworte deutscher Tüchtigkeit. In einer Auslese. Leipzig 1937.
Wolfgang Brezinka, Tüchtigkeit. Analyse und Bewertung eines Erziehungsziels. München 1987.

Treu' und Redlichkeit

Hans-Joachim Schoeps, Üb' immer Treu und Redlichkeit. Preußen in Geschichte und Gegenwart. Düsseldorf 1978.

Schutz und Trutz

Uwe Lohalm, Völkischer Radikalismus. Die Geschichte des Deutschvölkischen Schutz- und Trutz-Bundes 1919–1923. Hamburg 1970.

Gründlichkeit

Hanns-Christian Müller, Die deutsche Gründlichkeit gewürdigt von H-C.M. München 1990. (Satire!!)

Einfalt

Frank Böckelmann, Deutsche Einfalt. Betrachtungen über ein unbekanntes Land. München 1999.

Ursprung

Martin Heidegger, Der Ursprung des Kunstwerks. Einführung von Hans-Georg Gadamer. Stuttgart 1960.

Ehrfurcht

Otto Friedrich Bollnow, Die Ehrfurcht. Frankfurt a. M. 1958.
Gerhard Marschütz, Die verlorene Ehrfurcht. Über das Wesen der Ehrfurcht und ihre Bedeutung für unsere Zeit. Würzburg 1992.

Tragik

Werner Deubel, Der deutsche Weg zur Tragödie. Würzburg 1934.

Josef Sellmair, Der Mensch in der Tragik. Krailing vor München 1939.

Kurt Langenbeck, Tragödie und Gegenwart. Rede des Trägers des Rheinischen Literaturpreises. München 1940.

Ernst Bacmeister, Der deutsche Typus der Tragödie. Berlin 1941.

Hans Resch, Zum Kampf um die neue Tragödie. Tübingen 1941.

Benno von Wiese, Die deutsche Tragödie von Lessing bis Hebbel. Hamburg 1948.

Hans-Dieter Gelfert, Die Tragödie. Theorie und Geschichte. Göttingen 1995.

Totalität

Felix Heine, Freiheit und Totalität. Zum Verhältnis von Philosophie und Wirklichkeit bei Fichte und Hegel. Bonn 1980.

Walter G. Neumann, Negative Totalität. Erfahrung an Hegel, Marx und Freud. Frankfurt a. M. 1983.

Kishik Lee, Sehnsucht nach Heimat. Zur Entwicklung des Totalitätsbegriffs in den Frühschriften von Georg Lukács. St. Ingbert 1990.

Roland Dollinger, Totalität und Totalitarismus im Exilwerk Döblins. Würzburg 1994.

Das Absolute

Joseph Möller, Der Geist und das Absolute. Zur Grundlegung einer Religionsphilosophie in Begegnung mit Hegels Denkwelt. Paderborn 1951.

Jürgen Habermas, Das Absolute in der Geschichte. Von der Zwiespältigkeit in Schellings Denken. Bonn 1954.

Der Staat

Hermann Heller, Hegel und der nationale Machtstaatsgedanke in Deutschland. Leipzig 1921.

Carl Schmitt, Der Begriff des Politischen. Tübingen 1927.

Gisela von Busse, Die Lehre vom Staat als Organismus. Kritische Untersuchungen zur Staatsphilosophie Adam Müllers. Berlin 1928.

Paul Joachimsen, Vom deutschen Volk zum deutschen Staat. Eine Geschichte des deutschen Nationalbewußtseins. Bearbeitet und bis in die Gegenwart fortgesetzt von Joachim Leuschner. Göttingen 1956.

Manfred Koch-Hillebrecht, Die Deutschen und ihr Staat. Hamburg 1972.

Wald

Albrecht Lehmann, Klaus Schriewer (Hgg.), Der Wald ein deutscher Mythos? Perspektiven eines Kulturthemas. Berlin 2000.

Bernard Nuss, Das Faust-Syndrom. Ein Versuch über die Mentalität der Deutschen. Bonn 1992.

Volker Gebhardt, Das Deutsche in der deutschen Kunst. Köln 2004.

Deutsche Mythen

Klaus von See, Deutsche Germanen-Ideologie. Vom Humanismus bis zur Gegenwart. Frankfurt a. M. 1970.

Germania. Buchers illustrierte Geschichte in Balladen und Gedichten zusammengestellt von Detlev Pawlik und Bert Schlender. Luzern 1977.

Wulf Wülfing u. a., Historische Mythologie der Deutschen 1798–1918. München 1990.

Jürgen Link und Wulf Wülfing (Hgg.), Nationale Mythen und Symbole in der zweiten Hälfte des 19. Jahrhunderts. Stuttgart 1991.

Wolfgang Frindte und Harald Pätzold (Hg.), Mythen der Deutschen. Deutsche Befindlichkeit zwischen Geschichten und Geschichte. Opladen 1994.

Monika Flacke (Hg.), Mythen der Nationen: ein europäisches Panorama. München/Berlin 1988.

Lars-Broder Keil und Sven Felix Kellerhoff, Deutsche Legenden. Vom «Dolchstoß» und anderen Mythen der Geschichte. Berlin 2002.

Deutsche Helden

Oswald Astfäller (Hg.), Deutsche National-Helden. München 1994.

Luther

Heinrich Bornkamm, Luthers Bild in der deutschen Geistesgeschichte. Stuttgart 1958.

Arthur G. Dickens, The German Nation and Martin Luther. London 1974.

Heinz Zahrndt, Martin Luther: Reformator wider Willen. München 1986.

Heiko A. Oberman, Luther. Mensch zwischen Gott und Teufel. München 1989.

Bernhard Lohse, Martin Luther. Eine Einführung in sein Leben und sein Werk. 3. vollständig überarbeitete Aufl. München 1997.

Hellmut Diwald, Luther. Eine Biographie. Bergisch Gladbach 2003.

Friedrich II.

George P. Gooch, Friedrich der Große. München 1951.

Theodor Schieder, Friedrich der Große. Ein Königtum der Widersprüche. Frankfurt a. M. 1983.

Christian Graf von Krockow, Friedrich der Große. Ein Lebensbild. Bergisch Gladbach 2000.

Johannes Kunisch, Friedrich der Große. Der König und seine Zeit. München 2004.

Bismarck

Lothar Gall, Bismarck. Der weiße Revolutionär. Frankfurt a. M. 1993.

Christian Graf von Krockow, Bismarck. Stuttgart 1997.

Deutsche Frauen

Hildegard Felisch, Die deutsche Frau. Berlin 1928.
Christine Wittrock, Weiblichkeitsmythen. Das Frauenbild im Faschismus und seine Vorläufer in der Frauenbewegung der 20er Jahre. Frankfurt a.M. 1983.

Deutschlands Mittellage

Thomas Mann, Betrachtungen eines Unpolitischen (1918). Stockholmer Gesamtausgabe Bd. 14. Frankfurt a. M. 1956.
Ernst Troeltsch, Deutscher Geist und Westeuropa. Gesammelte kulturphilosophische Aufsätze und Reden. Hg. v. Hans Baron. Tübingen 1925.
Carl Petersen, Deutscher und nordischer Geist: Ihre Wechselwirkungen im Verlauf der Geschichte. Versuch eines Umrisses. Breslau 1932.
Ernst Fraenkel, Deutschland und die westlichen Demokratien. Stuttgart 1979.
Bernd Faulenbach, Ideologie des deutschen Weges. Die deutsche Geschichte in der Historiographie zwischen Kaiserreich und Nationalsozialismus. München 1980.
Karl Dietrich Bracher, Deutscher Sonderweg – Mythos oder Realität? Hg. v. Institut für Zeitgeschichte. München 1982.
Helga Grebing, Der «deutsche Sonderweg» in Europa 1806–1945. Eine Kritik. Stuttgart 1986.
Peter Ihring und Friedrich Wolfzettel (Hgg.), Deutschland und Italien. 300 Jahre kultureller Beziehungen. Berlin 2004.
Joseph Jurt und Rolf G. Renner (Hgg.), Wahrnehmungsformen, Diskursformen: Deutschland und Frankreich: Wissenschaft, Medien, Kunst, Literatur. Berlin 2004.

Weltbürgertum und Provinzialismus

Friedrich Meinecke, Weltbürgertum und Nationalstaat. Studien zur Genesis des deutschen Nationalstaates. München 1908.
Hermann Glaser, Kleinstadt-Ideologie. Zwischen Furchenglück und Sphärenflug. Freiburg i. Br. 1969.
Klaus Bergmann, Agrarromantik und Großstadtfeindlichkeit. Meisenheim am Glan 1970.
Celia Applegate, A Nation of Provincials. The German Idea of Heimat. Berkeley 1990.
Karl Heinz Bohrer, Provinzialismus. München 2000.

Geist und Gemüt

Hans Freyer, Theorie des objektiven Geistes. Eine Einleitung in die Kultur-philosophie. Leipzig/Berlin 1923.

Eduard Wechßler, Esprit und Geist. Versuch einer Wesenskunde des Deutschen und des Franzosen. Bielefeld 1927.

Stephan Strasser, Das Gemüt. Grundgedanken zu einer phänomenologischen Philosophie des menschlichen Gefühlslebens. Utrecht/Antwerpen 1956.

Jacques Leenhardt und Robert Picht (Hgg.), Esprit – Geist: 100 Schlüsselbegriffe für Deutsche und Franzosen. München/Zürich 1989.

Deutsche Innerlichkeit

Ulrich Christoffel, Deutsche Innerlichkeit. München 1940.

Johann Brändle, Das Problem der Innerlichkeit. Hamann, Herder, Goethe. Bern 1949.

Peter Sprengel, Innerlichkeit. Jean Paul oder das Leiden an der Gesellschaft. München 1977.

Uta Joeressen, Die Terminologie der Innerlichkeit in den deutschen Werken Heinrich Seuses. Ein Beitrag zur Sprache der deutschen Mystik. Frankfurt a. M. 1983.

Religion

Kurt Nowak, Geschichte des Christentums in Deutschland. Religion, Politik und Gesellschaft vom Ende der Aufklärung bis zur Mitte des 20. Jahrhunderts. München 1995.

Bernd Moeller (Hg.), Die frühe Reformation in Deutschland als Umbruch. Gütersloh 1998.

Deutsche Philosophie

Wilhelm Wundt, Die Nationen und ihre Philosophie. Leipzig 1918.

Peter Pütz, Die deutsche Aufklärung. Darmstadt 1978.

Herbert Schnädelbach, Philosophie in Deutschland 1831–1933. Frankfurt a. M. 1983.

Victor Farias, Heidegger und der Nationalsozialismus. Aus dem Spanischen und Französischen von Klaus Laermann. Mit einem Vorwort von Jürgen Habermas. Frankfurt a. M. 1989.

Jürg Altwegg (Hg.), Die Heidegger Kontroverse. Frankfurt a. M. 1988.

Steven E. Aschheim, Nietzsche und die Deutschen. Karriere eines Kults. Aus dem Engl. v. Klaus Laermann. Stuttgart 1996.

Gerhard Gamm, Der deutsche Idealismus. Eine Einführung in die Philosophie von Fichte, Hegel und Schelling. Stuttgart 1997.

Gerhard Stamer (Hg.), Die Realität des Inneren. Der Einfluß der deutschen Mystik auf die deutsche Philosophie. Amsterdam 2001.

Deutsche Kunst

Kurt Karl Eberlein, Was ist deutsch in der deutschen Kunst? Leipzig 1934.

Adolf Dresler, Deutsche Kunst und entartete Kunst. München 1938.

Eugen Ortner, Albrecht Dürer. Deutsche Sehnsucht, deutsche Form. Berlin 1943.

Wilhelm Müseler, Deutsche Kunst im Wandel der Zeiten. Berlin 1970.

Heinrich Lützeler, Deutsche Kunst. Einsichten in die Welt und in den Menschen. Von der Frühzeit bis zur Gegenwart. Bonn 1987.

Hans Belting, Die Deutschen und ihre Kunst. Ein schwieriges Erbe. München 1992.

Jost Hermand, Avantgarde und Regression. 200 Jahre deutsche Kunst. Leipzig 1995.

Robert Suckale, Kunst in Deutschland. Von Karl dem Großen bis heute. Köln 1998.

Volker Gebhardt, Das Deutsche in der deutschen Kunst. Köln 2004.

Deutsche Musik

Rudolf Malsch, Geschichte der deutschen Musik. 3. Aufl. Berlin 1949.

Oliver Hilmes, Der Streit ums «Deutsche». Alfred Heuß und die Zeitschrift für Musik. Hamburg 2003.

Deutsche Literatur

Josef Nadler, Literaturgeschichte der deutschen Stämme und Landschaften. 4 Bde. Regensburg 1938–1941. Später unter dem Titel: Literaturgeschichte des deutschen Volkes.

Werner Kohlschmidt, Form und Innerlichkeit. Beiträge zur Geschichte und Wirkung der Klassik und Romantik. München 1955.

Walter Muschg, Die Zerstörung der deutschen Literatur. 3. erweiterte Aufl. Bern 1958.

Horst Albert Glaser, Deutsche Literatur. Eine Sozialgeschichte. 10 Bde. Reinbek 1980ff.

Deutscher Film

Lotte H. Eisner, Dämonische Leinwand. Die Blütezeit des deutschen Films. Wiesbaden-Biebrich 1955.

Siegfried Kracauer, Von Caligari zu Hitler. Eine psychologische Geschichte des deutschen Films. Hg. von Karsten Witte. Frankfurt a. M. 1979. (Englische Erstausgabe 1947.)

Alexander Kluge (Hg.), Bestandsaufnahme: Utopie Film. Zwanzig Jahre neuer deutscher Film. Frankfurt a. M. 1983.

Anton Kaes, Deutschlandbilder. Die Wiederkehr der Geschichte als Film. München 1987.

Heide Schlüpmann, Unheimlichkeit des Blicks. Das Drama des frühen deutschen Kinos. Basel 1990.

Bärbel Westermann, Nationale Identität im Spielfilm der fünfziger Jahre. Frankfurt a. M. 1990.

Barbara Bongartz, Von Caligari zu Hitler – Von Hitler zu Dr. Mabuse? Eine «psychologische» Geschichte des deutschen Films von 1946 bis 1960. Münster 1992.

Rainer Rother, «Vom Kaiserreich bis in die fünfziger Jahre. Der deutsche Film», in: Mythen der Nationen. Völker im Film. Hg. v. Rainer Rother. Berlin 1998.

Wolfgang Jacobsen (Hg.), Geschichte des deutschen Films. 2. aktualisierte und erweiterte Aufl. Stuttgart 2004.

Sabine Hake, Film in Deutschland. Geschichte und Geschichten seit 1895. Reinbek 2004.

Deutscher Kitsch

Karlheinz Deschner, Kitsch, Konvention und Kunst. Eine literarische Streitschrift. München 1957.

Walther Killy, Deutscher Kitsch. Ein Versuch mit Beispielen. Göttingen 1962.

Otto F. Best, Das verbotene Glück. Kitsch und Freiheit in der deutschen Literatur. München 1978.

Saul Friedländer, Kitsch und Tod. Der Widerschein des Nazismus. München 1986. Erweiterte Neuausgabe. Frankfurt a. M. 1999. (Amerikanische Originalausgabe 1984.)

Hans-Dieter Gelfert, Was ist Kitsch? Göttingen 2000.

Deutscher Humor

Deutscher Humor aus fünf Jahrhunderten. Gesammelt von Wilhelm Fraenger. Berlin 1929.

Otto F. Best, Volk ohne Witz. Über ein deutsches Defizit. Frankfurt a. M. 1993.

Hans-Dieter Gelfert, Max und Monty. Kleine Geschichte des deutschen und englischen Humors. München 1998.

Mary Lee Townsend, «Humor und Öffentlichkeit im Deutschland des 19. Jahrhunderts», in: Kulturgeschichte des Humors. Von der Antike bis heute. Hg. von Jan Bremmer und Herman Roodenburg. Darmstadt 1999. S. 149–166.

Deutsche Flüche

Alan Dundes, Sie mich auch! Das Hinter-Gründige in der deutschen Psyche. Weinheim/Basel 1985.

Deutscher Ungeist

Anonym (= Julius Langbehn), Rembrandt als Erzieher. Von einem Deutschen (1980). Illustrierte Volksausgabe (mit einer Einleitung unter dem Titel «Der Rembrandtdeutsche» von Dr. H. Kellermann). Weimar 1922.

Georg Lukács, Die Zerstörung der Vernunft. Der Weg des Irrationalismus von Schelling zu Hitler. Berlin 1954. Daraus gesondert erschienen: Von Nietzsche zu Hitler oder Der Irrationalismus und die deutsche Politik. Frankfurt a. M. 1966.

Christian Graf von Krockow, Die Entscheidung – Eine Untersuchung über Ernst Jünger, Carl Schmitt, Martin Heidegger. Stuttgart 1958.

Harry Pross (Hg.), Die Zerstörung der deutschen Politik. Dokumente 1871–1933. Frankfurt a. M. 1959.

Kurt Sontheimer, Antidemokratisches Denken in der Weimarer Republik. Die politischen Ideen des deutschen Nationalismus zwischen 1918 und 1933. München 1962.

Hermann Eich, Die unheimlichen Deutschen. Düsseldorf 1963.

Hermann Glaser, Spießer-Ideologie. Von der Zerstörung des deutschen Geistes im 19. und 20. Jahrhundert. Freiburg i. Br. 1964.

Christian Graf von Krockow, Scheiterhaufen. Größe und Elend des deutschen Geistes. Berlin 1983.

Fritz Stern, Kulturpessimismus als politische Gefahr. Eine Analyse nationaler Ideologie in Deutschland. München 1986.

Jost Hermand, Der alte Traum vom neuen Reich. Völkische Utopien und Nationalsozialismus. Frankfurt a. M. 1988.

Bernd Rüthers, Entartetes Recht. Rechtslehren und Kronjuristen im Dritten Reich. 2. verbesserte Aufl. München 1989.

Hans Jürgen Eitner, Hitlers Deutsche. Das Ende eines Tabus. Gernsbach 1990.

Christian Graf von Krockow, Von deutschen Mythen. Rückblick und Ausblick. Stuttgart 1995.

Steven E. Aschheim, Nietzsche und die Deutschen. Karriere eines Kults. Stuttgart 1996.

Ralf Klausnitzer, Blaue Blume unterm Hakenkreuz. Die Rezeption der deutschen literarischen Romantik im Dritten Reich. Paderborn u. a. 1999.

Micha Brumlik, Deutscher Geist und Judenhaß. Das Verhältnis des philosophischen Idealismus zum Judentum. München 2000.

Evelyn Cobley, Temptations of Faust. The Logic of Fascism and Postmodern Archaeologies of Modernity. Toronto 2002.

Hans Sarkowicz (Hg.), Hitlers Künstler. Die Kultur im Dienst des Nationalsozialismus. Frankfurt a. M. 2004.

Zur deutschen Gretchenfrage

Alexander und Margarete Mitscherlich, Die Unfähigkeit zu trauern. Grundlagen kollektiven Verhaltens. München 1967.

Barbro Eberan, Wer war schuld an Hitler? Die Debatte um die Schuldfrage 1945–1949. München 1983.

Ralph Giordano, Die zweite Schuld oder Von der Last Deutscher zu sein. Hamburg 1987.

Angst und Sehnsucht

Rudolf Mühlhausen, Deutsche Sehnsucht. Kanzelreden zur Jahrhundertfeier. Leipzig 1913.

Wilhelm Backhaus, Sind die Deutschen verrückt? Ein Psychogramm der Nation und ihrer Katastrophen. Bergisch Gladbach 1968.

Erich Kuby, Die deutsche Angst. Zur Rechtsdrift in der deutschen Bundesrepublik. Bern, München 1970.

Jürgen Leinemann, Die Angst der Deutschen. Beobachtungen zur Bewusstseinslage der Nation. Reinbek 1982.

Erich Wiedemann, Die deutschen Ängste. Ein Volk in Moll. Berlin 1988.

Peter Schneider, Deutsche Ängste. 7 Essays. Darmstadt 1988.

Ulrich Becker, Horst Becker und Walter Ruhland, Zwischen Angst und Aufbruch. Das Lebensgefühl der Deutschen in Ost und West nach der Wiedervereinigung. Düsseldorf 1992.

Cora Stephen, Der Betroffenheitskult. Eine politische Sittengeschichte. Hamburg 1993.

Walter Lacqueur, Was ist los mit den Deutschen? Berlin 1995.

Kurt Sontheimer, So war Deutschland nie. Anmerkungen zur politischen Kultur der Bundesrepublik. München 1999.

Deutsche Kultur seit Kriegsende

Jost Hermand, Kultur im Wiederaufbau. Die Bundesrepublik Deutschland 1945–1965. München 1986.

Ders., Die Kultur der Bundesrepublik Deutschland 1965–1985. München 1988.

Hermann Glaser, Deutsche Kultur. Ein historischer Überblick von 1945 bis zur Gegenwart. 2. erweiterte Aufl. Bonn 2000.

Deutsche Geschichte seit Bismarck

Gordon A. Craig, Deutsche Geschichte 1866–1945. Vom norddeutschen Bund bis zum Ende des Dritten Reiches. München 1980.

Michael Stürmer, Das ruhelose Reich. Deutschland 1866–1918. Berlin 1983.

Hellmut Diwald, Deutschland einig Vaterland. Geschichte unserer Gegenwart. Frankfurt a. M. 1990.

Christian Graf von Krockow, Die Deutschen in ihrem Jahrhundert 1890–1990. Reinbek 1990.

Heinrich August Winkler, Der lange Weg nach Westen. 2 Bde. 4. durchgesehene Aufl. München 2001.

Deutschland und die Deutschen heute

David Marsh, Deutschland im Aufbruch. Wien 1990.

Timothy Garton Ash, Im Namen Europas. Deutschland und der geteilte Kontinent. München 1993.

Martin und Sylvia Greiffenhagen, Ein schwieriges Vaterland. Zur politischen Kultur im vereinigten Deutschland. München 1993.

John Ardagh, Germany and the Germans. New edition: The United Germany in the Mid-1990s. London 1995.

Thomas Hauschild und Bernd Jürgen Warneken (Hg.), Inspecting Germany. Internationale Deutschland-Ethnographie der Gegenwart. Münster u. a. 2002.

Konrad Jarausch, Die Umkehr. Deutsche Wandlungen 1945–1995. München 2004.

Theo Sommer (Hg.), Leben in Deutschland. Die Anatomie einer Nation. Ein ZEIT-Buch. Köln 2004.

Aus dem Verlagsprogramm

Literatur und Sprache

Thomas Anz/Rainer Baasner (Hrsg.)
Literaturkritik
Geschichte – Theorie – Praxis
Mit Beiträgen von Thomas Anz, Rainer Baasner,
Ralf-Georg Bogner, Maria Zens und Oliver Pfohlmann
2004. 272 Seiten. Paperback
Beck'sche Reihe Band 1588

Moritz Baßler
Der deutsche Pop-Roman
Die neuen Archivisten
2. Auflage. 2005. 222 Seiten mit 9 Abbildungen. Paperback
Beck'sche Reihe Band 1474

Hans Dieter Zimmermann
Kafka für Fortgeschrittene
2004. 216 Seiten. Paperback
Beck'sche Reihe Band 1581

Robert Weninger
Streitbare Literaten
Kontroversen und Eklats in der deutschen Literatur von
Adorno bis Walser
2004. 296 Seiten. Paperback
Beck'sche Reihe Band 1613

Klaus Mackowiak
Die 101 häufigsten Fehler im Deutschen
und wie man sie vermeidet
2., überarbeitete Auflage. 2005. 194 Seiten. Paperback
Beck'sche Reihe Band 1667

Verlag C. H. Beck München

Länder und Geschichte

Marie-Luise Recker
Geschichte der Bundesrepublik Deutschland
2., überarbeitete und erweiterte Auflage. 2005. 128 Seiten. Paperback
Beck'sche Reihe Band 2115
C.H.Beck Wissen

Albrecht Hagemann
Kleine Geschichte Australiens
2004. 153 Seiten mit einer Karte. Paperback
Beck'sche Reihe Band 1594

Guido Steinberg
Saudi-Arabien
Politik – Geschichte – Religion
2004. 197 Seiten mit 16 Abbildungen und 3 Karten. Paperback
Beck'sche Reihe Band 1605

Richard W. B. McCormack
Travel Overland
Eine anglophone Weltreise
2. Auflage. 2000. 126 Seiten mit 18 Abbildungen. Paperback
Beck'sche Reihe Band 1297

Dieter Thomä
Unter Amerikanern
Eine Lebensart wird besichtigt
2. Auflage. 2001. 197 Seiten. Paperback
Beck'sche Reihe Band 1394

Verlag C. H. Beck München

Hans-Dieter Gelfert bei C. H. Beck

Was ist gute Literatur?
Wie man gute Bücher von schlechten unterscheidet
2004. 220 Seiten. Paperback
Beck'sche Reihe Band 1591

Englisch mit Aha!
Die etwas andere Einführung in die englische Sprache
2003. 222 Seiten. Paperback
Beck'sche Reihe Band 1528

Typisch amerikanisch
Wie die Amerikaner wurden, was sie sind
2. Auflage. 2003. 194 Seiten mit 25 Abbildungen. Paperback
Beck'sche Reihe Band 1502

Shakespeare
2000. 128 Seiten mit 1 Abbildung. Paperback
Beck'sche Reihe Band 2055
C.H. Beck Wissen

Kleine Kulturgeschichte Großbritanniens
Von Stonehenge bis zum Millennium Dome
1999. 364 Seiten mit 52 Abbildungen. Paperback
Beck'sche Reihe Band 1321

Kleine Geschichte der englischen Literatur
2., überarbeitete Auflage. 2005. 380 Seiten mit 33 Abbildungen.
Paperback
Beck'sche Reihe Band 1181

Typisch englisch
Wie die Briten wurden, was sie sind
5., durchgesehene Auflage. 2005. 183 Seiten mit 18 Abbildungen.
Paperback
Beck'sche Reihe Band 1088

Verlag C. H. Beck München